Otto Mayr

Von der Steinzeit bis zum Ende des Weströmischen Reiches

Ausgearbeitete Unterrichtseinheiten
mit Kopiervorlagen und Lösungen

Geschichte aktuell

Auer Verlag GmbH

Verwendete Abkürzungen:

AB	Arbeitsblatt
EA	Einzelarbeit
L	Lehrer/-in
LSG	Lehrer-Schüler-Gespräch
PA	Partnerarbeit
S	Schüler/-in; Schüler/-innen
TA	Tafelanschrieb
TZ	Teilziel

Gedruckt auf umweltbewusst gefertigtem, chlorfrei gebleichtem
und alterungsbeständigem Papier.

1. Auflage 2008
Nach den seit 2006 amtlich gültigen Regelungen der Rechtschreibung

Satz: Fotosatz H. Buck, Kumhausen
Druck und Bindung: Franz X. Stückle Druck und Verlag, Ettenheim
ISBN 978-3-403-0**4454**-3

www.auer-verlag.de

Inhaltsverzeichnis

Vorwort

Der Geschichtsunterricht hat grundsätzlich die Aufgabe, den Schüler/-innen ein historisches Bewusstsein zu vermitteln, ihnen begreiflich zu machen, dass die Welt, in der sie heute leben, durch die Ereignisse in der Vergangenheit bestimmt wurde. Er soll die Bereitschaft wecken, Mitverantwortung für die Gestaltung dieser Welt zu übernehmen, damit in ihr ein Leben in Freiheit, sozialer Gerechtigkeit, in ökologischer Verantwortung und gesichertem Frieden möglich ist.

Am Beispiel der zeitlichen Ausdehnung der Geschichte sollen die Schüler/-innen lernen, die Zeitdimensionen Vergangenheit, Gegenwart und Zukunft sinnvoll aufeinander zu beziehen.
Am Beispiel der Epoche der Stein- und Metallzeit erfahren sie, wie sich Menschen vergangener Zeiten mit Nahrungsmitteln, Gebrauchsgütern und Wohnungen unter den vorgegebenen klimatischen, geografischen und kulturellen Bedingungen versorgt haben. Darüber hinaus erhalten sie einen Einblick, wie die Menschen das Zusammenleben in kleineren und größeren Gruppen gestaltet und geordnet haben.
Am Beispiel der ägyptischen Hochkultur lernen die Schüler/-innen eine Welt kennen, deren kulturelle Schöpfungen die Nachwelt in Erstaunen versetzen und die bis auf den heutigen Tag von größter Aktualität ist.
Am Beispiel der griechischen Kultur erfahren die Schüler/-innen in besonderer Weise, wie sich neue politische Denkweisen für die Nachwelt auswirken und auf welche Weise sie unser aktuelles Dasein bestimmen.
Am Beispiel des römischen Weltreiches lernen sie den Aufstieg und Fall eines mächtigen Reiches kennen und erkennen dessen Bedeutung für die Ausbreitung des Christentums in Europa.

Der Geschichtsunterricht erweitert und differenziert das Zeitbewusstsein und vermittelt die Grunderfahrung, dass Geschichte Geschehen in Zeit und Raum ist. Diesem Ziel soll dieser Band, der den Zeitraum von der Steinzeit bis zum Ende des Weströmischen Reiches abdeckt, dienen.

Inhaltlich werden die Unterrichtseinheiten den Ansprüchen gerecht, die an einen modernen, methodisch anspruchsvollen Geschichtsunterricht gestellt werden müssen: Arbeiten mit Texten, Auswerten von Bildern, Arbeiten mit Karten, Analysieren von Grafiken und Statistiken, Einführung in die Arbeit mit einer Zeitleiste, Material für Stellungnahmen, gut strukturierte Arbeitsblätter und motivierende Stundenverläufe.

THEMA

Die zeitliche Ausdehnung der Geschichte

LERNZIELE

Geschichte als Geschehen in der Zeit erkennen.
Erkennen, dass geschichtliche Ereignisse, Personen, Gegenstände in einer zeitlichen Abfolge stehen.
Erkennen, dass die Darstellung zeitlicher Abfolgen in Form einer Erdzeituhr oder in Form einer Zeitleiste möglich ist.
Die Vor- und Nachteile dieser Darstellungsformen erläutern.
Eine Erdzeituhr und eine Zeitleiste zeichnen können.
Bereitschaft wecken, im Klassenzimmer eine Zeitleiste zu installieren.

ARBEITSMITTEL/MEDIEN/LITERATURHINWEISE

Folie 1 (Zeitliche Abfolgen), 2 Informationsblätter, 1 Arbeitsblatt

TAFELBILD/FOLIEN

Bringe die abgebildeten Menschen in eine zeitliche Reihenfolge!
In welcher Zeit lebten sie?

I.	**Hinführung:**	
	Folie 1 (Zeitliche Abfolgen)	(Lösung: 1. Steinzeit; 2. Ägyptischer Schreiber; 3. Brutus (Römerzeit); 4. Krönung Karls des Großen (Mittelalter)
	Zielangabe:	TA: **Die zeitliche Ausdehnung der Geschichte**
II.	**Erarbeitung:**	
	Informationsblatt 1/ EA/PA – Auswertung LSG	
	1. TZ: Ereignisse, Personen	S. bringen die geschichtlichen Ereignisse, Gegenstände und Bauwerke in einen chronologisch geordneten Ablauf. S. benennen die einzelnen Ereignisse, Personen, Gegenstände und Bilder und erläutern ihr Vorwissen.
	2. TZ: Zeit nach verschiedenen Methoden darstellen	
	Informationsblatt 2/EA/PA	
	Auswertung LSG	S: Wir können die Zeit in Form eines Ziffernblattes einer Uhr oder auch als Zeitleiste darstellen.
III.	**Vertiefung:**	
	Impuls	L: Beide Darstellungsformen haben ihre Vor- und Nachteile. S: Für die Darstellung der Erdgeschichte eignet sich das Ziffernblatt besser, für den Ablauf einzelner Ereignisse ist eine Zeitleiste günstiger.
IV.	**Sicherung:**	
	Eintrag AB	
V.	**Ausweitung:**	
		S. erstellen eine Zeitleiste für das Klassenzimmer.

Geschichtliche Ereignisse, Personen, Gegenstände und Bauwerke

Bringe die Bilder von geschichtlichen Ereignissen, Gegenständen und Bauwerken in eine zeitlich richtige Reihenfolge!

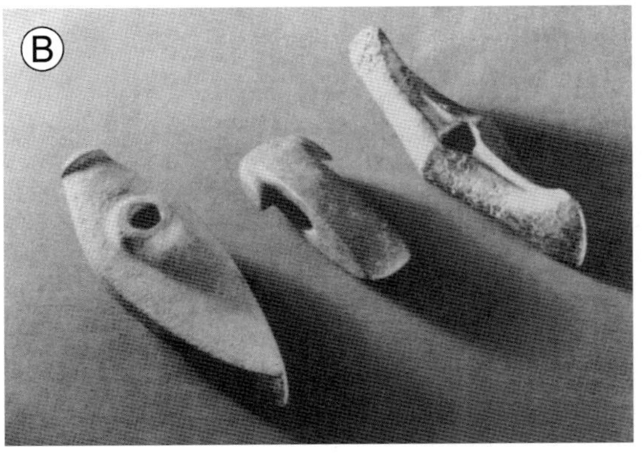

Lösung:
B (Steinbeile aus der Jungsteinzeit) – C (Parthenon auf der Akropolis in Athen; erbaut im 5. Jahrhundert v. Chr.) – E (Wartburg; gegründet 1073) – F (Die erste Eisenbahn in Deutschland zwischen Nürnberg und Fürth; 1835) – A (Augsburg; Blick auf Perlachturm und Rathaus nach den Bombenangriffen von 1945) – D (US-amerikanische Rakete Juno, die 1959 ins All startete)

Wir können die Zeit verschieden darstellen

Wir wissen heute, dass die Erde ca. 4 Milliarden Jahre alt ist. Im Verlauf dieses unvorstellbar langen Zeitraums wurde unsere Erde so, wie wir sie heute sehen.
Für eine Darstellung der Geschichte der Erde ist die Kreisform gut geeignet.
Um die Entwicklung der Erdgeschichte besser einschätzen zu können, übertragen wir die letzten 1,2 Milliarden Jahre auf eine Erdzeituhr. Auf dem Ziffernblatt entspricht nun der Weg des Stundenzeigers von einer Ziffer zur anderen einem Zeitraum von 100 Millionen Jahren. Lassen wir diese Erdzeituhr um zwölf Uhr mittags laufen, so treten zwischen 16.00 Uhr und 17.00 Uhr die ersten einfachen Lebewesen, die sogenannten Einzeller auf. Die ersten Schnecken und Muscheln entstehen zwischen 18.00 Uhr und 19.00 Uhr, die ersten Fische finden wir gegen 22.00 Uhr. Die ersten Spuren eines Menschen auf der Erde entdecken wir eine halbe Minute vor Mitternacht. Die Zeit, die wir geschichtlich übersehen können, nimmt ca. 0,1 Sekunden dieser letzten zwölf Stunden unserer Erdgeschichte ein.

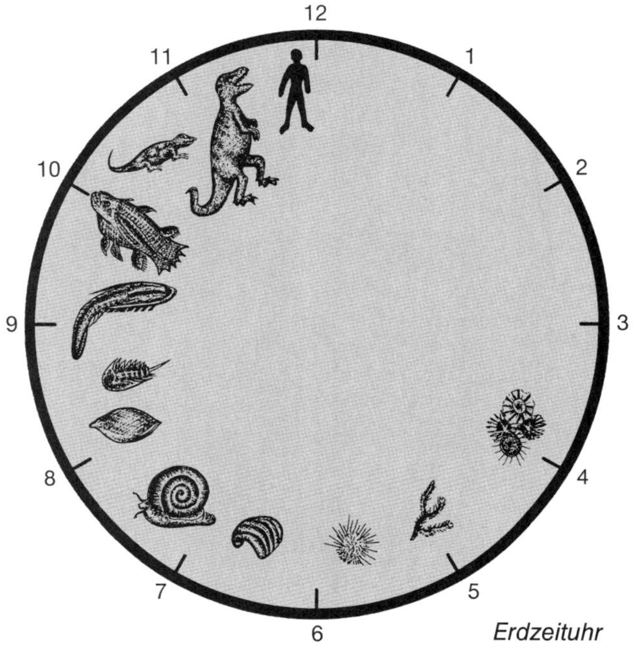

Erdzeituhr

Eine andere Form der zeitlichen Darstellung ist die sogenannte Zeitleiste.
Hier ist es wichtig, einen geeigneten Maßstab zu wählen, um den Zeitraum, der dargestellt werden soll, übersichtlich werden zu lassen.

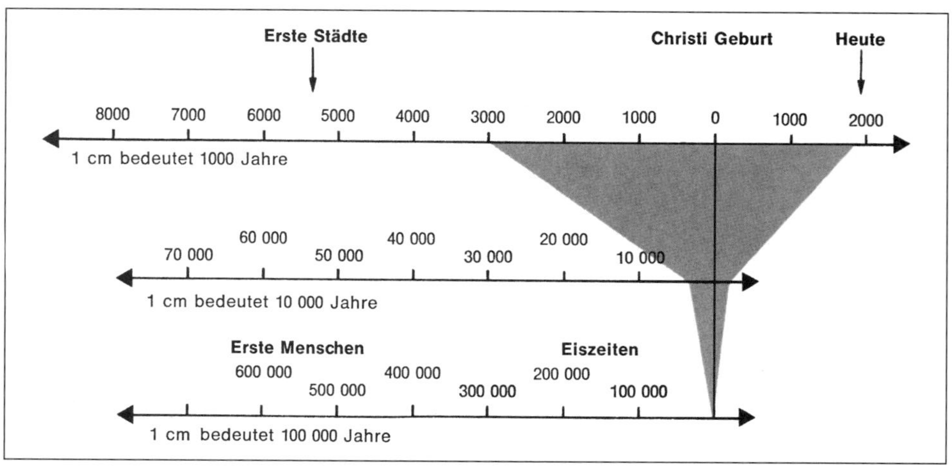

Zeitleiste

GESCHICHTE	NAME: ____________	KLASSE: ____	DATUM: ________	NR. ___

Die zeitliche Ausdehnung der Geschichte

Zeichne eine Erdzeituhr für die letzten 1,2 Milliarden Jahre der Erdgeschichte und trage die Entstehung der ersten Einzeller, der ersten Schnecken, der ersten Fische und der ersten Spuren von Menschen ein!

Zeichne nun die letzten 1,2 Milliarden Jahre der Erdgeschichte in Form einer Zeitleiste und trage die oben genannten Entwicklungsformen ein!
(Maßstab: 1,5 cm = 100 Millionen Jahre)!

GESCHICHTE	NAME: ______	KLASSE: ____	DATUM: ______	NR. ____

Die zeitliche Ausdehnung der Geschichte

Zeichne eine Erdzeituhr für die letzten 1,2 Milliarden Jahre der Erdgeschichte und trage die Entstehung der ersten Einzeller, der ersten Schnecken, der ersten Fische und der ersten Spuren von Menschen ein!

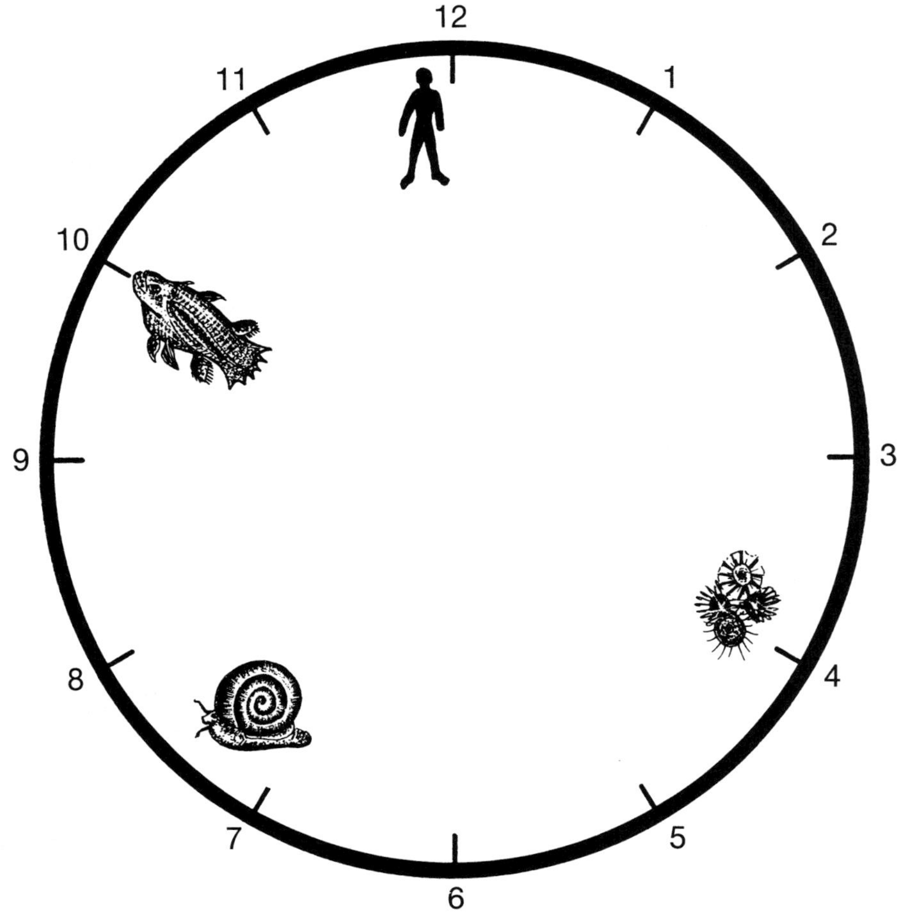

Zeichne nun die letzten 1,2 Milliarden Jahre der Erdgeschichte in Form einer Zeitleiste und trage die oben genannten Entwicklungsformen ein!
(Maßstab: 1,5 cm = 100 Millionen Jahre)!

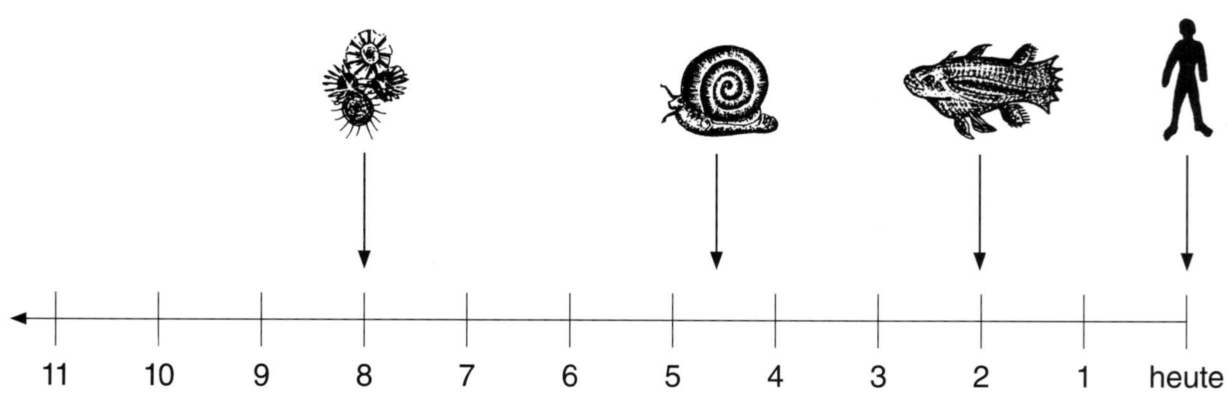

THEMA

Wie erfahren wir etwas über das Leben der ersten Menschen?

LERNZIELE

Erkennen, dass das Wissen über das Leben der ersten Menschen aus Funden von Werkzeugen, Waffen und menschlichen Skeletten gewonnen wurden.
Den Begriff Archäologie erläutern können.
Erkennen, dass die ersten Menschen ihre Werkzeuge und Waffen aus Stein herstellten.
Einen Überblick über die Entwicklung Altsteinzeit – Jungsteinzeit – Metallzeit gewinnen.
Bewusst machen, dass zur Menschheitsgeschichte seit jeher Kampf und Krieg gehörten.
Bewusst machen, dass es nicht auf alle Fragen Antworten gibt und geben kann.

ARBEITSMITTEL/MEDIEN/LITERATURHINWEISE

Folie 1 (Vergleich Neandertaler/Cro-Magnon-Mensch), 2 Informationsblätter, 1 Arbeitsblatt

Zusatz: 4202380 „Ötzi – der Mann aus dem Eis“ (1999 – 27 min)

TAFELBILD/FOLIEN

Vergleich Neandertaler/Cro-Magnon-Mensch

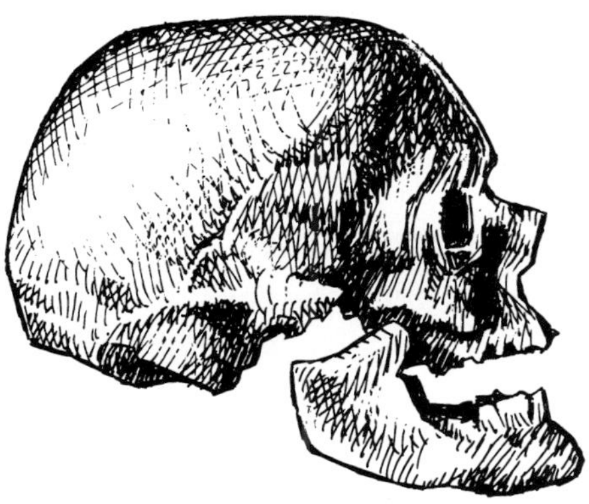

Dieser Schädel wurde erstmals in Cro-Magnon in Südfrankreich gefunden. Der Cro-Magnon-Mensch gilt als erster Vertreter des heutigen Menschen. Der langschädlige Kopf, die hohe Stirn und die ausgeprägte Kinnpartie haben sich bis heute nicht mehr wesentlich verändert. Er tritt vor 30000–40000 Jahren auf.

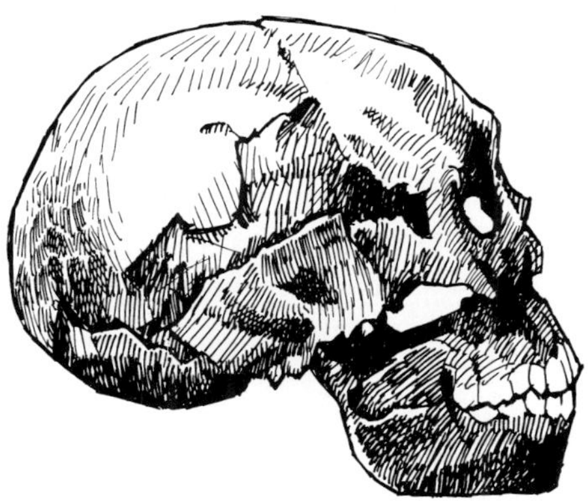

Schädel des Neandertalers: flache Stirn, starke Augenwülste, Spitzgesicht mit fliehendem Kinn, weit ausladendes, kegelförmiges Hinterhaupt. Er ist kein Vorfahre unserer heutigen Menschen, sondern seit etwa 30000 v. Chr. ausgestorben.

I. **Hinführung:**

Folie 1 (Vergleich Neandertaler/ Cro-Magnon-Mensch)

Zielangabe:

TA: **Wie erfahren wir etwas über das Leben der ersten Menschen?**

II. **Erarbeitung:**

Informationsblätter 1 und 2/ EA/PA/LSG

1. TZ: Funde berichten aus der Frühzeit des Menschen.

S:
- Zufällige Funde bei Bauarbeiten ...
- Funde: Werkzeuge, Skelette
- Archäologie

2. TZ: Werkzeuge und Waffen der Stein- und Metallzeit erzählen von der Lebensweise der Menschen.

S:
- Altsteinzeit: Werkzeuge aus Stein
- Jungsteinzeit: meisterhafte Bearbeitung
- Metallzeit: Entdeckung des Eisens
- Neue Berufe entstehen

3. TZ: Kampf und Krieg begleiten den Menschen.

S:
- Altsteinzeit: Darstellung von Gewalt in der Felsmalerei
- Jungsteinzeit: verschiedenartige Waffen

III. **Vertiefung:**

Gesamtwiederholung

IV. **Sicherung:**

Eintrag AB

V. **Ausweitung:**

4. TZ: Das Fundgut gibt uns auf wichtige Fragen keine Antwort.

S:
- Neue Methoden der Archäologie
- Keine Aussage über zwischenmenschliche Beziehungen, über Sprache, Religion ...
- In Zukunft neue Erkenntnisse?

Die Lebensweise in der Frühzeit

Funde berichten aus der Frühzeit des Menschen

Kein Buch kann über die frühen Tage der Menschheit Auskunft geben, kein Bauwerk gibt uns Zeugnis aus dieser Zeit. Trotzdem ist es Wissenschaftlern und Forschern gelungen, das Leben dieser Menschen nachzuvollziehen. Woher kamen diese Erkenntnisse? Zufällige Funde bei Bauarbeiten, beim Ausbaggern von Kiesgruben, in Schachtanlagen und Höhlen brachten Werkzeuge aus Stein und Metall zutage. Menschliche Skelette oder Teile davon ermöglichten einen Einblick in das Leben, das Arbeiten und das Sterben der damaligen Menschen.
Sorgfältige Grabungen ergänzten diese zufälligen Funde. Durch die Archäologie lernten die Wissenschaftler das Leben der Menschen in vergangener Zeit kennen. Je mehr Funde sie vergleichen konnten, desto genauer wurde diese Kenntnis.

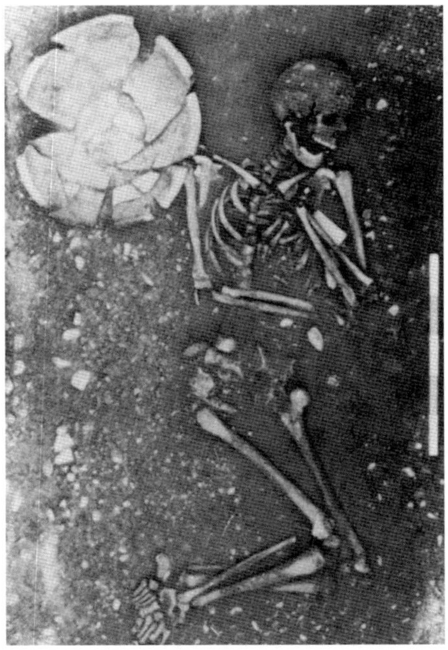

Fund eines Männergrabes mit Grabbeigaben (Landkreis Pfaffenhofen)

Werkzeuge und Waffen der Stein- und Metallzeit erzählen uns von der Lebensweise der Menschen

Die Zeit, in der Werkzeuge und Waffen hauptsächlich aus Stein hergestellt wurden, nennt man Steinzeit.
Im älteren Zeitraum der Steinzeit, der sogenannten „Altsteinzeit", erzeugten die Menschen ihre Werkzeuge aus Stein. Sie schlugen den Stein aus dem Felsen und verwendeten die so entstandenen Ecken und Kanten zum Schaben und Schneiden. Erst später verwendeten sie Geräte aus Horn und Knochen.
Gegen Ende der Steinzeit wurden die rauen Oberflächen geschliffen und poliert. Äxte und Hämmer erhielten Bohrungen, durch die ein Schaft eingefügt werden konnte. Die Steine wurden meisterhaft bearbeitet. Die Archäologen bezeichnen diesen Zeitabschnitt als „Jungsteinzeit".
Für Schmuck und Kultgegenstände wurden schon während der Jungsteinzeit Metalle verarbeitet. Aber erst mit der Erfindung der Bronze fanden die Menschen ein Metall, das zur Herstellung von Werkzeugen und Waffen geeignet war. Die (weitere) Entdeckung, dass Eisen geschmiedet und gehärtet werden kann, führte zur Entwicklung eines neuen Zeitalters: der Metallzeit.
Mit dem technischen Fortschritt änderte sich aber auch die Lebensweise des Menschen. Werkzeuge und Waffen der Altsteinzeit zeigen, dass der Mensch vor allem von dem lebte, was er in der Natur fand. Seine Nahrung erwarb er sich durch Jagen, Fischen und Sammeln. In der Jungsteinzeit erzeugte der Mensch seine Nahrung auch selbst, was die Funde von Sicheln und Mahlsteinen belegen.
Mit der Entwicklung einer meisterhaften Steinbearbeitung und der Verwendung von Bronze und Eisen zur Werkzeugherstellung entstanden im weiteren Verlauf der Geschichte neuartige Berufe.

Jagdszene (Höhlenmalerei)

Archäologische Funde liefern zwar Antworten, aber auch neue Fragen …

Kampf und Krieg begleiten den Menschen

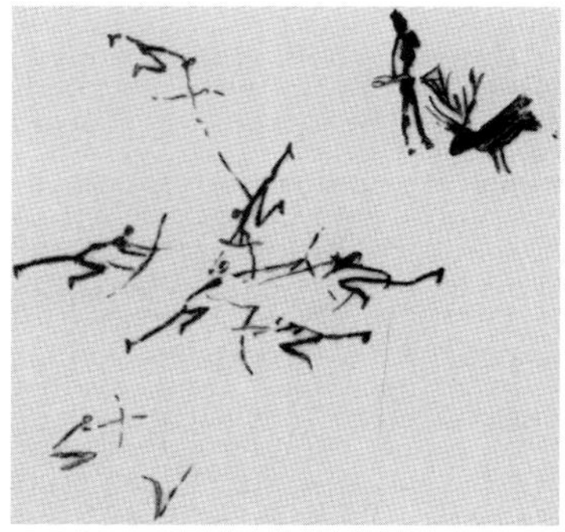
Felsmalerei von Morella la Valle

Die Felsmalerei von Morella la Valle, die auf die Periode nach der Eiszeit datiert wird, ist eines der bekanntesten Dokumente kriegerischer Handlungen aus der Frühzeit des Menschen. Viele Skelettfunde berichten über Gewaltanwendungen am Menschen in der Steinzeit.
Ab dem Beginn der Jungsteinzeit werden immer mehr verschiedenartige Waffen hergestellt. In der Metallzeit treten neben der Streitaxt das Schwert, der Dolch aus Bronze gefertigt und zum Schutz Helm und Schild auf. Auch Jagdwaffen (z. B. Speerschleudern, Speere, Pfeil und Bogen) werden im Kampf mit dem Menschen verwendet.
Die Gründe für die Anwendung von Gewalt können allerdings nicht ermittelt werden.

Das Fundgut gibt uns auf wichtige Fragen keine Antwort

Schädelbestattung

Die Archäologen haben auf viele Fragen Antworten gefunden. Sie sind in der Lage, das Alter vieler Funde auf einige Jahrzehnte oder Jahrhunderte genau zu bestimmen. Sie können aufgrund des Fundgutes auf die jeweilige Entwicklungsstufe der Menschen schließen. Sie betreiben Bodenforschung mit den neuesten Geräten, sie vergleichen stein- und metallzeitliche Funde aus der ganzen Welt miteinander und zeigen Wechselbeziehungen auf.
Aber auf viele Fragen finden sie keine Antwort.

Zwischenmenschliche Beziehungen lassen sich nur selten aus dem Fundgut ablesen. Wir erkennen zwar Schmuckbeigaben bei Frauen in einem Schädelgrab und eigenartige Schneckensammlungen bei Kinderschädeln. Aus welchem Grund sie aber z. B. in der Ofnethöhle im Donau-Ries-Kreis liegen, ist nicht festzustellen.
Welche Sprache benutzten die Ureinwohner eines Erdteils, welche Namen trugen Stämme und Völker? Wie nannten sie die Landschaften, in denen sie lebten?
Wie äußerte sich ihre Religion?
Wissenschaftler aus aller Welt arbeiten an der Erweiterung des geschichtlichen Wissens. Manche Dinge können aber wohl nie geklärt werden.

Kupfer-, Bronze-, Eisenzeit

Altsteinzeit: 1 200 000–100 000 v. Chr.

1. Eiszeit: 650 000–550 000 v. Chr.
Warmzeit: 550 000–475 000 v. Chr.
2. Eiszeit: 475 000–425 000 v. Chr.
Warmzeit: 425 000–230 000 v. Chr.
3. Eiszeit: 230 000–175 000 v. Chr.
Warmzeit: 175 000–120 000 v. Chr.

Mittlere Steinzeit 125 000–35 000 v. Chr.

Jungsteinzeit 35 000–8000 v. Chr.

Beginn des Metallzeitalters

4. Eiszeit: 120 000–12 000 v. Chr. Warmzeit ab 12 000 v. Chr.

GESCHICHTE	NAME: ________	KLASSE: ____	DATUM: ________	NR. ____

Wie erfahren wir etwas über das Leben der ersten Menschen?

Menschliche ________________ lassen Rückschlüsse auf das Leben der früheren Menschen zu. Sie geben auch Aufschluss über die Bestattungsriten, Kampfhandlungen, Wohnverhältnisse u. Ä.

Schleifblock aus Granit

______________ und ______________ lassen einen Rückschluss auf die Lebensweise ihrer Benutzer zu. Geräte zur Bodenbearbeitung und zum Einbringen der Ernte, Werkzeuge verschiedenster Art lassen den Stand der menschlichen Entwicklung erkennen.

Auch die Art der ____________ sagt viel über die Benutzer und ihre Zeit aus. Je nachdem, welche die Menschen benutzt haben, aus welchem Material sie hergestellt sind und an welchem Ort sie gefunden wurden, kann man die gefundenen Gegenstände zeitlich einordnen.

Die Archäologen betreiben ____________________ und lernen auf diese Weise das Leben der Menschen in vergangenen Zeiten kennen. Je mehr Funde sie vergleichen, desto genauer werden diese Kenntnisse.

Manchmal findet man aber keine Antwort auf Fragen wie z. B.:

____

____

____

Steinkistengrab aus Keitum/Sylt (ca. 2000 v. Chr.)

GESCHICHTE	NAME: ____________	KLASSE: ____	DATUM: ________	NR. ____

Wie erfahren wir etwas über das Leben der ersten Menschen?

Menschliche *Skelette* lassen Rückschlüsse auf das Leben der früheren Menschen zu. Sie geben auch Aufschluss über die Bestattungsriten, Kampfhandlungen, Wohnverhältnisse u. Ä.

Werkzeuge und *Geräte* lassen einen Rückschluss auf die Lebensweise ihrer Benutzer zu. Geräte zur Bodenbearbeitung und zum Einbringen der Ernte, Werkzeuge verschiedenster Art lassen den Stand der menschlichen Entwicklung erkennen.

Schleifblock aus Granit

Auch die Art der *Waffen* sagt viel über die Benutzer und ihre Zeit aus. Je nachdem, welche die Menschen benutzt haben, aus welchem Material sie hergestellt sind und an welchem Ort sie gefunden wurden, kann man die gefundenen Gegenstände zeitlich einordnen.

Die Archäologen betreiben *„Spatenforschung"* und lernen auf diese Weise das Leben der Menschen in vergangenen Zeiten kennen. Je mehr Funde sie vergleichen, desto genauer werden diese Kenntnisse.

Manchmal findet man aber keine Antwort auf Fragen wie z. B.:

Welche Sprache benutzen die Menschen?

An welche Götter glaubten sie?

Welche Namen trugen die einzelnen Völker und Stämme?

Steinkistengrab aus Keitum/Sylt (ca. 2000 v. Chr.)

THEMA

Wie lebten die ersten Menschen? – Die Altsteinzeit (Paläolithikum)

LERNZIELE

Erkennen, dass die ältesten Spuren der Menschen 500 000 Jahre zurückreichen.
Frühe Funde in unserer Heimat nennen können.
Das Leben der Menschen in der Altsteinzeit beschreiben können.
Erkennen, dass die Menschen der Altsteinzeit bereits Kunstwerke schufen.
Das Leben der Menschen in der Eiszeit beschreiben können.
Bewusst machen, dass die Epochen Eiszeit und Altsteinzeit parallel verlaufen.
Den Klimawechsel zum Ende der Eiszeit als Grund für die geänderten Lebensgewohnheiten der Menschen bewusst machen.

ARBEITSMITTEL/MEDIEN/LITERATURHINWEISE

Folie 1 (Alltagsleben der ersten Menschen), 2 Informationsblätter, 1 Arbeitsblatt

Zusatz: 42 02569 „Der Neandertaler" (2000 – 20 min)
46 40399 „Der Neandertaler" (2004 – 15 min)

TAFELBILD/FOLIEN

Alltagsleben der ersten Menschen

I. **Hinführung:**

Folie 1 (Alltagsleben der ersten Menschen)

Zielangabe — TA: **Die Altsteinzeit (Paläolithikum)**

II. **Erarbeitung:**

Informationsblätter 1 und 2/
EA/PA – Auswertung LSG

1. TZ: Die ältesten Spuren	S: – Älteste Spuren reichen 500 000 Jahre zurück – Erste Werkzeuge und Waffen – Gebrauch des Feuers
2. TZ: Früheste Funde in unserer Heimat	S: – Heidelberger Mensch (500 000 Jahre alt) – Neandertaler (ca. 100 000 Jahre alt)
3. TZ: Altsteinzeit (Paläolithikum)	S: – Zeit von 1 200 000–100 000 v. Chr. – Werkzeuge aus Stein – Jäger und Sammler
4. TZ: Eiszeit	S: – 30 000–10 000 v. Chr. entstehen viele Kunstwerke. – Berühmte Höhlen in Frankreich und Spanien – Figuren, Schmuckanhänger

III. **Vertiefung:**

Gesamtwiederholung

IV. **Sicherung:**

Eintrag AB

Funde berichten uns über die Frühzeit des Menschen

1. Die ältesten Spuren

Die ältesten Spuren der Menschheit reichen 500 000 Jahre zurück.
Die Umwelt dieser ersten Menschen war voller Gefahren. Nackt und ungeschützt versuchten sie zu überleben. Unsere Vorfahren hatten weder Angriffs- noch Verteidigungswaffen und waren zunächst den Tieren unterlegen. Etwas Wichtiges unterschied sie jedoch von den Tieren: ihr Verstand, ihre Möglichkeit, sich sprachlich zu verständigen und ihre geschickten Hände. Die Menschen verstanden, dass die Hände Werkzeuge für alle Gelegenheiten waren. Sie benutzten Steine, Stöcke und Tierknochen, um den Händen mehr Kraft zu geben. Als die Menschen diese Gegenstände mit Kanten und Spitzen versahen, entstanden die ersten Werkzeuge und Waffen, mit denen sie ihre Umwelt beherrschten.
In Höhlen suchten die Menschen Schutz und erfanden die Kleidung, die ihnen Wärme und Schutz bot.
Die Wirkung des Feuers wurde den Menschen durch Gewitter und Steppenbrände bekannt. Als es ihnen gelang, durch das Reiben zweier Hölzer oder durch das Schlagen von Steinen Feuer zu entfachen, war ein wichtiger Schritt zur Weiterentwicklung der Menschen getan.

2. Die frühesten Funde in unserer Heimat

Im Jahr 1907 fand man in der Nähe von Heidelberg in 24 Metern Tiefe einen menschlichen Unterkiefer, der ca. 500 000 Jahre alt ist. Nach seinem Fundort wurde er als Heidelberger Mensch bezeichnet und markiert ein wesentliches Datum bei der Erforschung der Menschheitsgeschichte.
Im Jahr 1856 wurden bereits im Neandertal bei Düsseldorf Bruchstücke eines menschlichen Skeletts und ein Schädeldach gefunden. Wissenschaftler gaben das Alter dieses Fundes mit 80 000–100 000 Jahren an. Durch Vergleiche von Knochenfunden an mehreren Orten Europas stellte man fest, dass diese Menschen weitere Gebiete Europas bewohnt hatten. Nach dem ersten Fundort nannte man sie „Neandertaler". Der Neandertaler kann aber nicht als Vorfahre der heutigen Menschen angesehen werden. Er starb ca. 30 000 Jahre vor Christi Geburt aus.

3. Die Altsteinzeit (Paläolithikum)

Als „Altsteinzeit" bezeichnet man die Zeit von 1 200 000 v. Chr. bis etwa 100 000 v. Chr. (Eine zeitliche Einteilung der einzelnen Zeitalter der Steinzeit ist schwierig. In der Forschung gibt es dazu mehrere Ansätze.) Die ersten Menschen stellten ihre Werkzeuge vorwiegend aus Stein her. Deshalb nennen wir diesen Zeitabschnitt der Geschichte „Altsteinzeit".
Unsere Vorfahren konnten vermutlich noch nicht sprechen, da ihr Kehlkopf nicht ausgebildet war. Sie ernährten sich vor allem durch das Sammeln von Früchten. Nur ein geringer Teil ihrer Nahrung stammte von der Jagd auf Tiere.
Die Menschen zogen als Jäger und Sammler den Tieren hinterher. Sie besaßen keinen festen Wohnsitz.

4. Die Eiszeit

Die ersten Menschen in unserer Heimat lebten in einer Zeit, in der gewaltige Gletscher große Teile Nord- und Mitteleuropas unter sich begraben hatten.
Von den Alpen her schoben sich die Eismassen in mächtigen Gletscherströmen in das Alpenvorland hinaus.
Vom skandinavischen Gebirge ausgehend bedeckte das Eis die ganze Ostsee und weite Teile Norddeutschlands. In den eisfreien Gebieten dazwischen herrschte ein raues, lebensfeindliches Klima.
Die Zeiten großer Kälte dauerten jedoch nicht immer gleichmäßig an. Sie waren unterbrochen von „Warmzeiten", in denen die Gletscher zurückwichen.
Vor etwa 14 000 Jahren vollzog sich in Europa ein durchgreifender Klimawechsel.
Die Winter waren nicht mehr so kalt, die Sommer wurden wärmer. Die Gletscher gaben die Norddeutsche Tiefebene frei. Die Tiere der Eiszeit folgten den zurückweichenden Gletschern. Die Großtiere, das Mammut und das wollhaarige Nashorn, überstanden den Klimawechsel nicht und starben aus.
Die Jäger und Sammler der Altsteinzeit fanden ihre gewohnte Jagdbeute nicht mehr und mussten ihre Lebensgewohnheiten ändern.

5. Die Kunst der Steinzeit

In der Zeit zwischen 30 000 und 10 000 v. Chr. entstanden in Europa Kunstwerke, die bis heute erhalten geblieben sind.
In Europa finden wir besonders in Spanien und Frankreich viele Höhlenmalereien, die bis zu 30 000 Jahre alt sind. Berühmt sind die Höhle in Lascaux (Frankreich) und die Höhlen von Altamira (Spanien). In Afrika und Australien fand man Felsenbilder, die ca. 260 000 Jahre alt sind.
Die Malereien zeigen zumeist Tiere aus der Umgebung des Altsteinzeitmenschen wie Wildpferde, Hirsche oder Rentiere.
An vielen Lagerplätzen in ganz Europa stieß man auf Figuren aus Kalkstein, Knochen oder Elfenbein. An anderen Orten fanden sich Schmuckanhänger aus Muscheln und Tierzähnen. In Höhlenbereichen wurden auch kleine Flöten gefunden.

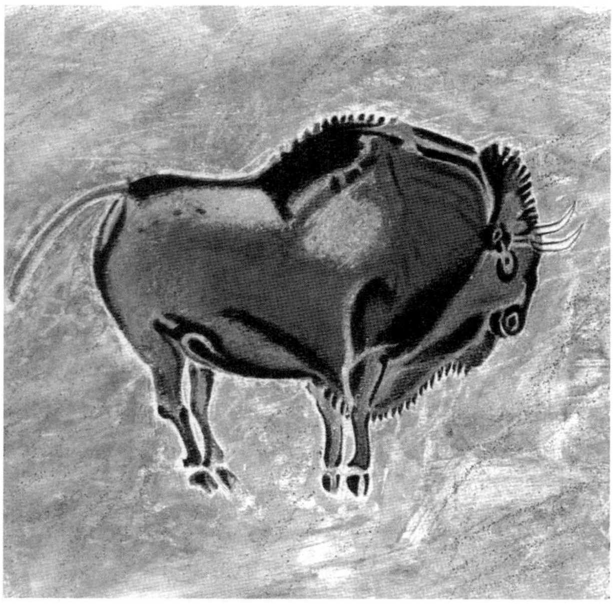

Bisonrind in der Höhle von Altamira (Spanien)

GESCHICHTE	NAME: ____________	KLASSE: ____	DATUM: ________	NR. ____

Wie lebten die Menschen in der Altsteinzeit?

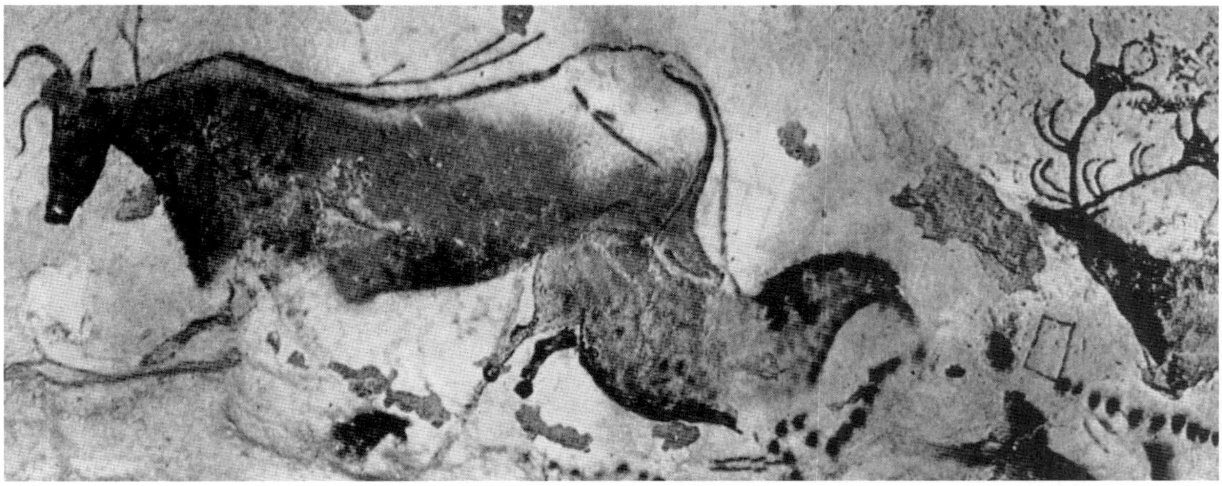

Höhlenmalerei (Lascaux, Frankreich; 17 000–15 000 v. Chr. Es wird vermutet, dass die Malereien der Tiere auch eine religiöse Bedeutung hatten: Als Jagdzauber sollten sie das Jagdglück erhöhen.

Die ersten Menschen stellten ihre Werkzeuge vorwiegend aus ____________ her. Deshalb nennen wir dieses Zeitalter die „________________“ – Paläolithikum. Dieser Zeitabschnitt umfasste die Zeit von ______________ v. Chr. bis ______________ v. Chr. (Die Einteilung variiert nach Forschungsrichtung und geografischem Gebiet.)

In der Zeit zwischen 30 000 v. Chr. und 10 000 v. Chr. entstanden in Europa ______________, die bis heute erhalten geblieben sind. In Europa finden wir vor allem in Frankreich und Spanien sogenannte ________________.

Die Menschen der Altsteinzeit lebten in einer Zeit, in der gewaltige Gletscher große Teile Europas unter sich begraben hatten, in der sogenannten „______________“. Die Zeiten großer Kälte dauerten jedoch nicht immer gleichmäßig lang. Sie waren unterbrochen von „________________“, in denen die Gletscher zurückwichen.

Vor etwa __________ Jahren vollzog sich in Europa ein durchgreifender ______________. Die Tiere der Eiszeit folgten den zurückweichenden Gletschern. Die ______________ und ______________ der Altsteinzeit fanden ihre gewohnte Jagdbeute nicht mehr und mussten ihre Lebensgewohnheiten ändern.

GESCHICHTE	NAME: ____________	KLASSE: ____	DATUM: ________	NR. ____

Wie lebten die Menschen in der Altsteinzeit?

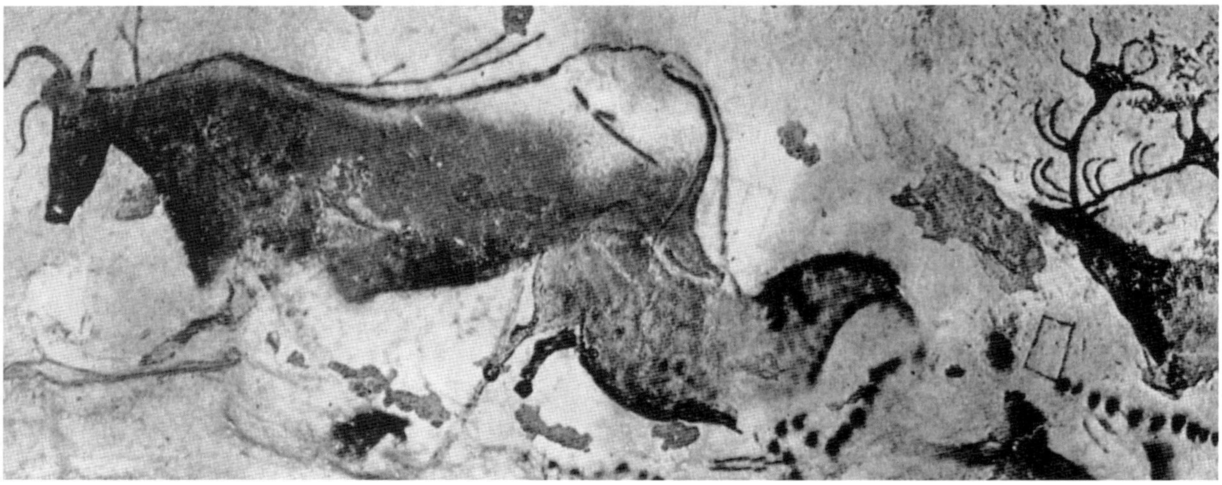

Höhlenmalerei (Lascaux, Frankreich; 17 000–15 000 v. Chr. Es wird vermutet, dass die Malereien der Tiere auch eine religiöse Bedeutung hatten: Als Jagdzauber sollten sie das Jagdglück erhöhen.

Die ersten Menschen stellten ihre Werkzeuge vorwiegend aus *Stein* her. Deshalb nennen wir dieses Zeitalter die „*Altsteinzeit*" – Paläolithikum. Dieser Zeitabschnitt umfasste die Zeit von *1 200 000* v. Chr. bis *100 000* v. Chr. (Die Einteilung variiert nach Forschungsrichtung und geografischem Gebiet.)

In der Zeit zwischen 30 000 v. Chr. und 10 000 v. Chr. entstanden in Europa *Kunstwerke*, die bis heute erhalten geblieben sind. In Europa finden wir vor allem in Frankreich und Spanien sogenannte *Höhlenmalereien*.

Die Menschen der Altsteinzeit lebten in einer Zeit, in der gewaltige Gletscher große Teile Europas unter sich begraben hatten, in der sogenannten „*Eiszeit*".

Die Zeiten großer Kälte dauerten jedoch nicht immer gleichmäßig lang. Sie waren unterbrochen von „*Wärmezeiten*", in denen die Gletscher zurückwichen.

Vor etwa *14 000* Jahren vollzog sich in Europa ein durchgreifender *Klimawechsel*. Die Tiere der Eiszeit folgten den zurückweichenden Gletschern. Die *Jäger* und *Sammler* der Altsteinzeit fanden ihre gewohnte Jagdbeute nicht mehr und mussten ihre Lebensgewohnheiten ändern.

THEMA

Wie lebten die Menschen in der Jungsteinzeit (Neolithikum)?

LERNZIELE

Erkennen, dass die Menschen der Jungsteinzeit sesshaft wurden und als Viehzüchter und Bauern ihren Lebensunterhalt bestritten.
Erkennen, dass sich neue Formen des Zusammenlebens bildeten (Familie, Sippe, Horde).
Neue Formen der Götterverehrung und Totenbestattung kennenlernen.
Erfindungen und neue Techniken der Jungsteinzeit kennenlernen: Werkzeuge, Waffen, Gefäße aus Lehm und Ton, neue Kleidung, die Erfindung des Rades.

ARBEITSMITTEL/MEDIEN/ LITERATURHINWEISE

Folie 1 („Ein jungsteinzeitliches Dorf"), 2 Informationsblätter, 3 Arbeitsblätter

Zusatz: 42 48814 „Leben in der Jungsteinzeit um 3000 v. Chr." (2002 – 15 min)
42 48815 „Jäger der Jungsteinzeit um 3000 v. Chr." (2002 – 15 min)
42 01767 „In der Jungsteinzeit" (1999 – 16 min)
46 31005 „Der Öztalmann und seine Welt" (1999 – 115 min)
46 40217 „Jäger der Jungsteinzeit" (2002 – 15 min)

TAFELBILD/FOLIEN

Ein jungsteinzeitliches Dorf: Die Abbildung zeigt uns eine Nachbildung des jungsteinzeitlichen Dorfes Aichbühl nach den Ausgrabungsergebnissen der Wissenschaftler. Es umfasste 23 Häuser, die in drei lockeren Zeilen angeordnet sind. Die im Verlauf der Jungsteinzeit kleiner werdenden Häuser haben nur noch drei Pfostenreihen, von denen die mittlere den First (das ist der Balken ganz oben zwischen den beiden Dachhälften) trägt.

I.	**Hinführung:**	
	Folie 1 (Ein jungsteinzeitliches Dorf)	S: Es herrschen einfache Verhältnisse …
	Zielangabe	TA: **Wie lebten die Menschen in der Jungsteinzeit (Neolithikum)?**
II.	**Erarbeitung:**	
	Informationsblätter 1 und 2/ ES/PA/LSG	S. lesen auf dem Informationsblatt 1 gemeinsam den Abschnitt „Die Übergangszeit.“
	1. TZ: Die Übergangszeit	S: Übergang von der Altsteinzeit zur Jungsteinzeit dauert mehrere Tausend Jahre. – Jäger der Übergangszeit müssen auch kleinere Tiere jagen.
	2. TZ: Die Menschen werden sesshaft.	S: – Suche nach neuem Ackerland – Entstehung neuer Siedlungen – Menschen werden sesshaft – Vorgang dauert 1000 Jahre
	3. TZ: Neue Formen des Zusammenlebens	S: An Seen und Flüssen entstehen feste Siedlungen. – Das Leben in Dorfgemeinschaften bringt neue Aufgaben.
	4. TZ: Götterverehrung und Totenbestattung	S: Der Mensch verliert die Furcht vor den Verstorbenen. – Den Toten soll das Weiterleben im Jenseits angenehm gemacht werden.
	5. TZ: Erfindungen und neue Techniken	S: – Werkzeuge und Waffen – Gefäße aus Lehm und Ton – Neue Kleidung – Die Erfindung des Rades
III.	**Vertiefung:**	
	Gesamtwiederholung	
IV.	**Sicherung:**	
	Eintrag AB	
V.	**Ausweitung:**	
	Informationsblätter 3 und 4/ PA/GA/LSG	
	Vergleich Altsteinzeit/Jungsteinzeit	

Die Jungsteinzeit (Neolithikum): Entstehung des Bauerntums

1. Die Übergangszeit

Der Übergang von der Altsteinzeit zur Jungsteinzeit dauerte mehrere Tausend Jahre. Die großen Rentierherden waren mit dem Rückgang der Gletscher abgezogen. Die Jagd auf Elche, Hirsche, Auerochsen war viel weniger ertragreich als früher, die Jäger der Übergangszeit mussten auch kleinere Tiere jagen, die sie bisher nicht beachtet hatten: Rehe, Biber, Füchse, Hasen.

2. Die Menschen werden sesshaft

Völker aus dem Vorderen Orient hatten schon früher gelernt, Haustiere zu züchten und verschiedene Getreidearten anzubauen. Auf der Suche nach neuem Ackerland kamen sie donauaufwärts in unsere Heimat. Hier trafen sie auf die Nachkommen der eiszeitlichen Jäger.
Dieser Einfluss führte langfristig dazu, dass bald auch in Mittel- und Westeuropa bäuerliche Siedlungen entstanden und Ackerbau betrieben wurde. Die Menschen wurden sesshaft.
Dieser Vorgang dauerte in Mitteleuropa ca. von 5500 v. Chr. bis 1800 v. Chr. Etwa ab 3500 v. Chr. erzeugten die Menschen ihre Nahrung selbst und waren somit unabhängig von der Jagd und vom Ertrag des Sammelns.
Hirse, Weizen und Gerste waren aus Vorderasien zu uns gekommen. Etwas später folgten Hafer und Roggen. Im Hausgarten wuchsen Erbsen und Linsen. Hühner und Gänse waren beliebte Eier- und Fleischlieferanten. In Haus und Hof und bei der Herde wachte der treue Hund. Neben Rind, Schaf und Ziege wurde das Schwein als Abfallverwerter gehalten.

3. Neue Formen des Zusammenlebens

Nachdem die Menschen sesshaft geworden waren, entstanden an Seen und Flüssen feste Siedlungen. Die Menschen wohnten in Dorfgemeinschaften inmitten ihrer Felder. Die Ställe für das Vieh schlossen unmittelbar an die menschliche Behausung an und oft waren beide zum Schutz vor Wölfen und Bären von Zäunen umgeben.
Das Leben in den kleinen Dorfgemeinschaften brachte neue Aufgaben für die Menschen. Viele Arbeiten mussten gemeinsam bewältigt werden. Das Ackerland war zu verteilen, die Nutzung von Wiesen und Weiden musste festgelegt werden, Wege und Stege waren in Ordnung zu halten, Streitigkeiten mussten geschlichtet werden.
Alle diese Aufgaben erforderten ein gemeinsames Handeln. So standen in der Mitte der jungsteinzeitlichen Dörfer Versammlungshäuser, in denen wahrscheinlich unter der Leitung des Dorfältesten über das Wohl der Gemeinde beraten wurde.

Entwicklung des Hauses vom Zelt aus Birkenstämmchen und Tierhäuten zum Rechteckhaus

4. Götterverehrung und Totenbestattung

Die Ackerbauern spürten bald, dass ihre Arbeit vom Wetter abhing. Die Sonne, die Leben und Wärme spendet, wurde daher als Gott verehrt. Auch Wasser und Wind wurden verehrt. Für reiche Ernten wurde der Göttin der Fruchtbarkeit gedankt. Durch Opfergaben in Form von Feldfrüchten und Tieropfern versuchten die Menschen, die Götter milde zu stimmen. Sogar Menschen wurden geopfert, um die Götter bei lang anhaltender Dürre oder anderen Naturkatastrophen zu versöhnen.

Durch die Sesshaftigkeit verlor der Mensch auch die Furcht vor den Verstorbenen. In Haus und Feld sah er das Wirken seiner Vorfahren; er verdankte ihrer Arbeit seinen eigenen Wohlstand. Mit zahlreichen Grabbeigaben, die aus Werkzeugen, Geräten und Schmuck bestanden, wollte er seinen Toten das Weiterleben im Jenseits so angenehm wie möglich machen.

5. Erfindungen und neue Techniken

Durch die Sesshaftigkeit hatten die Menschen mehr Zeit, sich mit der Verbesserung ihrer Werkzeuge und Geräte zu beschäftigen. Dabei war Stein immer noch der wichtigste Grundstoff. Aber die rauen Oberflächen der Werkzeuge und Waffen wurden jetzt geschliffen und poliert.
Mithilfe von Holzstücken und Röhrenknochen gelang es den Handwerkern, den Stein zu durchbohren. Nun konnten sie in Äxte und Hämmer einen Schaft einfügen, wie es heute noch üblich ist.
Über Tausende von Jahren dienten Gefäße aus Leder, Holz und ausgehöhlten Kürbissen zur Aufbewahrung der Vorräte. Jetzt benutzten die Menschen Vorratsgefäße und Trinkbecher aus gebranntem Lehm oder Ton.
In dieser Zeit entstanden auch die ersten Webstühle. Nachdem Wolle und Flachs auf dem eigenen Hof erzeugt wurden, konnte der Bauer seine Kleidung selbst herstellen.
Die Erfindung des Rades ermöglichte die Entwicklung des Wagens zur Beförderung verschiedenster Lasten. Wahrscheinlich wurde es aus Baumrollen entwickelt, die zur Fortbewegung schwerer Lasten verwendet wurden. Vom Vollscheibenrad wurde es später zum Speichenrad vervollkommnet. Die Erfindung des Rades ermöglichte die Entwicklung des Wagens zur Beförderung verschiedenster Lasten.

Entwicklung des Rades im 2. Jahrhundert v. Chr. A Vollscheibenrad, B Scheibenrad mit hölzerner Nabe, C frühe Form des Speichenrades, D Jagdwagenrad, E Rad mit Bronzenabe und hölzernem Laufkranz

GESCHICHTE	NAME: ____________	KLASSE: ____	DATUM: ________	NR. ___

Wie lebten die Menschen in der Jungsteinzeit?

Fortschritte der Bohrtechnik: Stockbohrer, Fiedelbohrer, Bohrmaschine:
Mithilfe von Holzstöcken und Röhrenknochen gelang es den kunstfertigen Handwerkern, den Stein zu durchbohren. Sie fertigten Äxte und Hämmer, in die der Schaft eingefügt werden konnte, wie es heute noch üblich ist.

Der Übergang von der Altsteinzeit in die Jungsteinzeit dauerte mehrere ____________________ Jahre. Der Einfluss von Völkern aus dem Orient führte dazu, dass in Mittel- und Westeuropa ____________________ Siedlungen entstanden und ____________________ betrieben wurde.

Nachdem die Menschen ____________________ geworden waren, entstanden feste Siedlungen. Die Menschen wohnten in ______________________________.

Viele neue Aufgaben mussten bewältigt werden:

____

____

Alle diese Aufgaben erforderten ein ____________________ Handeln.

Die Sonne wurde als Gott verehrt und allmählich entwickelte sich eine Form der ____________________.

Der Mensch der Jungsteinzeit verlor die Furcht vor den Verstorbenen und war stolz auf das Wirken seiner Vorfahren. Mit zahlreichen ____________________ wollte er seinen Toten das Weiterleben im ____________________ so angenehm wie möglich machen.

Der Stein war noch immer der wichtigste Grundstoff der Jungsteinzeit. Aber die rauen Oberflächen wurden nun ____________________ und ____________________.

Den Menschen gelang es, den Stein zu durchbohren und sie schufen Werkzeuge wie ____________________. Die Menschen benutzten Vorratsgefäße aus gebranntem __________. In dieser Zeit entstanden auch die ersten ____________________, sodass die Menschen ihre Kleidung selbst herstellen konnten. Einen großen Fortschritt brachte die Erfindung des ____________________.

GESCHICHTE	NAME:	KLASSE:	DATUM:	NR.

Wie lebten die Menschen in der Jungsteinzeit?

Fortschritte der Bohrtechnik: Stockbohrer, Fiedelbohrer, Bohrmaschine:
Mithilfe von Holzstöcken und Röhrenknochen gelang es den kunstfertigen Handwerkern, den Stein zu durchbohren. Sie fertigten Äxte und Hämmer, in die der Schaft eingefügt werden konnte, wie es heute noch üblich ist.

Der Übergang von der Altsteinzeit in die Jungsteinzeit dauerte mehrere *Tausend* Jahre. Der Einfluss von Völkern aus dem Orient führte dazu, dass in Mittel- und Westeuropa *bäuerliche* Siedlungen entstanden und *Ackerbau* betrieben wurde.

Nachdem die Menschen *sesshaft* geworden waren, entstanden feste Siedlungen. Die Menschen wohnten in *Dorfgemeinschaften*.

Viele neue Aufgaben mussten bewältigt werden:
Verteilung des Ackerlandes, Festlegung der Nutzung von Wiesen und Weiden, Wege und Stege in Ordnung halten, Streitigkeiten schlichten.

Alle diese Aufgaben erforderten ein *gemeinsames* Handeln.

Die Sonne wurde als Gott verehrt und allmählich entwickelte sich eine Form der *Götterverehrung*.

Der Mensch der Jungsteinzeit verlor die Furcht vor den Verstorbenen und war stolz auf das Wirken seiner Vorfahren. Mit zahlreichen *Grabbeigaben* wollte er seinen Toten das Weiterleben im *Jenseits* so angenehm wie möglich machen.

Der Stein war noch immer der wichtigste Grundstoff der Jungsteinzeit. Aber die rauen Oberflächen wurden nun *geschliffen* und *poliert*.

Den Menschen gelang es, den Stein zu durchbohren und sie schufen Werkzeuge wie *Äxte und Hämmer*. Die Menschen benutzten Vorratsgefäße aus gebranntem *Ton*. In dieser Zeit entstanden auch die ersten *Webstühle*, sodass die Menschen ihre Kleidung selbst herstellen konnten. Einen großen Fortschritt brachte die Erfindung des *Rades*.

GESCHICHTE	NAME:	KLASSE:	DATUM:	NR.

Von der Altsteinzeit bis zur Jungsteinzeit – ein Überblick

Weißt du Bescheid?

1. Welchen Zeitabschnitt bezeichnet man als „Altsteinzeit“?
2. Aus welchem Material stellten die ersten Menschen ihre Werkzeuge her?
3. Wovon ernährten sich die Menschen hauptsächlich?
4. Was bedeutet „nicht sesshaft“?
5. Was folgt auf die Eiszeit?
6. Welche Teile Europas waren von Eis bedeckt?
7. Wann kam es zu einem Klimaumschwung in Europa?
8. Wonach richten sich die Zeiteinteilungen der einzelnen Abschnitte der Steinzeit?
9. In welchen Ländern finden wir viele Höhlenmalereien?
10. Was gehört darüber hinaus noch zur Kunst der Altsteinzeit?
11. Wie lange dauerte die Übergangszeit zwischen Altsteinzeit und Jungsteinzeit?
12. Warum wurden die Menschen sesshaft?
13. Wie lange dauerte dieser Vorgang?
14. Was wurde angebaut?
15. Welche Tiere wurden gehalten?
16. Wie lebten die Menschen in der Jungsteinzeit?
17. Welche Aufgaben mussten in der Dorfgemeinschaft bewältigt werden?
18. Wie entwickelte sich die Götterverehrung?
19. Wodurch sollten die Götter milde gestimmt werden?
20. Wie änderte der Mensch der Jungsteinzeit seine Einstellung zu den Verstorbenen?
21. In welcher Weise wurden Werkzeuge und Geräte in der Jungsteinzeit verbessert?
22. Wie waren die Vorratsbehältnisse in der Altsteinzeit beschaffen, wie in der Jungsteinzeit?
23. Wie stellte der Bauer seine Kleidung her?
24. Welche Erfindung gilt als eine der bedeutendsten?

Stelle einige Merkmale des Lebens der Menschen in der Altsteinzeit und in der Jungsteinzeit gegenüber!

Merkmale	Altsteinzeit	Jungsteinzeit
Wohnung		
Nahrung		
Wirtschaftsweise		
Werkzeuge		
Leben in der Gemeinschaft		

GESCHICHTE	NAME:________________	KLASSE:____	DATUM:_________	NR.____

Von der Altsteinzeit bis zur Jungsteinzeit – ein Überblick

Weißt du Bescheid?

1. *1 200 000 v. Chr.–100 000 v. Chr.*
2. *Stein*
3. *durch das Sammeln von Früchten – weniger durch die Jagd*
4. *den Tieren hinterherziehen, keine feste Bleibe haben*
5. *Warmzeit*
6. *Alpen – Alpenvorland – Skandinavien – Ostsee – Norddeutschland*
7. *ca. 12 000 v. Chr.*
8. *nach der geografischen Lage und der Forschungsrichtung*
9. *Spanien und Frankreich*
10. *Felsenbilder – Figuren aus Kalkstein – Schmuckanhänger – Flöten*
11. *mehrere Tausend Jahre*
12. *Völker aus dem Orient dringen nach Europa vor – Ackerbau*
13. *ca. 1000 Jahre*
14. *Hirse, Weizen, Gerste, Hafer, Roggen, Erbsen, Linsen*
15. *Hühner, Gänse, Hunde, Rinder, Schafe, Ziegen, Schweine*
16. *gemeinsame Bewältigung von verschiedenen Aufgaben*
17. *Ackerland verteilen – Nutzung bestimmen – Wege in Ordnung halten – Streitigkeiten schlichten*
18. *Arbeit hängt vom Wetter ab – Dankbarkeit gegenüber den Vorfahren*
19. *Opfergaben in Form von Feldfrüchten – Tieropfer – Menschenopfer*
20. *Furcht vor den Verstorbenen schwindet – Dank an die Vorfahren – Grabbeigaben*
21. *Oberflächen wurden geschliffen und poliert – Stein wird durchbohrt*
22. *Altsteinzeit: Gefäße aus Leder, Holz, ausgehöhlten Kürbissen*
    Jungsteinzeit: Gefäße aus gebranntem Lehm und Ton
23. *erste Webstühle – Anbau von Wolle und Flachs*
24. *das Rad*

Stelle einige Merkmale des Lebens der Menschen in der Altsteinzeit und in der Jungsteinzeit gegenüber!

Merkmale	**Altsteinzeit**	**Jungsteinzeit**
Wohnung	*Höhlen*	*Zelte, Häuser*
Nahrung	*durch Jagen, Fischen, Sammeln*	*durch Anbau von Getreide; Jagd*
Wirtschaftsweise	*Jagd auf Großtiere in freier Natur*	*Anbau auf dem Ackerland; Jagd*
Werkzeuge	*Faustkeil, Speer*	*geschliffene Steinäxte, Webstuhl, Pflug*
Leben in der Gemeinschaft	*Jäger und Sammler*	*Bauern, Züchter, Jäger*

GESCHICHTE	NAME:	KLASSE:	DATUM:	NR.

Das Alltagsleben vereinfacht sich ...

Ordne die Waffen, Werkzeuge, Bilder und sonstigen Gegenstände der Altsteinzeit bzw. der Jungsteinzeit zu!

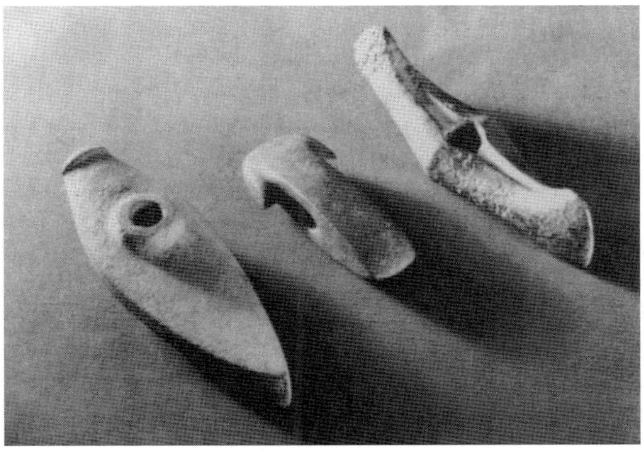

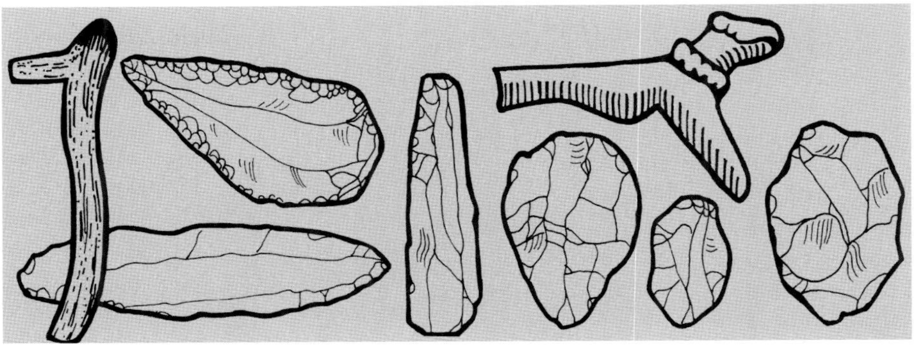

GESCHICHTE	NAME: ____________	KLASSE: ____	DATUM: ________	NR. ____

Das Alltagsleben vereinfacht sich ...

Ordne die Waffen, Werkzeuge, Bilder und sonstigen Gegenstände der Altsteinzeit bzw. der Jungsteinzeit zu!

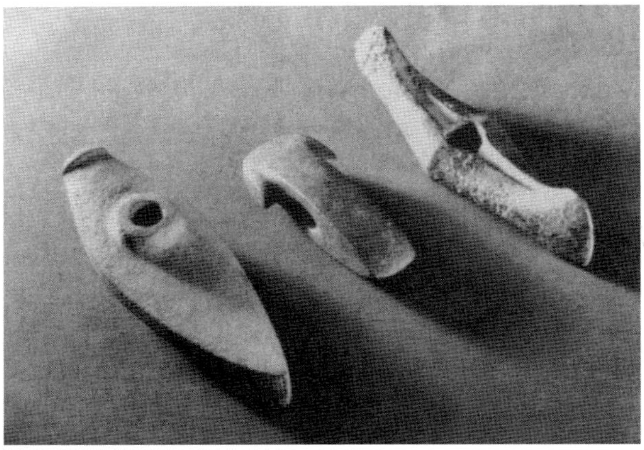

Jungsteinzeit

Geschliffene Steinäxte und Pflugsohle

Jungsteinzeit

Modell eines Webstuhls

Jungsteinzeit

Bild eines Wagens

mit Vollscheibenrad

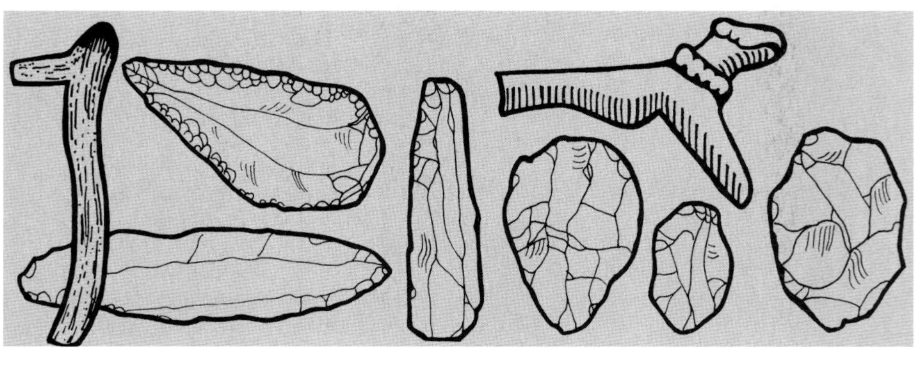

Altsteinzeit

Faustkeile, Schaber, Handspitzen,

Schlagwerkzeuge aus Horn und Holz

THEMA

Wie lebten die Menschen in der Metallzeit?

LERNZIELE

Erkennen, dass Metalle das Leben der Menschen veränderten.
Erkennen, dass Bronze aus Kupfer und Zinn hergestellt wird.
Erkennen, dass Bronze ab ca. 1800 v. Chr. zum wichtigsten Werkstoff wurde.
Erkennen, dass das Eisen die Bronze ab ca. 800 v. Chr. ablöste.
Erkennen, dass sich die Kelten um die Einführung des Eisens besonders verdient gemacht haben.
Bewusst machen, dass die Entdeckung von Bronze und Eisen zu neuen Entwicklungen von Werkzeugen, Waffen und kunsthandwerklichen Gegenständen führten.

ARBEITSMITTEL/MEDIEN/LITERATURHINWEISE

Folie 1 (Nachbildung einer Grabkammer), 2 Informationsblätter, 1 Arbeitsblatt, 2 Trainingsblätter

Zusatz: 42 02872 „Die Kelten“ (2003 – 25 min)

TAFELBILD/FOLIEN

Nachbildung einer Grabkammer. Wahrscheinlich Grab des Keltenfürsten von Hochdorf. Beigaben an Schmuck und kostbarem Geschirr künden sowohl von einem weitreichenden, bis in die Mittelmeerländer weisenden Handel als auch von der Vielfalt und der Kunstfertigkeit eigener Werkstätten und Handwerker.

I. **Hinführung:**	
Folie 1 (Nachbildung einer Grabkammer)	S: Man erkennt reiche Grabbeigaben.
Zielangabe	TA: **Wie lebten die Menschen in der Metallzeit?**
II. **Erarbeitung:**	
Informationsblätter 1/2/ EA/PA – Auswertung LSG	
1. TZ: Bronzezeit	S: Gold und Silber zu weich und zu kostbar – Kupfer und Zinn = Bronze – ab 1800 v. Chr. wichtigster Werkstoff – Neue Handelswege
2. TZ: Eisenzeit	S: Eisen in glühendem Zustand von Schlacke befreien – Hämmern – Im Wasser härten – Eisen löst die Bronze ab ca. 800 v. Chr. ab – Kelten führen das neue Metall ein
3. TZ: Handwerkskunst im Metallzeitalter	S: Werkzeuge: Axt, Sichel, Pflugschar Waffen: Schwert Kunsthandwerk: Schmuck, Tonwaren, keltisches Tuch
III. **Vertiefung:**	
Gesamtwiederholung	
IV. **Sicherung:**	
Eintrag AB	
V. **Ausweitung:**	
Informationsblätter 3 und 4/ Vergleich Steinzeit/Metallzeit	

Metalle verändern das Leben der Menschen

1. Die Bronzezeit

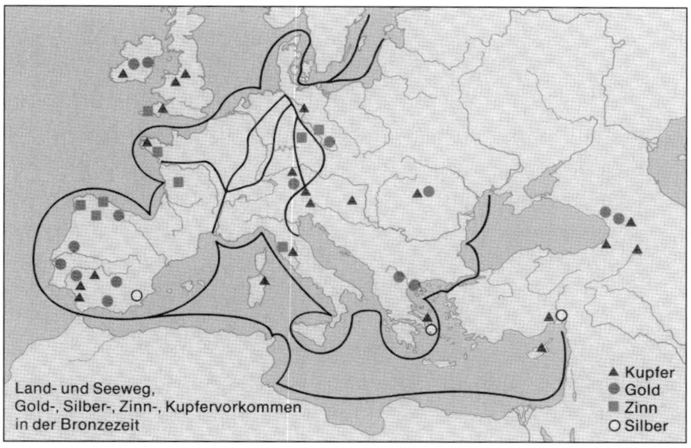

Gold und Silber waren die ersten Metalle, die der Mensch zu verarbeiten verstand. Für Werkzeuge und Geräte des täglichen Lebens waren diese Edelmetalle aber zu weich und zu kostbar.
Nun entdeckten die Menschen ein neues Metall: Kupfer. Das neue Metall, das im Schwemmsand der Flüsse und im Gestein der Berge gefunden wurde, war jedoch für die Herstellung von Waffen und Werkzeugen immer noch zu weich.
Erst als die Menschen entdeckten, dass das weiche Kupfer durch einen Zusatz von Zinn an Härte gewann, erhielten sie ein Metall, das sich zu vielerlei Geräten verarbeiten ließ. Die Bronze, eine Metallmischung (= Legierung) von neun Teilen Kupfer und einem Teil Zinn begann ihren Siegeszug durch Europa. Etwa ab 1800 v. Chr. wurde die Bronze auch in unserer Heimat zum wichtigsten Werkstoff.
Die Bronzeaxt ersetzte nun das Steinbeil, der Spaten das Grabscheit, die Bronzesichel die Holzsichel. Auch der Pflug erhielt eine Pflugschar aus Metall.
Höhere Ernteerträge und ein größeres Angebot an Nahrungsmitteln waren die Folge.
Kupfer und Zinn wurden nur selten an einem Ort gefunden und mussten deshalb über große Strecken in einer Bronzeschmiede zusammengeführt werden. Händler und Seefahrer fanden immer neue Wege, die kostbaren Metalle zu befördern.

2. Die Eisenzeit

Das Eisen, das die Menschen in ihren Hochöfen mithilfe von Holzkohle ausschmolzen, war zunächst weicher als Bronze, mit Schlacke vermischt und nicht gießfähig. Erst als die Menschen lernten, das Eisen in glühendem Zustand durch Hämmern von der Schlacke zu befreien, zu schmieden und im Wasser zu härten, erzielten sie einen brauchbaren Werkstoff. Lange Jahre wurde nun das Eisen neben der Bronze verwendet, ehe von etwa 800 v. Chr. an das Eisen die Bronze in Mitteleuropa ablöste.
Das Volk der Kelten hat sich um die Einführung des neuen Metalls besonders verdient gemacht.

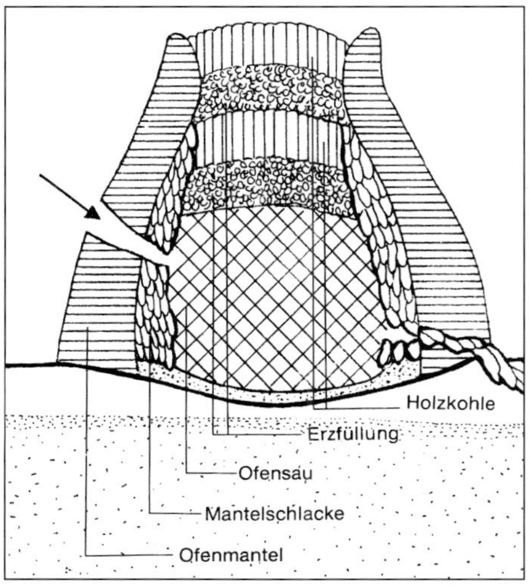

Schnittmodell durch einen eisenzeitlichen Rennofen
Im Brennofen, der aus einem Lehmmantel besteht, wurde abwechselnd erzhaltiges Gestein und Holzkohle aufgeschichtet. Holzkohle muss zwar erst im Meiler erzeugt werden, entwickelt aber größere Hitze als Holz. An der Windseite (Pfeil) und oben ließ man ein Loch für den Durchzug. Mit Blasebälgen verstärkte man die Sauerstoffzufuhr, um die Temperatur zu erhöhen. Aus der Öffnung unten rechts floss das geschmolzene Metall. Solche Öfen nannte man Rennöfen (trennen, flüssig machen, schmelzen).

3. Handwerkskunst in der Metallzeit

Künstlerisch begabte Handwerker fanden während der Metallzeit viele neue Verfahren in der Bearbeitung von Werkstoffen und schufen neue Werkzeuge. Ihre Töpferwaren zeigten in Form und Verzierung die Meisterschaft des Künstlers. Die Kelten führten die Töpferscheibe in unserer Heimat ein und schufen viele neue, bis dahin nicht mögliche Formen von Tonwaren. Jetzt entstand auch Massenware von hoher Qualität. Auch die Drehmühle fand unter ihrer Herrschaft Eingang nördlich der Alpen. Keltisches Tuch war überall begehrt.
In der Metallverarbeitung machten sie ebenfalls enorme Fortschritte. Ihre Schwerter, aus mehreren übereinander geschmiedeten Lagen von Weicheisen und Stahl waren berühmt und begehrt.
Hohe Kunst erreichten die Handwerker der Metallzeit auch in der Verarbeitung von Edelmetallen. Die Technik des Legierens, das Treiben, Ziselieren und Punzen, das Gießen und Löten beherrschten sie meisterhaft.
In keltischen Hügelgräbern fand man im süddeutschen Raum immer wieder Goldschmuck aus Arm- und Stirnreifen, die die Bedeutung des Beigesetzten unterstrichen.

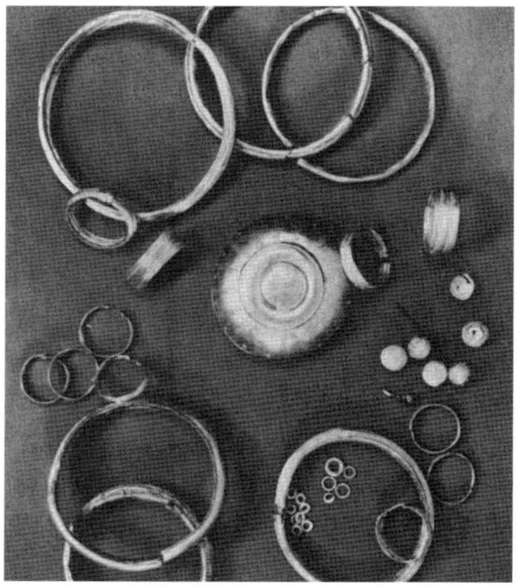

In keltischen „Fürstengräbern" Baden-Württembergs gefundener Goldschmuck, bestehend aus Arm- und Stirnreifen und Goldschale

Linsenförmiges Tongefäß mit Tiermotiven

Die Grabhügel waren wahrscheinlich von überlebensgroßen Statuen gekrönt. Von einer solchen stammt dieser 7 kg schwere, über einem Eisenkern gegossene silberne Halsring.

Wie lebten die Menschen in der Metallzeit?

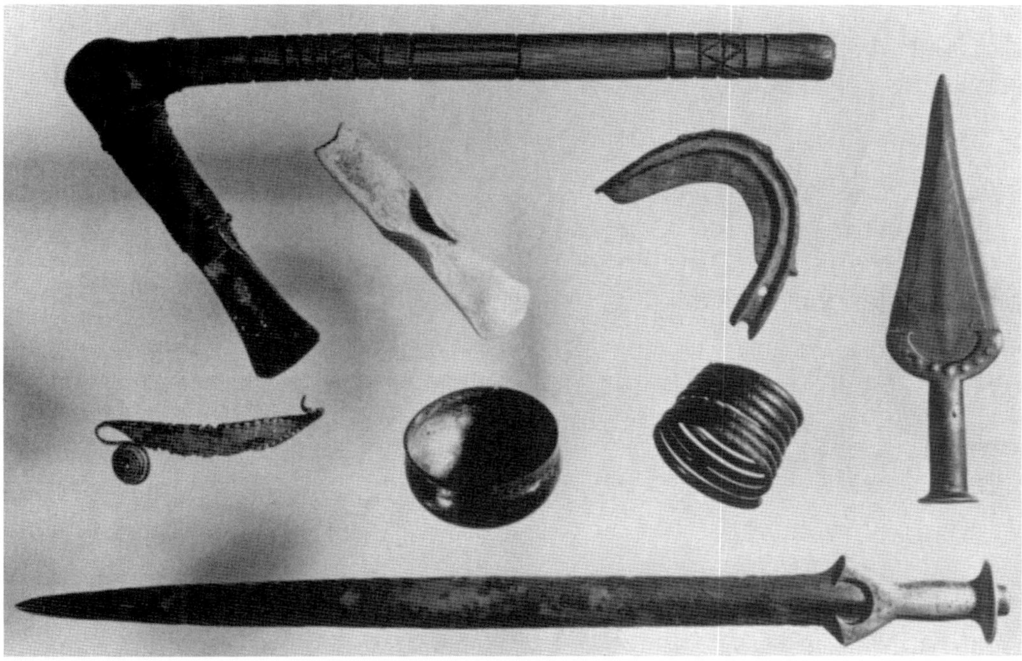

Geräte der Bronzezeit

1. **Die Bronzezeit** (ab ca. _______________ v. Chr.)
Gold und Silber konnten die Menschen bereits bearbeiten, nun entdeckten sie aber ein Metall, das nicht so kostbar war: ____________________. Im Laufe der Zeit fanden die Menschen zudem heraus, dass dieses Metall durch den Zusatz von ____________________ an Härte gewann. Dies führte dazu, dass die Bronze, eine Mischung aus ____________________ Teilen ____________________ und ____________________ Teil ____________________ zum wichtigsten Werkstoff wurde.

2. **Die Eisenzeit** (ab ca. _______________ v. Chr.)
Das erste Eisen, das die Menschen verarbeiteten, war zunächst noch weicher als Bronze, mit Schlacke vermischt und nicht gießfähig. Erst als die Menschen lernten, das Eisen durch _________________________ von der Schlacke zu befreien, zu schmieden und im Wasser zu _________________________, erhielten sie einen brauchbaren Werkstoff. Die _________________________ haben sich besonders um die Einführung des neuen Metalls verdient gemacht.

3. **Handwerkskunst**

Werkzeuge: ____

Waffen: ____

Kunsthandwerk: ____

____

GESCHICHTE	NAME:__________	KLASSE:____	DATUM:________	NR.____

Wie lebten die Menschen in der Metallzeit?

Geräte der Bronzezeit

1. **Die Bronzezeit** (ab ca. ___*1800*___ v. Chr.)
Gold und Silber konnten die Menschen bereits bearbeiten, nun entdeckten sie aber ein Metall, das nicht so kostbar war: ___*Kupfer*___. Im Laufe der Zeit fanden die Menschen zudem heraus, dass dieses Metall durch den Zusatz von ___*Zinn*___ an Härte gewann. Dies führte dazu, dass die Bronze, eine Mischung aus ___*neun*___ Teilen ___*Kupfer*___ und ___*einem*___ Teil ___*Zinn*___ zum wichtigsten Werkstoff wurde.

2. **Die Eisenzeit** (ab ca. ___*800*___ v. Chr.)
Das erste Eisen, das die Menschen verarbeiteten, war zunächst noch weicher als Bronze, mit Schlacke vermischt und nicht gießfähig. Erst als die Menschen lernten, das Eisen durch ___*Hämmern*___ von der Schlacke zu befreien, zu schmieden und im Wasser zu ___*härten*___, erhielten sie einen brauchbaren Werkstoff. Die ___*Kelten*___ haben sich besonders um die Einführung des neuen Metalls verdient gemacht.

3. **Handwerkskunst**

Werkzeuge: *Bronzeaxt, Bronzesichel, Pflugschar aus Metall*

Waffen: *Schwerter aus Stahl*

Kunsthandwerk: *Töpferwaren (durch Töpferscheibe), keltisches Tuch, Goldschmuck, Arm- und Stirnreifen*

GESCHICHTE	NAME: ____________	KLASSE: ____	DATUM: ________	NR. ____

Training „Steinzeit“

Silbenrätsel

be – bron – faust – fer – gel – grab – hü – keil – kel – schei – ten – töp – ze

Bilde aus diesen Silben Wörter mit folgender Bedeutung:

1. Das älteste bekannte Werkzeug des Menschen (9)
2. Grabform während der Metallzeit (8)
3. Ein Volk, das während der Metallzeit in Süddeutschland lebte (6)
4. Das erste für Werkzeuge und Waffen geeignete Metall (5)
5. Dieses wichtige Hilfsmittel brachten die Kelten nach Mitteleuropa (5)

Die in Klammern angegebenen Ziffern stehen für Buchstaben und ergeben eine Waffe der Metallzeit.

Lösung: ____________________

Zuordnungsaufgabe

Ordne die einzelnen Begriffe den geschichtlichen Epochen zu!

Faustkeil – Töpferscheibe – Schwert – Nomaden – Spaten – Ackerbau – Höhlenmalerei – Kelten – Hügelgrab – Rad – Webstuhl – Kupfer und Zinn

Altsteinzeit			
Jungsteinzeit			
Bronzezeit			
Eisenzeit			

Zusammenfassung

1. Bilde aus folgenden Stichwörtern eine kurze Zusammenfassung!

Steinzeit: Eiszeit – Jäger und Sammler – Werkzeug – Nomaden – Höhlen – Ackerbau – Sesshaftigkeit – Haustiere – Pflug – geschliffener Stein – Erfindungen

Metallzeit: Metallgewinnung – Kupfer und Zinn – Bronzeschmied – Handel – Eisenerzlager – neue Werkzeuge und Geräte – Handwerkskunst

Training „Steinzeit“

Silbenrätsel

be – bron – faust – fer – gel – grab – hü – keil – kel – schei – ten – töp – ze

Bilde aus diesen Silben Wörter mit folgender Bedeutung:

1. Das älteste bekannte Werkzeug des Menschen (9) – *Faustkeil*
2. Grabform während der Metallzeit (8) – *Hügelgrab*
3. Ein Volk, das während der Metallzeit in Süddeutschland lebte (6) – *Kelten*
4. Das erste für Werkzeuge und Waffen geeignete Metall (5) – *Bronze*
5. Dieses wichtige Hilfsmittel brachten die Kelten nach Mitteleuropa (5) – *Töpferscheibe*

Die in Klammern angegebenen Ziffern stehen für Buchstaben und ergeben eine Waffe der Metallzeit.

Lösung: *Lanze*

Zuordnungsaufgabe

Ordne die einzelnen Begriffe den geschichtlichen Epochen zu!

Faustkeil – Töpferscheibe – Schwert – Nomaden – Spaten – Ackerbau – Höhlenmalerei – Kelten – Hügelgrab – Rad – Webstuhl – Kupfer und Zinn

Altsteinzeit	*Faustkeil*	*Nomaden*	*Höhlenmalerei*
Jungsteinzeit	*Rad*	*Webstuhl*	*Ackerbau*
Bronzezeit	*Töpferscheibe*	*Spaten*	*Kupfer und Zinn*
Eisenzeit	*Schwert*	*Kelten*	*Hügelgrab*

Zusammenfassung

1. Bilde aus folgenden Stichwörtern eine kurze Zusammenfassung!

Steinzeit: Eiszeit – Jäger und Sammler – Werkzeug – Nomaden – Höhlen – Ackerbau – Sesshaftigkeit – Haustiere – Pflug – geschliffener Stein – Erfindungen

Metallzeit: Metallgewinnung – Kupfer und Zinn – Bronzeschmied – Handel – Eisenerzlager – neue Werkzeuge und Geräte – Handwerkskunst

GESCHICHTE NAME: ____________ KLASSE: ____ DATUM: ________ NR. ____

Zuordnungsaufgabe

Ordne die Waffen, Werkzeuge, Bilder und sonstigen Gegenstände der Altsteinzeit (A), Jungsteinzeit (J), Bronzezeit (B) oder Eisenzeit (E) zu!

____

____

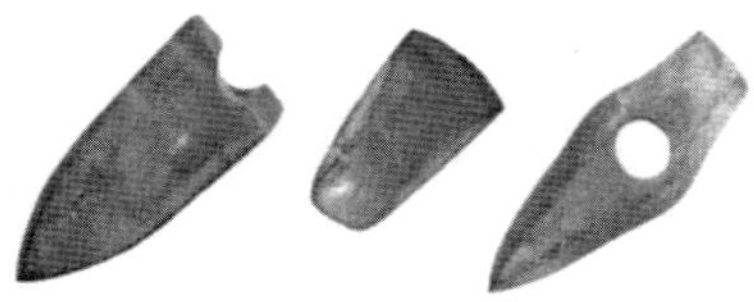

____

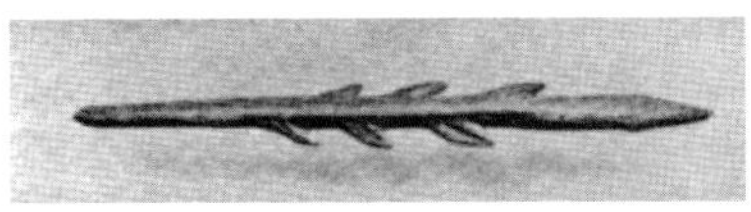

____

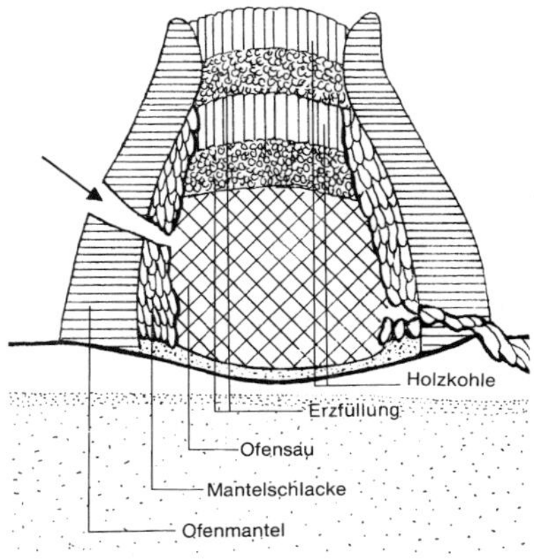

____

Bronzegewinnung

So entstand ein Bronzebeil. Füge die richtigen Begriffe in den Lückentext ein!

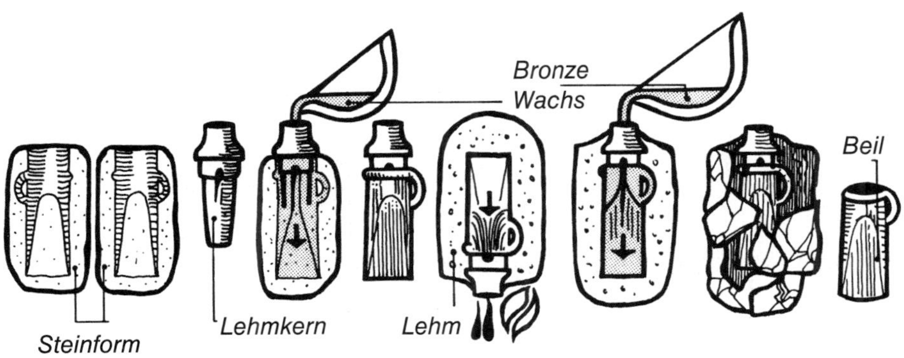

Entstehung eines Bronzebeils

Das Bild zeigt den Vorgang des Bronzegusses mithilfe der „verlorenen Form“. In eine zweiteilige ______________ setzte man einen ______________ und ließ durch dessen Gusskanal ______________ in die Steinform einfließen. Das Wachsmodell mit Lehmkern wurde mit ______________ umkleidet. Durch Ausschmelzen des Wachses entstand ein ______________, in den die flüssige Bronze gegossen wurde. Nach Erkalten der Bronze ______________ man die Lehmform, reinigte und schliff das Beil.

GESCHICHTE	NAME:________________	KLASSE:_____	DATUM:__________	NR.____

Zuordnungsaufgabe

Ordne die Waffen, Werkzeuge, Bilder und sonstigen Gegenstände der Altsteinzeit (A), Jungsteinzeit (J), Bronzezeit (B) oder Eisenzeit (E) zu!

Stockbohrer, Fiedelbohrer, Bohrmaschine (J)

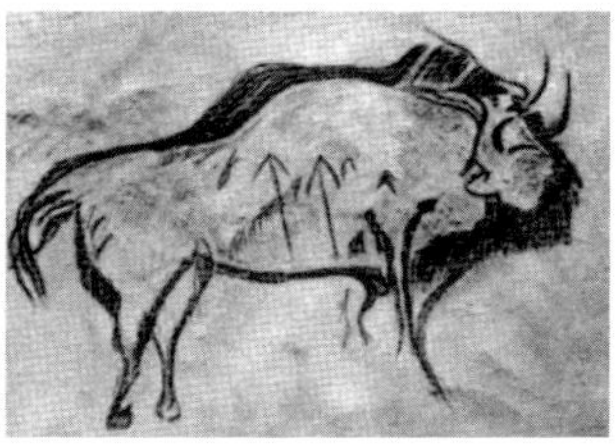

Höhlenmalerei (A)

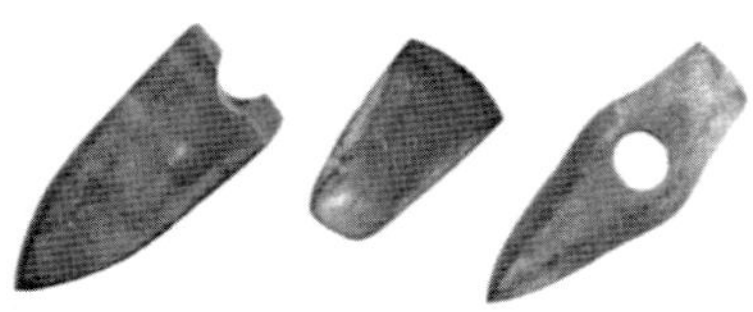

Werkzeuge (B)

Harpune (A)

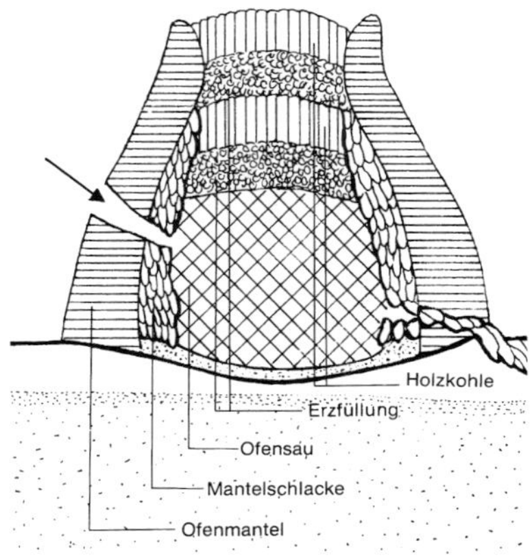

Rennofen (E)

Bronzegewinnung

So entstand ein Bronzebeil. Füge die richtigen Begriffe in den Lückentext ein!

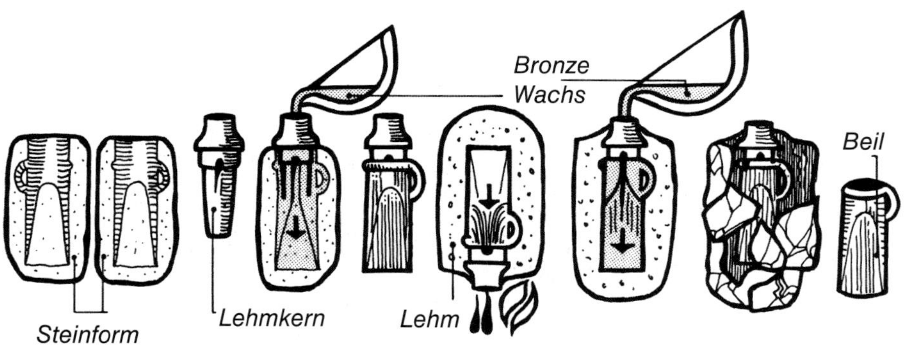

Entstehung eines Bronzebeils

Das Bild zeigt den Vorgang des Bronzegusses mithilfe der „verlorenen Form“. In eine zweiteilige *Steinform* setzte man einen *Lehmkern* und ließ durch dessen Gusskanal *Wachs* in die Steinform einfließen. Das Wachsmodell mit Lehmkern wurde mit *Lehm* umkleidet. Durch Ausschmelzen des Wachses entstand ein *Hohlraum*, in den die flüssige Bronze gegossen wurde. Nach Erkalten der Bronze *zerschlug* man die Lehmform, reinigte und schliff das Beil.

THEMA

Ägypten heute – das am häufigsten besuchte Land Afrikas

LERNZIELE

Die Lage Ägyptens auf der Weltkarte einordnen können.
Wichtige politische, wirtschaftliche und kulturelle Daten über Ägypten nennen können.
Die Bedeutung des Tourismus für das Land bewusst machen.
Wichtige Sehenswürdigkeiten Ägyptens nennen können.
Bewusst machen, dass Ägypten aufgrund seiner bedeutenden Geschichte Millionen Besucher jährlich anlockt.

ARBEITSMITTEL/MEDIEN/LITERATURHINWEISE

Folie 1 (Die Pyramiden von Giseh), 4 Informationsblätter, 1 Arbeitblatt, Atlas

Zusatz: 42 02208 „Kairo“ (20 min)
46 02320 „Ägypten – Land am Nil“ (36 min)

TAFELBILD/FOLIEN

Die Pyramiden von Giseh. Ägypten hat aber noch viel mehr zu bieten …

I. Hinführung:

Folie 1 (Die Pyramiden von Giseh)	S. sammeln Informationen über Ägypten (Brainstorming).
Zielangabe	TA: **Ägypten – das am häufigsten besuchte Land Afrikas**

II. Erarbeitung:

1. TZ: Daten Ägyptens	
Informationsblatt 1/ gemeinsames Erlesen/LSG/Lehrerinfo	S. nehmen zu den Daten Stellung und stellen einen Vergleich zur Bundesrepublik Deutschland her.
2. TZ: Lage Ägyptens/Atlasarbeit	S. beschäftigen sich mit der Karte von Ägypten.
3. TZ: Touristische Attraktionen	
Informationsblatt 2–4/ EA/PA/GA – Auswertung LSG	S: – Die Sphinx von Giseh – Kamele als Fortbewegungsmittel in der Wüste – Nillandschaft bei Assuan – Abu Simbel – Stufenpyramide des Djoser – Tempel der Hatschepsut (Luxor) – Assuan-Damm – Kairo

III. Vertiefung:

Gesamtwiederholung/Impuls	L: Die Geschichte hat für Ägypten heute eine große Bedeutung. S: Millionen von Touristen kommen ins Land …

IV. Sicherung:

Eintrag AB

V. Ausweitung:

- Berichte von Schüler über Ägypten-Reisen
- Kurzreferate über einzelne Sehenswürdigkeiten
- Reisevideos über Ägypten
- Auswertung von Reisekatalogen

Ägypten – das Wichtigste in Kürze

Im Folgenden sind einige allgemeine Daten zu Ägypten aufgelistet.

Fläche:	1 002 000 km² – ca. 3-mal so groß wie die Bundesrepublik Deutschland
Bevölkerung:	ca. 74,03 Millionen (Stand 2005)
Größte Städte:	Kairo (Hauptstadt): 10 834 495 Millionen (mit Vorstädten und Umland ca. 15–20 Millionen) Alexandria: ca. 3,7 Millionen
Zugang zu sauberem Trinkwasser:	99 %
Lebenserwartung:	Männer 67 Jahre, Frauen 70 Jahre
Schulpflicht:	6–14 Jahre
Religionen:	80 % Muslime, 12–15 % Kopten (christlich ausgerichtete altorientalische Kirche); Minderheiten von Griechisch-Orthodoxen, Katholiken, Protestanten und Juden
Analphabetenrate:	Männer 33 %, Frauen 55 %
Nutzfläche:	3,3 %
Tourismus:	ca. 4,5 Millionen Besucher jährlich

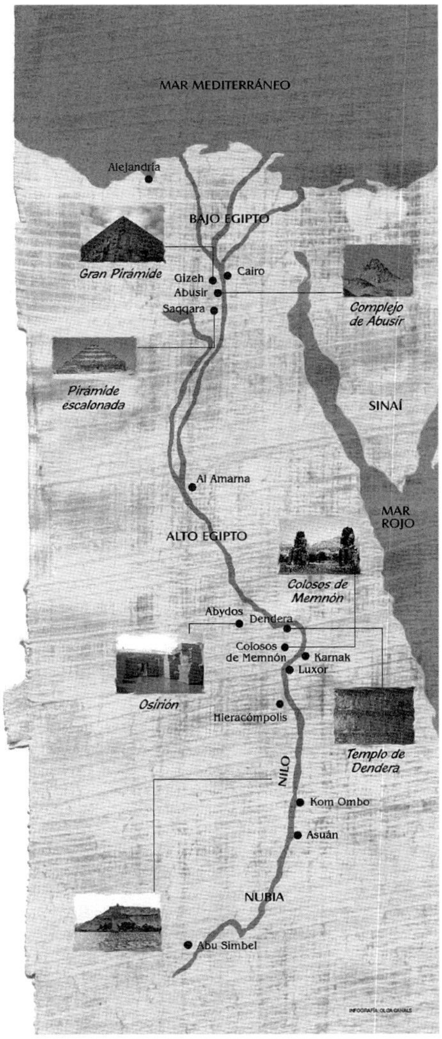

Übersichtskarte Ägypten

Ägypten damals und heute

Touristische Attraktionen I

Die Sphinx von Giseh

In der Wüste sind Kamele sehr nützliche Fortbewegungsmittel. Auch Touristen können einen Ritt wagen.

Nillandschaft bei Assuan

Touristische Attraktionen II

Abu Simbel: Die vier riesigen Statuen stellen den Erbauer Rames II. dar.

Stufenpyramide des Djoser (Vorstufe der heutigen bekannten Pyramidenform: Die Ägypter sammelten ihre Erfahrungen nach dem „Trial-and-error-Prinzip".)

Luxor: Im Tempel der Hatschepsut (= Königin. Pharao. 18 Dynastie, regierte von 1479–1458 v. Chr.)

Touristische Attraktionen III

Der Assuan-Damm staut den Nil in einer Länge von etwas 480 km auf: Es entstand ein riesiger Stausee, der sogenannte Nassersee.

Kairo: Neben modernen Hochhäusern findet man Bauwerke aus anderen Stilepochen.

GESCHICHTE	NAME:__________	KLASSE:_____	DATUM:_______	NR.____

Ägypten heute

Hauptstadt: ____________

Einwohnerzahl: ____________

Religionen: ____

____

____

Zahl der Touristen/Jahr: ____________

Trage die angrenzenden Staaten, die fehlenden Städte, Meere, Flüsse und Sehenswürdigkeiten auf der Karte ein!

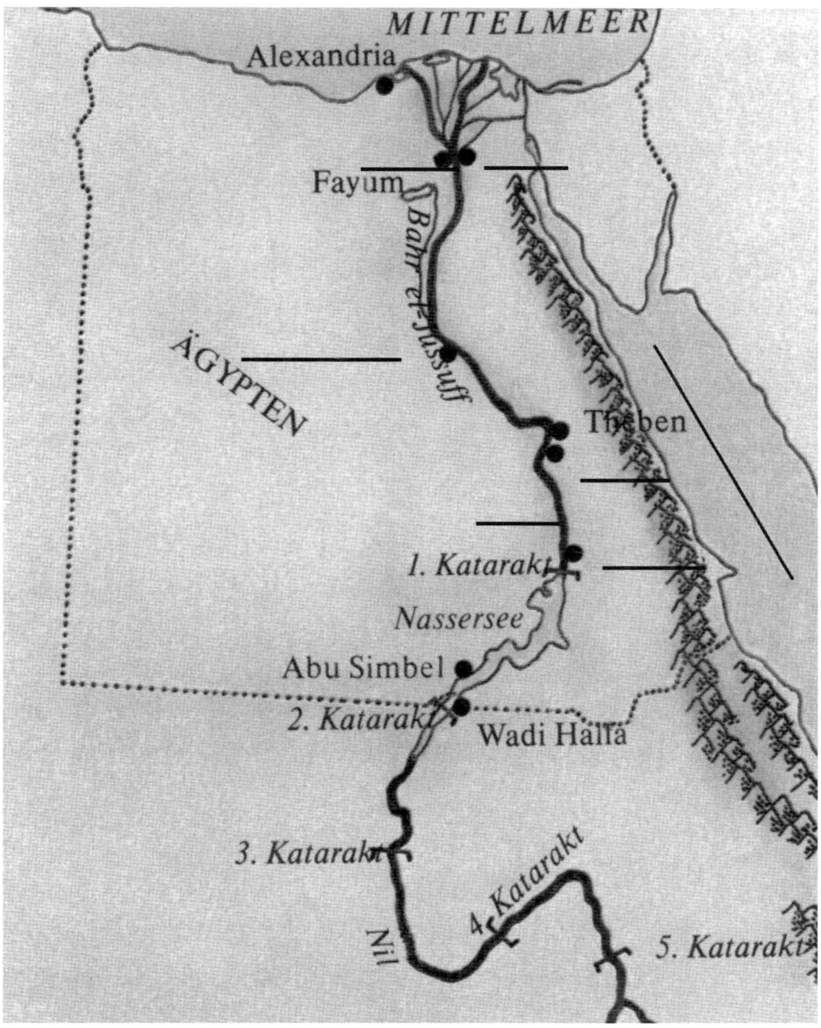

GESCHICHTE | NAME: ______ | KLASSE: ______ | DATUM: ______ | NR. ______

Ägypten heute

Hauptstadt: *Kairo*

Einwohnerzahl: *74,03 Millionen*

Religionen: *80 % Muslime, 12–15 % Kopten, Minderheiten von Griechisch-Orthodoxen, Katholiken, Protestanten und Juden*

Zahl der Touristen/Jahr: *ca. 4,5 Millionen*

Trage die angrenzenden Staaten, die fehlenden Städte, Meere, Flüsse und Sehenswürdigkeiten auf der Karte ein!

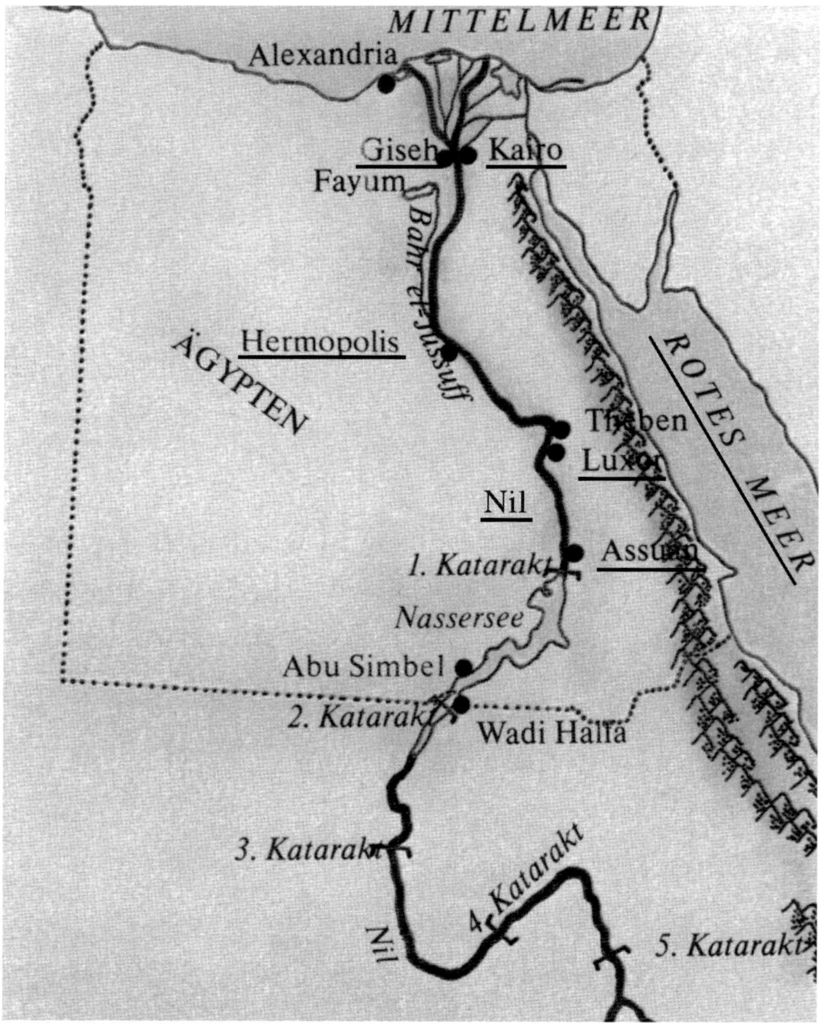

THEMA

Die Bedeutung des Nils für Ägypten

LERNZIELE

Erkennen, dass der Nil die Keimzelle Ägyptens darstellt.
Bewusst machen, dass die Einwohner Ägyptens und der Nil schon seit Tausenden von Jahren eine Einheit bilden.
Erkennen, dass der Nil das Jahr in drei Jahreszeiten einteilte.
Die Bedeutung dieser drei Jahreszeiten erläutern können.
Den Nil als Auslöser für wichtige Erfindungen, Entdeckungen und Entwicklungen begreifen.

ARBEITSMITTEL/MEDIEN/LITERATURHINWEISE

Folie 1 (Der Assuan-Staudamm), 2 Informationsblätter, 1 Arbeitsblatt

Zusatz: 42 02613 „Ägypten – Am Nil wird es eng" (12 min)
42 02614 „Der Nil – Genug Wasser für alle?" (24 min)

TAFELBILD/FOLIEN

Der Assuan-Staudamm staut den Nil zum riesigen Nassersee auf, der sich bis in den Sudan erstreckt (hier: Nubia-See). Die Arbeiten am Staudamm begannen bereits 1899 unter dem britischen Ingenieur William Willcocks. Man baute den Staudamm, um die landwirtschaftliche Nutzfläche zu vergrößern, das Hochwasser besser regulieren zu können und den Nil für Schiffe besser befahrbar zu machen.

I. **Hinführung:**	
Folie 1 (Der Assuan-Staudamm)	S. äußern sich dazu.
Zielangabe	TA: **Die Bedeutung des Nils für Ägypten**
II. **Erarbeitung:**	
1. TZ: Der Nil als Lehrmeister der Ägypter	S: – Der Nil bestimmt seit Jahrtausenden die Entwicklung Ägyptens.
Informationsblatt 1/ EA/PA/GA – Auswertung LSG	– Drei Jahreszeiten: Überschwemmung (Achet), Aussaat (Peret), Ernte (Schemu)
2. TZ: Anfänge der Wissenschaft	S: – Aufgabe („Der Nil fordert den Erfindungsreichtum der Menschen heraus“, S. 55) und Lösung: – Überschwemmungs- und Trockenzeiten: Kalender, Astronomie, Mathematik
Informationsblatt 2/ EA/PA/GA – Auswertung LSG	– Regulierung des Wassers: Bewässerungsnetze, Dämme, Wasserspeicher – Schlammnutzung: bessere Anbauverfahren – Vergrößerung der Anbaufläche: Bau von Schöpf- und Hebevorrichtungen – Vermessung von Ackerflächen: Schriftzeichen, Maßeinheiten, Geometrie
III. **Vertiefung:**	
Gesamtwiederholung	
IV. **Sicherung:**	
Eintrag AB	
V. **Ausweitung:**	
Impuls	L: Herodot, ein griechischer Geschichtsschreiber, nannte Ägypten ein Geschenk des Nils. S. fassen die Bedeutung des Nils für Ägypten zusammen.

Der Nil fordert die Ägypter heraus

Zu der Zeit, als in unserer Heimat die Eiszeit zu Ende ging, trocknete der Norden Afrikas aus. Ehemals fruchtbares Weide- und Waldland wurde zu Steppe oder Wüste. Nur im langgezogenen sumpfigen Niltal gab es noch ausreichend Wasser für Mensch und Tier. So zogen von allen Seiten her Menschen in das Tal. Die Bevölkerungsdichte dieser Flussoase stieg an, sodass die Acker- und Wiesenflächen bald zu klein wurden, um die vielen Menschen zu ernähren. Die Not zwang die Bewohner dazu, versumpfte Uferstreifen trockenzulegen und höher gelegene Flächen zu bewässern. So entstand fruchtbares Land in Flussnähe.

Jedes Jahr stellte der Nil die Anwohner vor die gleiche Aufgabe. Er überschwemmte mit seinem Hochwasser regelmäßig das Land. Fruchtbarer Schlamm blieb zurück und düngte die Felder. Aber immer wieder wurde zerstört, was die Bauern vorher mit viel Mühe angelegt hatten: Grenzen, Gräben, Anpflanzungen. Der Einzelne war im Kampf mit dem Fluss machtlos. Erst in Gemeinschaftsarbeit konnten die Menschen Dämme errichten, welche die Wassermassen bremsten und für längere Zeit speicherten.

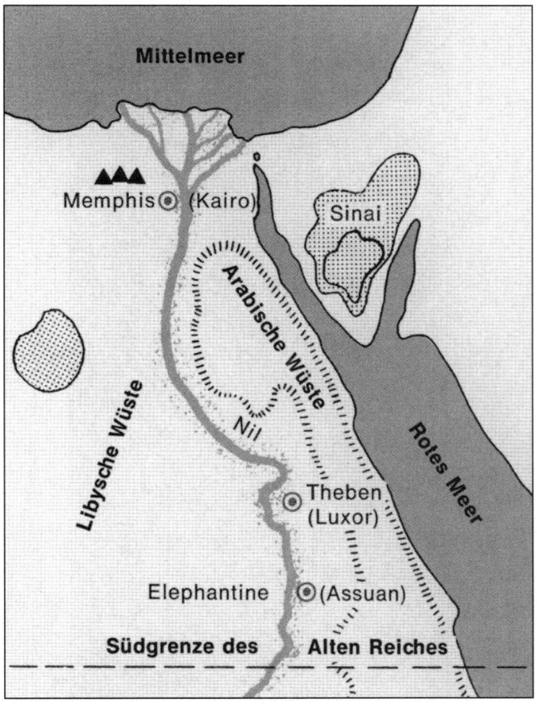

Der Nil schafft einen fruchtbaren Streifen von Süd nach Nord.

Überschwemmungslandschaft im Niltal

Überschwemmung (Achet)	Saat (Peret)	Ernte (Schemu)
15. Juni bis 15. Oktober	15. Oktober bis 15. Februar	15. Februar bis 15 Juni

Der Nil teilt das Jahr in drei Abschnitte

Anfänge der Wissenschaften

Nach der Flut, die der Nil verursacht hatte, musste das Land neu vermessen werden. Es war lebenswichtig, den Zeitpunkt der Hochwasserwelle möglichst genau zu kennen. Durch Beobachtung von Sonne und Sternen, durch Zählen und Auswerten von Daten gelang es, den Beginn der Überschwemmung vorauszuberechnen.

Alle diese Aufgaben forderten den Erfindungsreichtum der Menschen. Die Berechnung der Zeiten für Überschwemmungen und Trockenzeit führte zur Erfindung des Kalenders. Hier erwarben sich die Ägypter reiche Kenntnisse im Bereich der Astronomie und der Mathematik. Die Regulierung des Wassers erfolgte durch den Bau von Dämmen, Wasserspeichern und Bewässerungsnetzen. Zur Nutzung des fruchtbaren Nilschlamms wurden bessere Anbauverfahren entwickelt. Die Vergrößerung der Anbauflächen wurde durch den Bau von Schöpf- und Hebevorrichtungen sowie von Bewässerungskanälen erreicht. Die Aufgabe, Ackerflächen genau zu vermessen, führte zur Erfindung von Schriftzeichen, Maßeinheiten und der Geometrie.

Menschen, die diese Künste beherrschten, genossen großes Ansehen. Sie planten und leiteten die Gemeinschaftsaufgaben. Aus ihrem Kreis stammten vermutlich auch die ersten Könige. Sie beherrschten später als Pharaonen das Land und wurden wie Götter verehrt. Auf diese Weise kann man den Nil als Mitbegründer der ägyptischen Kultur bezeichnen.

Wasserhebewerk – heute wie früher

Feldvermessung – eine alljährlich wiederkehrende Arbeit. Sie erfordert viel Zeit, Geschick und Genauigkeit. Nur wer mit dem Maßband umgehen kann und mit der Geometrie vertraut ist, darf sie ausführen. Ein Schreiber notiert die gemessenen Flächen, um späteren Streit zu vermeiden. Auch die Kinder interessieren sich dafür. Ein Bauernpaar bringt Speisen und Getränke zur Stärkung.

GESCHICHTE	NAME: ____________	KLASSE: ____	DATUM: ________	NR. ____

Der Nil – die Keimzelle Ägyptens

Der Jahresablauf der Ägypter wurde über Jahrtausende vom Nil bestimmt. Er teilte das Jahr in drei Jahreszeiten:

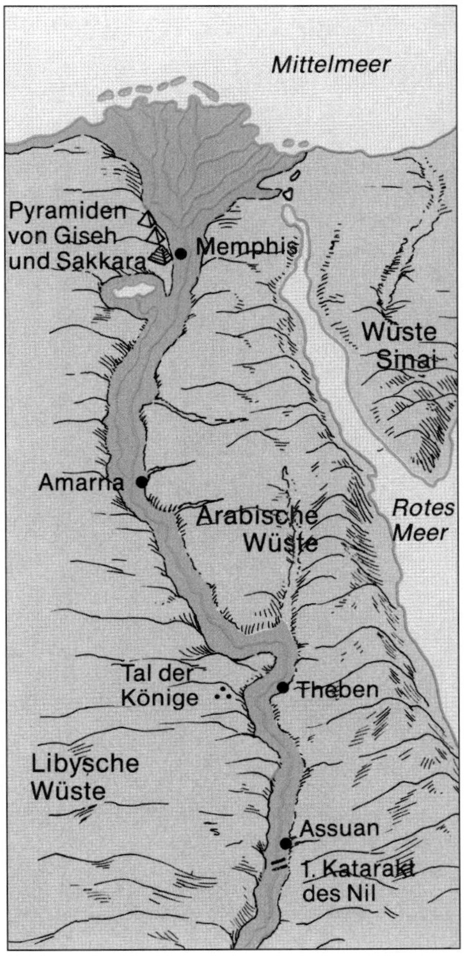

Der Verlauf des Nils

Das Jahr begann mit der ______________________ der Äcker durch den Nil. Nach unserer Zeit ist dies die Zeit um den 19. Juli. Jedes Jahr schwoll der Fluss zu dieser Zeit stark an und brachte ______________________ Schlamm mit.

Begann das Wasser abzufließen, musste schnell der noch feuchte Schlamm gepflügt oder gehackt werden. In dieser Zeit der ____________________ war es besonders wichtig, die Felder regelmäßig zu ____________________ .

Arbeitsreich war auch Schemu, die Zeit der ____________________: Getreide, Gemüse, Obst, Flachs usw. wurden mit einfachen Geräten geerntet.

Der Nil fordert den Erfindungsreichtum der Menschen heraus

1. Berechnung der Überschwemmungs- und Trockenzeiten: ______________________________
____
2. Regulierung des Wassers: ______________________________
____
____
3. Nutzung des fruchtbaren Nilschlamms: ______________________________
4. Vergrößerung der Anbauflächen: ______________________________
____
5. Vermessung der Ackerflächen: ______________________________
____

Otto Mayr: Geschichte aktuell. Von der Steinzeit bis zum Ende des Weströmischen Reiches

Der Nil – die Keimzelle Ägyptens

Der Jahresablauf der Ägypter wurde über Jahrtausende vom Nil bestimmt. Er teilte das Jahr in drei Jahreszeiten:

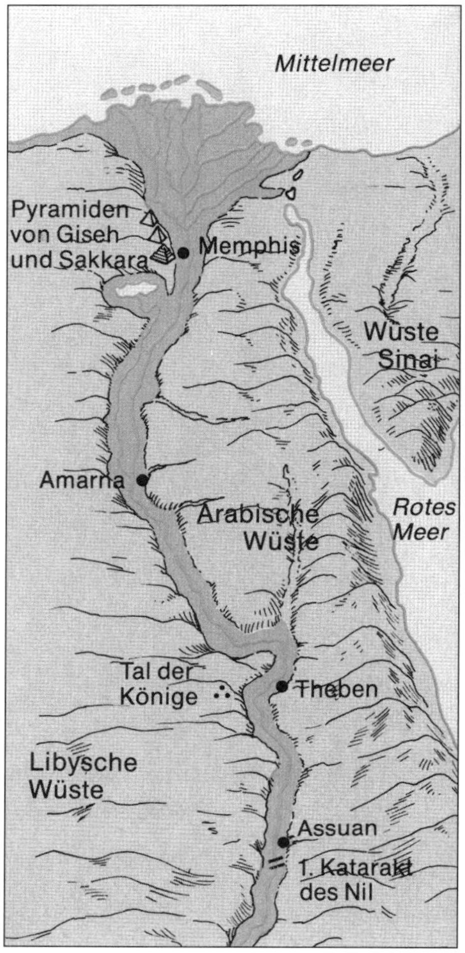

Der Verlauf des Nils

Das Jahr begann mit der *Überschwemmung* der Äcker durch den Nil. Nach unserer Zeit ist dies die Zeit um den 19. Juli. Jedes Jahr schwoll der Fluss zu dieser Zeit stark an und brachte *fruchtbaren* Schlamm mit.

Begann das Wasser abzufließen, musste schnell der noch feuchte Schlamm gepflügt oder gehackt werden. In dieser Zeit der *Aussaat* war es besonders wichtig, die Felder regelmäßig zu *bewässern*.

Arbeitsreich war auch Schemu, die Zeit der *Ernte*: Getreide, Gemüse, Obst, Flachs usw. wurden mit einfachen Geräten geerntet.

Der Nil fordert den Erfindungsreichtum der Menschen heraus

1. Berechnung der Überschwemmungs- und Trockenzeiten: *Erfindung des Kalenders (Astronomie, Mathematik)*
2. Regulierung des Wassers: *Bau von Dämmen, Wasserspeichern und Bewässerungsnetzen*
3. Nutzung des fruchtbaren Nilschlamms: *bessere Anbauverfahren*
4. Vergrößerung der Anbauflächen: *Bau von Schöpf- und Hebevorrichtungen*
5. Vermessung der Ackerflächen: *Erfindung von Schriftzeichen und Maßeinheiten, Geometrie*

THEMA

Der Pharao – ägyptischer Alleinherrscher

LERNZIELE

Erkennen, dass der Pharao als oberste Gottheit Ägypten regierte.
Bewusst machen, dass bei den Ägyptern der Pharao als gottgleiches Wesen angesehen wurde.
Erkennen, dass dem Pharao unbedingter Gehorsam entgegengebracht werden musste.
Einen Überblick über den Aufbau des ägyptischen Staates erhalten.
Den Pharao Tutanchamun als besonders bekannten Pharao kennenlernen.

ARBEITSMITTEL / MEDIEN / LITERATURHINWEISE

Folie 1 (Pharao Tutanchamun), 2 Informationsblätter, 1 Arbeitsblatt

Zusatz: 42 01755 „Tutanchamun“ (16 min)

Der innere Sarg des Pharao Tutanchamun. Er ist aus purem Gold.

I. **Hinführung:**

Folie 1 (Pharao Tutanchamun) — S. stellen Mutmaßungen zur Person an.

Zielangabe: — TA: **Der Pharao – ägyptischer Alleinherrscher**

II. **Erarbeitung:**

1. TZ: Verehrung des Pharao — S: Pharao ist ein gottgleiches Wesen unbedingter Gehorsam
   - Pharao schützt das Land vor Angreifern
   - Er sorgt für Sicherheit und Ordnung
   - Nach dem Tod Verehrung in Tempeln oder Pyramiden

2. TZ: Aufbau des Staates — S: (Schaubild)

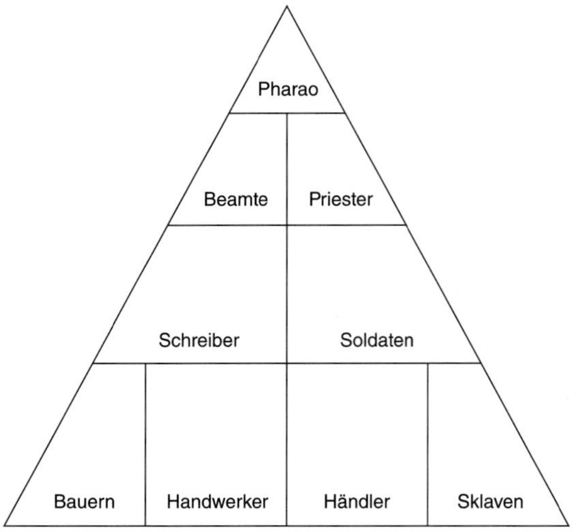

III. **Vertiefung:**

Folie (Aufbau des ägyptischen Staates; Schaubild, S. 62) — S. beschreiben das Schaubild.

IV. **Sicherung:**

Eintrag AB

V. **Ausweitung:**

Lehrerinfo
Einige Menschen, die bei der Ausgrabung des Pharaos Tutanchamun dabei waren, starben in der darauf folgenden Zeit. Viele Menschen dachten, dass dies die Folge des Fluches des Pharaos sei, nach dem jeder sterben sollte, der sein Grab öffnete. Heute wissen wir aber, dass Leichengifte und das giftige Bittermandelöl, das zur Einbalsamierung benutzt worden war, zu den tödlichen Vergiftungen geführt haben.

Der Aufbau des Pharaonenstaates

Der Pharao hatte unbegrenzte Macht über alle Menschen in seinem Reich. In den Augen seiner Untertanen war er Sohn der Götter und selbst ein Gott. Sie beteten ihn zu Lebzeiten an und verehrten ihn nach seinem Tod in prachtvollen Tempeln und Pyramiden.

Besonderen Wert legten die Pharaonen auf die Verwaltung des Landes. Durch viele Beamte ließen sie so gut wie alles überwachen. Die Verwalter einer Provinz waren ebenso wie die Steuereintreiber oder Feldhüter Beamte des Staates und dem Pharao zu unbedingtem Gehorsam verpflichtet.

Große Bedeutung hatten auch die Priester, die den Besitz der Götter verwalteten und dadurch selbst reich und angesehen waren. Man achtete sie besonders, weil man in ihnen die Vermittler zwischen Göttern und Menschen sah.
Wer in die führenden Stellungen der Beamten und Priester gelangen wollte, musste vor allem schreiben können. Schreiber konnten mit Glück und guten Beziehungen bis zum Wesir, dem höchsten Beamten, oder zum Hohen Priester aufsteigen.

Auch die Kaufleute und Handwerker arbeiteten im Dienste des Pharao. Beamte planten, was hergestellt, verkauft, gelagert und aus- oder eingeführt werden sollte. Sehr hart war das Leben der Bauern im alten Ägypten. Nach der Hochwasserwelle rissen sie den Boden mit dem hölzernen Pflug auf und säten Weizen oder Gerste in die Furchen. Aber sie bebauten nicht ihr eigenes Land, sondern das des Pharao, dem alles gehörte.

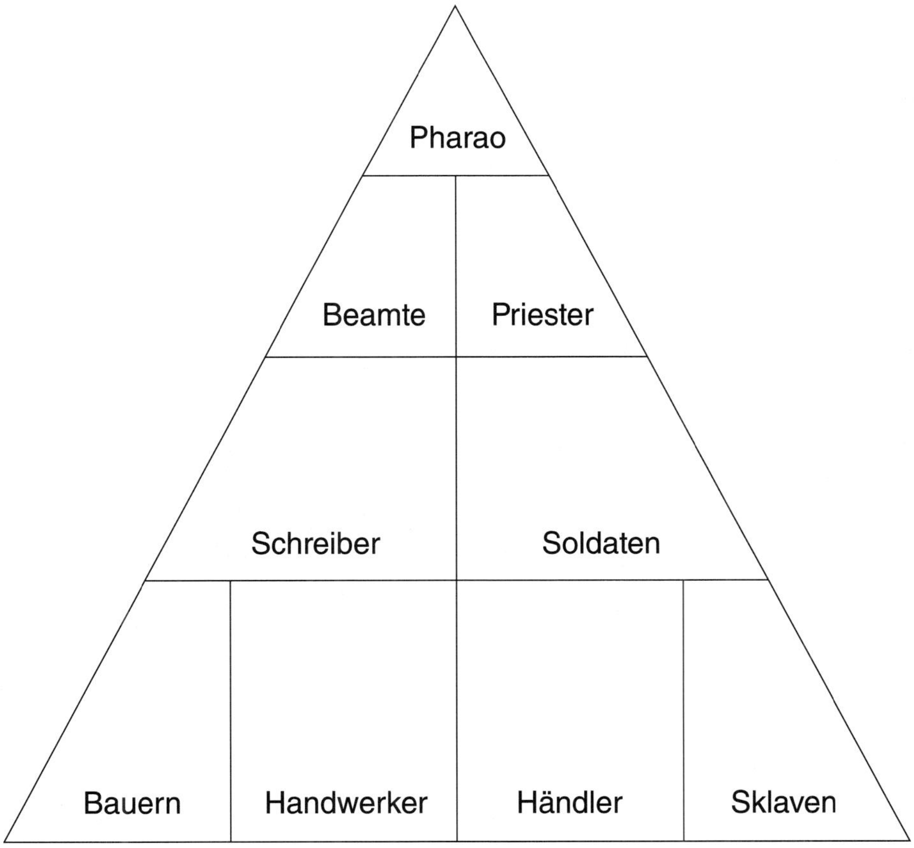

Aufbau des Staates

Die Schreiber, Aufseher und Soldaten des Königs sorgten unerbittlich dafür, dass die Abgaben pünktlich und vollzählig entrichtet wurden. Neben ihrer Landarbeit wurden die Bauern zur Mithilfe an den Großbauten des Pharao verpflichtet.

Die Vornehmen des Landes besaßen viele Sklaven. Es waren meist Kriegsgefangene oder deren Nachkommen, aber auch Bauern, die ihre Abgaben nicht geleistet hatten. Ihre Herren konnten mit ihnen, wie mit einem Gegenstand, tun und lassen, was sie wollten.

Die Machtstellung des Pharao und seiner Beamten und Priester wurde lange Jahrhunderte von den unteren Schichten anerkannt. Für die Ägypter war der Pharao ein gottgleiches Wesen mit übernatürlichen Fähigkeiten. Er hatte die Macht, das Land vor Feinden zu schützen. Vor allem aber sorgte er für Einigkeit und für Ordnung und Sicherheit. Aus diesen Gründen kam es nur selten zu Aufständen. Viele glaubten, dass es dem Land gut gehe, wenn es dem Pharao gut gehe.
Über diese für göttlich gehaltene Ordnung berichten ausführlich Malereien und Reliefs in den Grabkammern der gehobenen Bevölkerungsschichten.

Hesire war um 2650 v. Chr. ein hochgestellter Beamter des Pharao: er besaß die Ehrentitel „Beamter des Königs" und „Großer des Südens". Als Zeichen seines Amtes trägt er den Würdestab, das keulenförmige Würdezepter und die Löckchenperücke. Über die Schulter hängt das Schreibzeug, bestehend aus Näpfchenbrett, Binsenfutteral und Wasserbehälter.

GESCHICHTE	NAME: ____________	KLASSE: ____	DATUM: ________	NR. ____

Der Pharao – Alleinherrscher über Ägypten

Krummstab und Peitsche sind Zeichen höchster Herrscherwürde.

Für die Ägypter war der Pharao ein

____

mit übernatürlichen Fähigkeiten. Er sorgte für die Einigkeit im Volk, für Ordnung und Sicherheit. Er war in der Lage, das Land vor Feinden zu

____________________.

Alle Ägypter waren dem Pharao zu

____

verpflichtet. Das Volk betete den Pharao an und verehrte ihn nach seinem Tod in prachtvollen

____________________ oder durch riesige

____________________.

Der Aufbau des Pharaonenstaates:

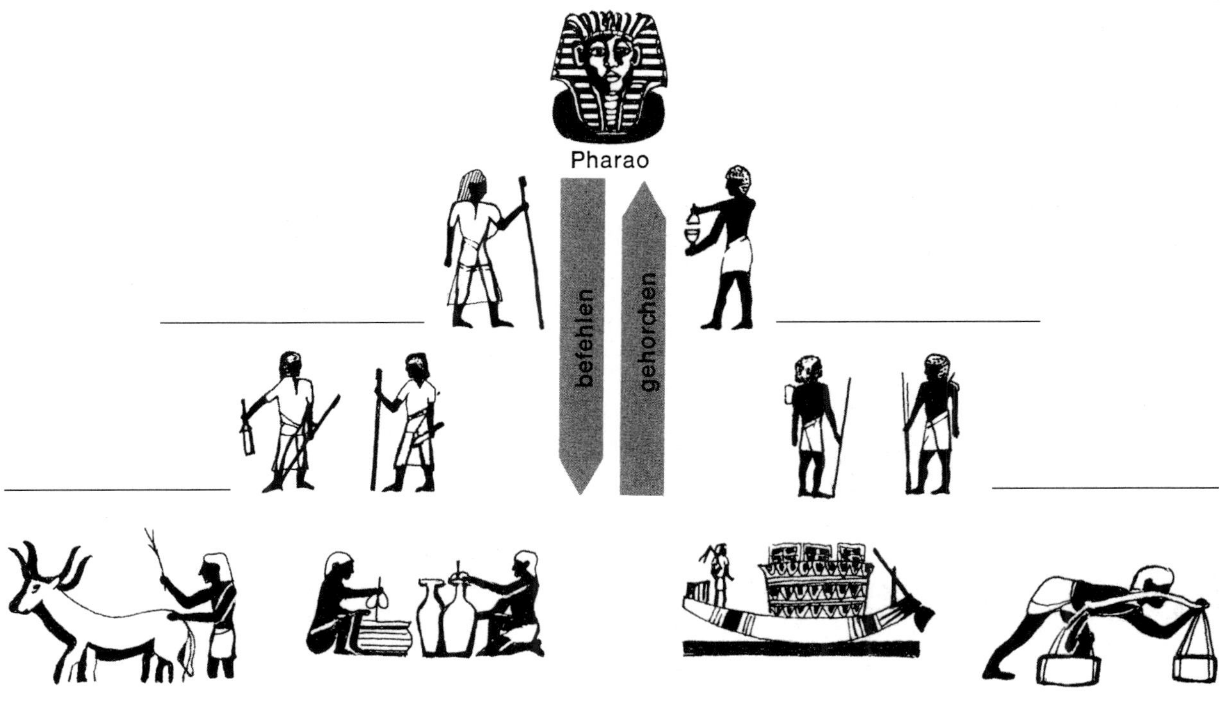

GESCHICHTE	NAME:	KLASSE:	DATUM:	NR.

Der Pharao – Alleinherrscher über Ägypten

Krummstab und Peitsche sind Zeichen höchster Herrscherwürde.

Für die Ägypter war der Pharao ein *gottgleiches Wesen* mit übernatürlichen Fähigkeiten. Er sorgte für die Einigkeit im Volk, für Ordnung und Sicherheit. Er war in der Lage, das Land vor Feinden zu *schützen*.

Alle Ägypter waren dem Pharao zu *unbedingtem Gehorsam* verpflichtet. Das Volk betete den Pharao an und verehrte ihn nach seinem Tod in prachtvollen *Tempeln* oder durch riesige *Pyramiden*.

Der Aufbau des Pharaonenstaates:

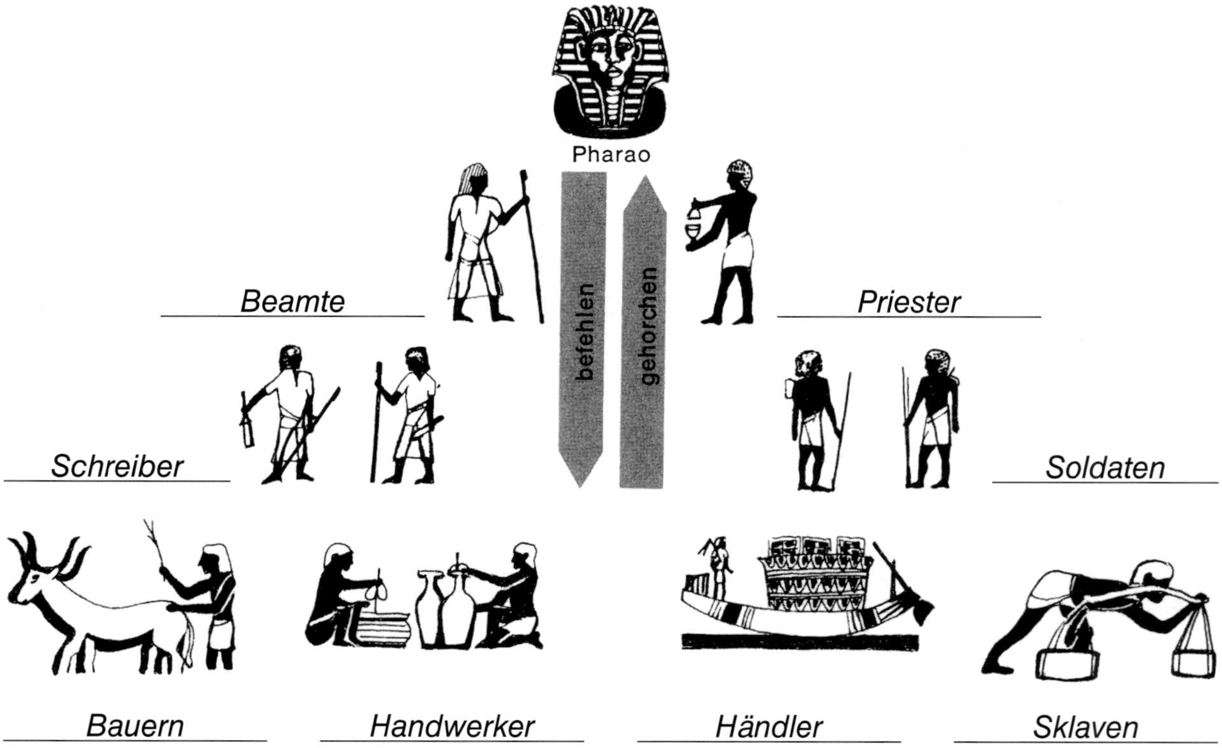

THEMA

Gruppen der ägyptischen Gesellschaft

LERNZIELE

Erkennen, dass die ägyptische Gesellschaft aus verschiedenen Gruppen bestand.
Das Zustandekommen der Rangordnung dieser einzelnen Gruppen beschreiben können.
Die Rangordnung der ägyptischen Gesellschaft beschreiben können.
Bewusst machen, dass die Frauen in Ägypten eine geachtete Stellung besaßen.

ARBEITSMITTEL/MEDIEN/LITERATURHINWEISE

Folie 1 (Rangordnung in der ägyptischen Gesellschaft), 2 Informationsblätter, 1 Arbeitsblatt

Zusatz: 42 02414 „Leben und Arbeit – Alltag im alten Ägypten" (21 min)

TAFELBILD/FOLIEN

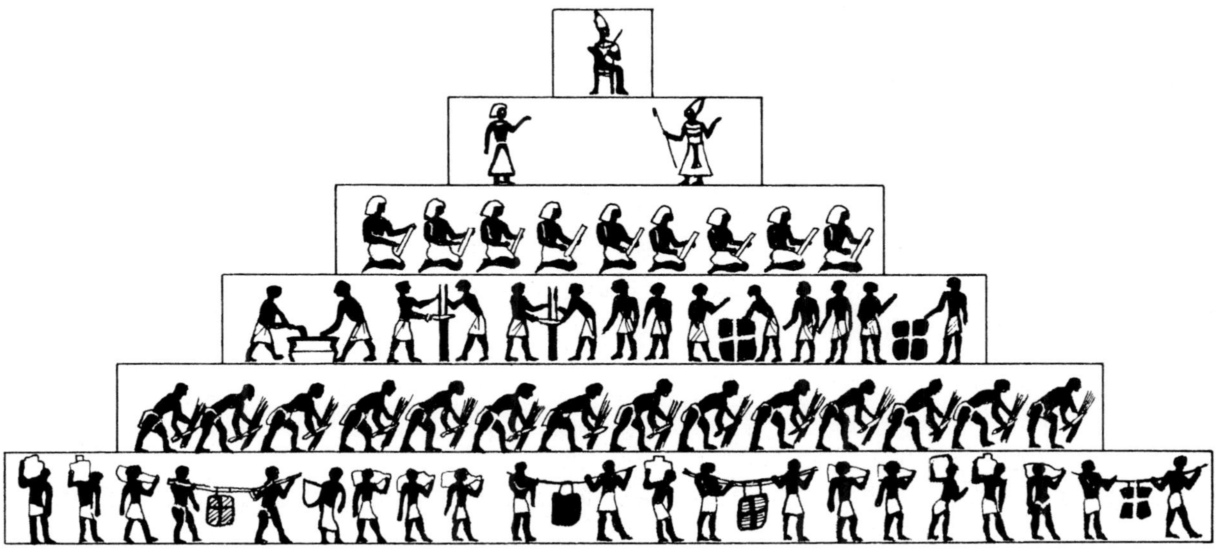

Rangordnung in der ägyptischen Gesellschaft

I. **Hinführung:**

Anknüpfung an die vorige Stunde/ Folie 1 (Rangordnung in der ägyptischen Gesellschaft)

S. erläutern den Aufbau des Pharaonenstaates.

Zielangabe

TA: **Gruppen der ägyptischen Gesellschaft**

II. **Erarbeitung:**

Informationsblatt 1/EA/PA/LSG

1. TZ: Gruppen der ägyptischen Gesellschaft

S:
- Fellachen: Flussbauern am Nil, arbeiten bei den Großbauten des Pharao
- Sklaven: rechtlos, mitunter auch gehobenere Tätigkeiten
- Handwerker und Kaufleute entwickelten sich als Berufe aufgrund der großen Bauvorhaben.
- Beamte und Priester lebten in prächtigen Häusern.
- Schreiber genossen als „Wissende" hohes Ansehen.

III. **Vertiefung:**

Gesamtwiederholung/Impuls

L: Über allen Gruppen stand jedoch eine Person.

S: Der Pharao als gottgleiches Wesen

IV. **Sicherung:**

Eintrag AB

V. **Ausweitung:**

Informationsblatt 2/LSG

2. TZ: Stellung der Frau

S: Im Gegensatz zu anderen früheren Kulturen spielten die Frauen im Alten Ägypten eine große Rolle.

Gruppen der ägyptischen Gesellschaft

Die Mehrzahl der Ägypter lebte als Flussbauern am Nil. Neben dem Getreideanbau betrieben diese Fellachen (= Bauern) die Zucht von Rindern und Geflügel. Sie legten Obstgärten an und fischten im Nil. Ihre Aufgabe war es, das Land mit den nötigen Nahrungsmitteln zu versorgen.
Während der Überschwemmungen wurden sie auch auf den Großbauten des Pharao eingesetzt. Aus Inschriften wissen wir, dass die Aufseher die Ernte oft mit großer Härte eintrieben und dass die Versorgung der vielen zwangsverpflichteten Arbeiter beim Tempelbau nicht immer reibungslos funktionierte. Es kam deshalb mitunter zu Auseinandersetzungen zwischen den Arbeitern und den Beamten.

Die Sklaven konnten zu allen nur denkbaren Arbeiten verwendet werden, da sie völlig rechtlos waren und als Ware betrachtet wurden. Je nach ihren Fähigkeiten wurden sie auch zu gehobeneren Tätigkeiten, wie z. B. zur Kinderbetreuung herangezogen. Mitunter war ihr Dasein manchmal besser als das der Fellachen.

Die Soldaten sorgten für Ordnung im Staat, sicherten die Durchsetzung der Anordnungen des Pharao und bewachten die Grenzen des Landes.

Durch die vielen Aufgaben, die bei der Bewässerung und Trockenlegung oder bei großen Bauvorhaben anfielen, bildeten sich mit der Zeit besondere Berufe heraus: Kanal- und Dammbauer, Steinmetze, Erzgießer oder Händler, die die benötigten Materialien im Ausland einkauften. Handwerker und Kaufleute bildeten bald eine eigene Bevölkerungsschicht.

Ein Bauer muss einen Teil seines Geflügels an einen Steuereinnehmer abgeben.

So waren die Lebensbedingungen der vielen Gruppen innerhalb der ägyptischen Gesellschaft sehr unterschiedlich. Hohe Beamte und Priester lebten in prächtigen Häusern mit weiten Empfangsräumen und schattigen Gärten. Eine große Zahl Diener stand ihnen zur Verfügung. Eine hohe Stellung konnte nur der erringen, der die Kunst des Schreibens beherrschte. Schreiber und Beamte standen als „Wissende“ im Ansehen hoch über allen anderen Berufen. Da nur Reiche ihre Kinder in Schreibschulen schicken konnten, vererbten sich Aufstiegschancen und Reichtum in der Regel in den gleichen Familien.

Frauen waren sehr geachtet. Allerdings wurde von ihnen auch erwartet, dass sie dem Mann – wenn möglich – männlichen Nachwuchs schenkten. Frauen konnten frei über ihr Vermögen entscheiden und vor Gericht gehen. Die Schrift erlernen durften sie im Allgemeinen aber nicht.

Die ägyptischen Handwerker konnten die unterschiedlichsten Materialien, wie Holz, Stein, Metall sehr kunstvoll bearbeiten. Hier ist die Herstellung verschiedener kultischer Gegenstände abgebildet.

Frauen besitzen eine geachtete Stellung

Im Gegensatz zu anderen frühen Kulturen spielten im Alten Ägypten Frauen im öffentlichen Leben und sogar in der Politik bedeutsame Rollen. So sind auf vielen Bildern Bauersfrauen dargestellt, wie sie gemeinsam mit ihrem Mann Feldarbeiten durchführen, mit dem Steuerschätzer verhandeln oder bei Festen fröhlich mittanzen. Mädchen beteiligten sich in gleicher Weise wie die Knaben an sportlichen Übungen und Spielen. Beamtenfrauen lauschten neben ihrem Gatten den Klängen des Harfenspielers oder bewunderten den Tanz anmutiger Mädchen. Sie nahmen wie er an den Freuden der Jagd und des Fischfanges in den Nilsümpfen teil. Auch in den Grabstätten war ihnen ein prunkvoller Platz in der Nähe des Gatten vorbereitet. Einige von ihnen bekleideten sogar hohe Ämter, z. B. als Priesterinnen wichtiger Gottheiten. Wenn eine Frau heiratete, so ging das Vermögen, das sie in die Ehe brachte, nicht in das Eigentum ihres Gatten über. Sie konnte ihn sogar beleihen, und er musste seine Güter dafür verpfänden. Löste er die Ehe auf, so musste er nach seinen finanziellen Möglichkeiten für den Unterhalt der Frau sorgen. In manchen Fällen hatte die Frau sogar Anrecht auf ein Drittel des Vermögens, das während der Ehe erworben wurde. Frauen waren also in vielen Bereichen dem Mann gleichgestellt.
Eine besondere Stellung nahm die Mutter des jeweiligen Pharao ein. Sie wurde als „Gottesmutter" und Gattin des Sonnengottes Re hoch verehrt. Solche Mütter, meist Prinzessinnen aus der königlichen Familie, führten teilweise die Amtsgeschäfte des noch unmündigen Sohnes und wurden selbst mächtige Pharaoninnen, wie z. B. die Königin Hatschepsut (regierte von 1479–1458 v. Chr.). Ihr Totentempel ist eines der herrlichsten Bauwerke, das uns erhalten geblieben ist.

Bäuerin bei der Arbeit; trägt Säugling in einem Tuch bei sich

GESCHICHTE	NAME: ____________	KLASSE: ____	DATUM: ________	NR. ____

Gruppen der ägyptischen Gesellschaft

Trage die Gruppen der ägyptischen Gesellschaft in das folgende Schaubild ein!
Verwende dabei folgende Begriffe:

Bauern – Priester – Handwerker – Beamte – Schreiber – Pharao – Sklaven – Händler

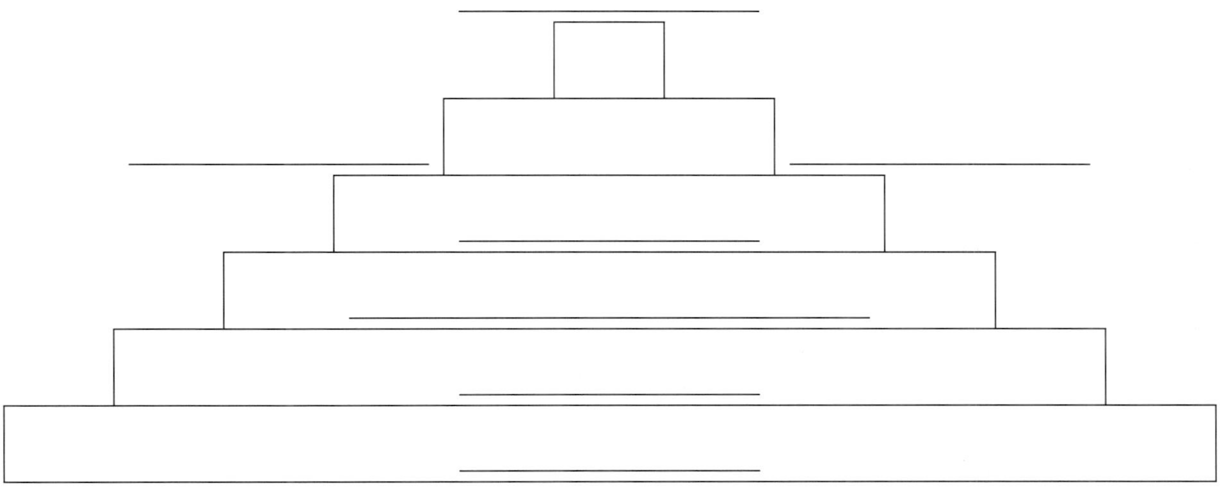

Welche Person/Gruppe der ägyptischen Gesellschaft ist hier beschrieben?

______________: Sie lebten in der Mehrzahl am Nil und lebten vom Getreideanbau und von der Zucht von Rindern.

______________: Sie mussten vor allem gut schreiben können.

______________: Völlig rechtlos, werden als Ware angesehen.

______________: Hat unbegrenzte Macht über alle Personen in seinem Reich.

______________: Verwalten den Besitz der Götter.

______________: Verwalter einer Provinz, Steuereintreiber usw. und dem Pharao zu unbedingtem Gehorsam verpflichtet.

______________: Sorgten für Ordnung im Reich und sicherten die Grenzen des Landes nach außen.

______________: Kauften benötigte Materialien im Ausland ein.

______________: Die vielen Aufgaben bei der Bewässerung und bei großen Bauwerken führten zu einer großen Zahl von verschiedenen Berufen.

GESCHICHTE	NAME: ______	KLASSE: ____	DATUM: ______	NR. ____

Gruppen der ägyptischen Gesellschaft

Trage die Gruppen der ägyptischen Gesellschaft in das folgende Schaubild ein!
Verwende dabei folgende Begriffe:

Bauern – Priester – Handwerker – Beamte – Schreiber – Pharao – Sklaven – Händler

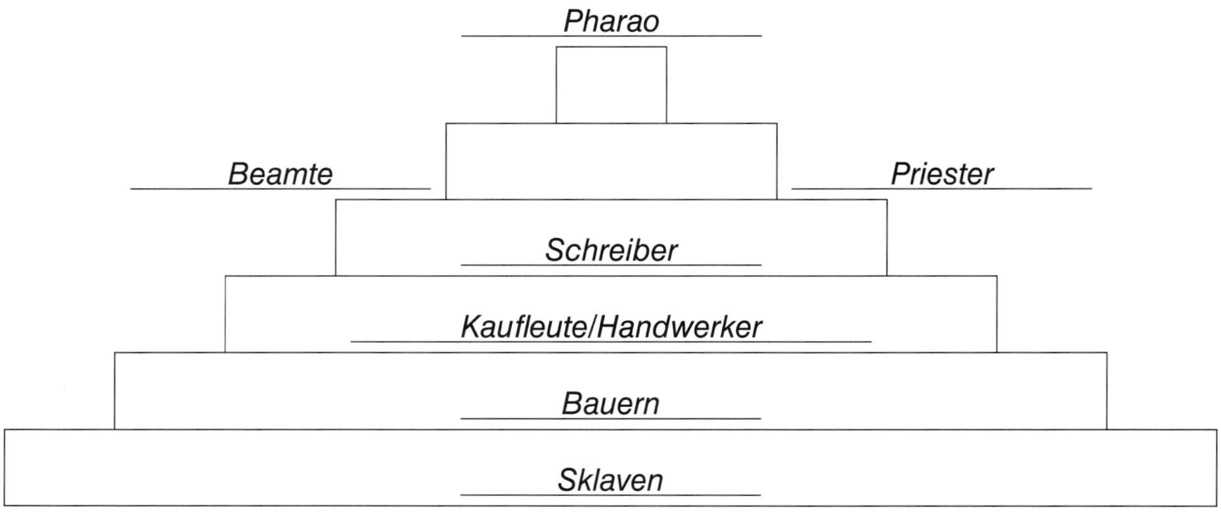

Welche Person/Gruppe der ägyptischen Gesellschaft ist hier beschrieben?

Bauern ______: Sie lebten in der Mehrzahl am Nil und lebten vom Getreideanbau und von der Zucht von Rindern.

Schreiber ______: Sie mussten vor allem gut schreiben können.

Sklaven ______: Völlig rechtlos, werden als Ware angesehen.

Pharao ______: Hat unbegrenzte Macht über alle Personen in seinem Reich.

Priester ______: Verwalten den Besitz der Götter.

Beamte ______: Verwalter einer Provinz, Steuereintreiber usw. und dem Pharao zu unbedingtem Gehorsam verpflichtet.

Soldaten ______: Sorgten für Ordnung im Reich und sicherten die Grenzen des Landes nach außen.

Kaufleute ______: Kauften benötigte Materialien im Ausland ein.

Handwerker ______: Die vielen Aufgaben bei der Bewässerung und bei großen Bauwerken führten zu einer großen Zahl von verschiedenen Berufen.

THEMA

Götterglaube und Totenverehrung

LERNZIELE

Erkennen, dass die Ägypter viele verschiedene Gottheiten verehrten.
Einige bedeutende Götter der Ägypter nennen können.
Bewusst machen, dass die Götter als Schützende und Strafende empfunden wurden.
Erkennen, dass die Ägypter an ein Leben nach dem Tod glaubten.
Die Bedeutung des Totengerichts beschreiben können.
Den Sinn der Mumifizierung erläutern können.
Den Vorgang des Mumifizierung beschreiben können.

ARBEITSMITTEL/MEDIEN/LITERATURHINWEISE

Folie 1 (Osiris: Herrscher über die Unterwelt), 2 Informationsblätter, 1 Arbeitsblatt

Zusatz: „Das Totenreich – Alltag im alten Ägypten“ (1999 – 16 min)

TAFELBILD/FOLIEN

Osiris ist der Herrscher über die Unterwelt. Er richtet über die Seelen der Verstorbenen.

I. **Hinführung:**

Folie 1 (Osiris: Herrscher über die Unterwelt)

S. suchen nach auffälligen Symbolen und versuchen diese zu deuten.

Zielangabe

TA: **Götterglauben und Totenverehrung**

II. **Erarbeitung:**

Informationsblätter 1/2/EA/PA/LSG

1. TZ: Götterglauben

S: Die Ägypter verehrten zahlreiche Gottheiten
- Häufig in Gestalt von Menschen mit Tierköpfen
- Re als oberste Gottheit
- Osiris brachte die jährliche Nilflut

2. TZ: Totenverehrung

S: Nach dem Tode hielten Osiris und Isis Gericht über den Lebenswandel der Verstorbenen – jeder Verstorbene hatte sich dem Totengericht zu stellen.

3. TZ: Mumifizierung

S: Die Unversehrheit des Leibes war die die Voraussetzung für die Auferstehung und das Weiterleben. Deshalb wurde der Leichnam einbalsamiert und mumifiziert.

III. **Vertiefung:**

Gesamtwiederholung

IV. **Sicherung:**

Eintrag AB

V. **Ausweitung:**

Informationsblatt 2

S. beschreiben den Vorgang der Mumifizierung.

Götter im Alten Ägypten

Die Ägypter glaubten an viele Götter

Die Ägypter verehrten zahlreiche Gottheiten. Sie stellten die Götter häufig in Gestalt von Menschen mit Tierköpfen dar: als Falke, Schakal, Löwe oder Krokodil.
Vor allem die Sonne als Ursprung allen Lebens wurde von Anfang an im Sonnengott Re als höchste Gottheit verehrt. Für ihn errichtete man vor den Tempeln große Obelisken als Symbole für Stein gewordene Sonnenstrahlen.
Diese Obelisken, vierkantige, nach oben dünner werdende Säulen, waren aus Stein geschlagen und bis zu 45 Meter hoch.
Der Gott Osiris sorgte dafür, dass der Nil alljährlich die Flut brachte. Re und Osiris gehörten zu den Göttern, die in ganz Ägypten verehrt wurden.
Die Ägypter glaubten, dass alles, was auf Erden geschieht, durch die Götter vorherbestimmt sei, dass die sie Menschen beschützten und bestraften und stets gegenwärtig seien. Die Götter stellen Forderungen an den Lebenswandel der Menschen und verkörpern so eine ewige Ordnung.

Obelisk mit Hieroglyphen (= ägyptische Schrift)

Das Totengericht entscheidet über das ewige Leben

Bevor der Tote ins Totenreich aufgenommen werden konnte, musste er vor das Totengericht des Gottes Osiris treten. Dabei wurde er vom Gott Anubis begleitet:
Thot, der Gott der Schreiber, der mit einem Ibiskopf (Ibis = Vogelart) dargestellt wurde, notierte den Verlauf der Gerichtsverhandlung.
Entscheidend war schließlich das Abwägen des Herzens: Anubis legte das Herz des Toten auf die eine Waagschale, in der zweiten Waagschale lag eine Feder, Symbol für Wahrheit und Recht. Blieb die Waage im Gleichgewicht, hatte der Tote bestanden und konnte seine Reise ins Reich des Osiris beginnen. Bestand er diese Prüfung aber nicht, wurde er dem krokodilköpfigen Ungeheuer Ammit zum Fraß vorgeworfen.

Das Totengericht tagt unter dem Vorsitz des Gottes Osiris. Papyrus (4.–1. Jh. v. Chr.)

Der Glaube an ein Leben nach dem Tod

Die Ägypter glaubten an ein Leben nach dem Tod. Sie stellten sich das Weiterleben aber nicht in geistiger Form vor, sondern als Fortsetzung des irdischen Lebens. Deshalb statteten sie die Gräber mit all dem aus, was für das Leben im Jenseits ihrer Meinung nach benötigt wurde: Schmuck, Werkzeug, Waffen und Lebensmittel.
Die wichtigste Voraussetzung für ein Leben nach dem Tod war, dass die Seele immer wieder in ihren Körper zurückkehren konnte. Die Unversehrtheit des Leichnams war die Voraussetzung für die Auferstehung und das Weiterleben. Deshalb wurde der Leichnam einbalsamiert und mumifiziert.

Der Vorgang der Mumifizierung dauerte bis zu 70 Tage. Er war geheim und wurde von Priestern durchgeführt, die speziell für diese Aufgabe ausgebildet waren.
Nachdem der Leichnam gewaschen worden war, wurden die inneren Organe entfernt und in besonderen Gefäßen, den Kanopen, mit ins Grab gegeben. Das Herz, der Sitz der Seele, wurde konserviert und dann in den Körper zurückgelegt. Es musste mit dem Toten die Reise in das Totenreich antreten.
Der Körper wurde ca. 40 Tage in Natronsalz gelegt. Auf diese Weise trocknete er aus und wurde ganz leicht. Das Innere des Körpers wurde mit Sägemehl, Sand und Gewürzen ausgestopft, damit die Körperform erhalten blieb. Abschließend wickelte man den Leichnam mit Binden ein, die mit Ölen und Harzen getränkt waren.

Während der Mumifizierung setzten sich die Priester eine Anubismaske auf. Der schakalköpfige Anubis war der Schutzherr der Mumien.

GESCHICHTE	NAME: __________	KLASSE: ____	DATUM: ________	NR. ____

Götterglaube und Totenverehrung

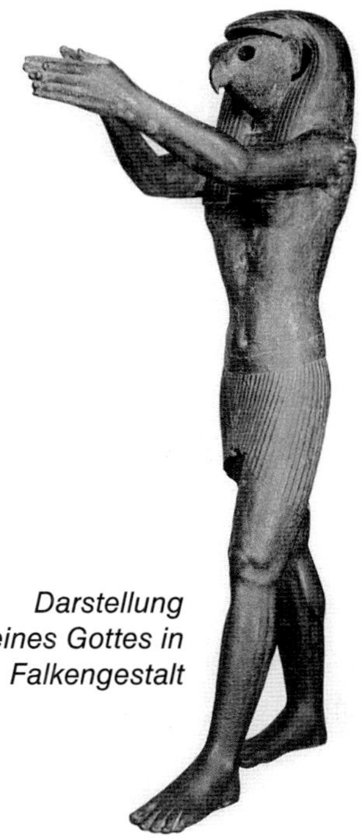

Darstellung eines Gottes in Falkengestalt

Die Ägypter verehrten verschiedene Götter.
Sie stellten sie häufig in Gestalt von ____________________
mit ____________________ dar.
Wichtige Götter waren z. B.
- der Sonnengott: ____________,
- der Hauptgott mit Falkenkopf: ____________,
- der Schutzgott der Toten mit Hundekopf: ____________.

Nach Meinung der Ägypter ____________________ und ____________________ die Götter die Menschen.

Nach dem Tod hielten der Totengott ________________ und seine Gattin ________________ Gericht über den Lebenswandel der Verstorbenen. Über das Weiterleben nach dem Tod entschied ein ____________________ .

Die Ägypter glaubten an ____ .
Sie stellten sich dieses Weiterleben als Fortsetzung des ____________________ Lebens vor. Die Unversehrtheit des Leichnams war die Voraussetzung für die Auferstehung und das Weiterleben. Die ________________ musste immer wieder in den Körper zurückkehren können. Deshalb musste der Körper möglichst unversehrt bleiben. Damit er erhalten blieb, wurde er ____________________ (v. a. sozial hervorgehobene Personen) und langsam ausgetrocknet. Er wurde ______________________. Im Jenseits bekam er dann einen neuen Körper.

Das Totengericht tagt unter dem Vorsitz des Gottes Osiris.

GESCHICHTE	NAME: ________	KLASSE: ____	DATUM: ________	NR. ____

Götterglaube und Totenverehrung

Die Ägypter verehrten verschiedene Götter.
Sie stellten sie häufig in Gestalt von *Menschen*
mit *Tierköpfen* dar.
Wichtige Götter waren z. B.
- der Sonnengott: *Re*,
- der Hauptgott mit Falkenkopf: *Horus*,
- der Schutzgott der Toten mit Hundekopf: *Anubis*.

Nach Meinung der Ägypter *beschützten* und *bestraften* die Götter die Menschen.

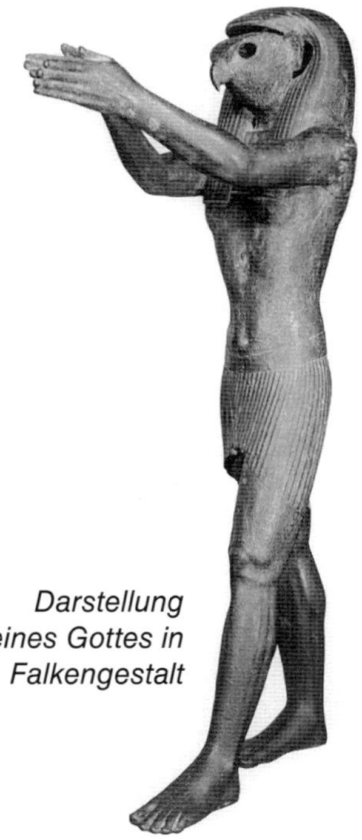

Darstellung eines Gottes in Falkengestalt

Nach dem Tod hielten der Totengott *Osiris* und seine Gattin *Isis* Gericht über den Lebenswandel der Verstorbenen. Über das Weiterleben nach dem Tod entschied ein *Totengericht*.

Die Ägypter glaubten an *ein Weiterleben nach dem Tod*.
Sie stellten sich dieses Weiterleben als Fortsetzung des *irdischen* Lebens vor. Die Unversehrtheit des Leichnams war die Voraussetzung für die Auferstehung und das Weiterleben. Die *Seele* musste immer wieder in den Körper zurückkehren können. Deshalb musste der Körper möglichst unversehrt bleiben. Damit er erhalten blieb, wurde er *einbalsamiert* (v. a. sozial hervorgehobene Personen) und langsam ausgetrocknet. Er wurde *mumifiziert*. Im Jenseits bekam er dann einen neuen Körper.

Das Totengericht tagt unter dem Vorsitz des Gottes Osiris.

THEMA

Welche Bedeutung hatten die Tempel und Pyramiden?

LERNZIELE

Erkennen, dass die Ägypter Tempelbauten zu Ehren der Götter errichteten.
Einige bedeutende Tempelbauten nennen können.
Erkennen, dass die Pyramiden als Grabstätten der Pharaonen gebaut wurden.
Die Pyramiden von Giseh als eines der sieben Weltwunder kennenlernen.
Bewusst machen, dass Grabräuber oftmals Pyramiden und Tempelanlagen ausgeraubt haben.

ARBEITSMITTEL/MEDIEN/LITERATURHINWEISE

Folie 1 (Bau der Pyramiden), 2 Informationsblätter, 1 Arbeitsblatt, 2 Trainingsblätter

Zusatz: 42 01937 „Eine Pyramide wird gebaut" (31 min)

TAFELBILD/FOLIEN

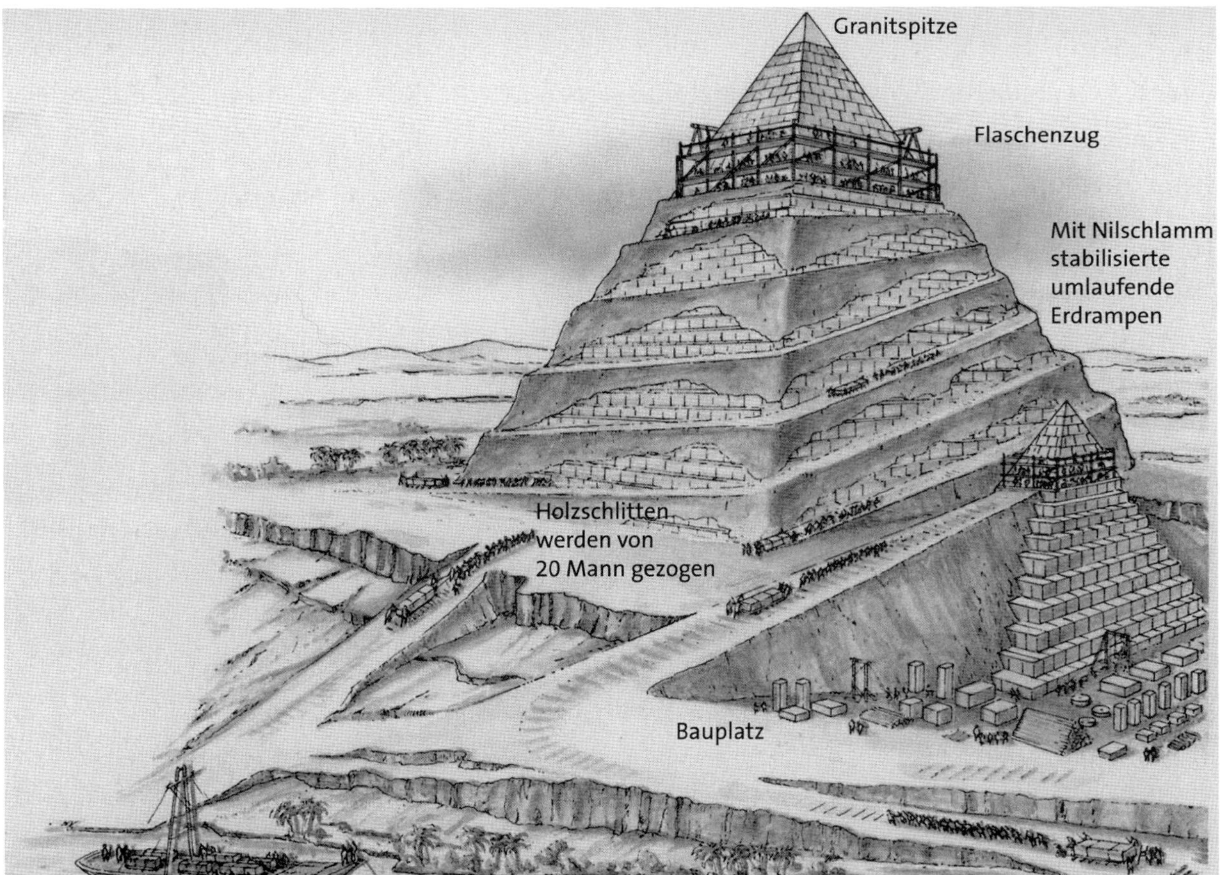

Bau der Pyramiden: Einige Forscher nehmen an, dass die Steine auf Rampen nach oben transportiert wurden. Die Außenverkleidung wurde danach angebracht.

I. Hinführung:

Folie 1 (Bau der Pyramiden)

S: Der Bau einer Pyramide war ein ziemlich komplizierter Vorgang.

Zielangabe

TA: **Welche Bedeutung hatten die Tempel und Pyramiden in Ägypten?**

II. Erarbeitung:

Informationsblätter 1/2/EA/PA/LSG

1. TZ: Tempelanlagen

S: Tempelbauten zu Ehren der Götter
- Bastet (in Katzengestalt) in Bubastis
- Heiliger Stier in Memphis
- Sonnengott Re in Heliopolis
- Amun-Tempel in Karnak

2. TZ: Pyramiden

S: Grabmäler für die Pharaonen
- Riesiger Aufwand an Menschen und Material
- Bauten zeigen die Macht der Pharaonen, die Organisation der Beamten, die Kenntnisse der Architekten und Baumeister

III. Vertiefung:

Gesamtwiederholung

3. TZ: Pyramiden von Giseh

S: Drei Pyramiden in der Nähe von Kairo
- Größte Touristenattraktion
- Das letzte der sieben Weltwunder
- Die Cheops-Pyramide ist die bekannteste

IV. Sicherung:

Eintrag AB

V. Ausweitung:

Impuls

L: Dass Wissenschaftler in vielen keine Grabbeigaben mehr fanden, hat meist denselben Grund.

S: Grabräuber …

Tempel zur Ehre der Götter

Die Ägypter errichteten ihren Göttern mitunter prachtvolle Tempelanlagen. Bekannt sind die Tempel in Bubastis, die für Bastet (Gestalt einer Katze) errichtet wurden, und die Anlagen zu Ehren des heiligen Stiers Apis in Memphis.

Große Bedeutung für Ägypten hatte die Verehrung des Sonnengottes Re. Die Pharaonen bezeichnen sich selbst als „Söhne des Re". In Heliopolis befand sich ein bedeutendes Sonnenheiligtum. Der gewaltigste Tempel wurde zu Ehren es Gottes Amun in Karnak in unmittelbarer Nähe der Hauptstadt Theben errichtet.

Der Aufenthaltsort der Götter wurde ständig vergrößert, indem an die Tempelanlagen immer wieder angebaut wurde. Dabei war immer nur ein kleiner Teil für das einfache Volk zugänglich. Die anderen Bezirke, wie das Allerheiligste, durften nur der Pharao oder der Priester betreten.

Die Ägypter glaubten, dass Unordnung und Chaos im Land herrschten, wenn die Götter ihre Tempel verließen. Deshalb wurde der Dienst an den Göttern besonders sorgfältig wahrgenommen.

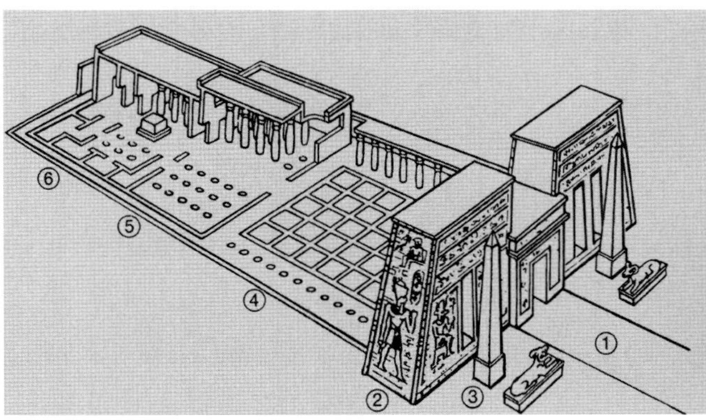

So ähnlich wie der Tempel des Mondgottes Chons in Theben (um 1200 v. Chr.) waren viele Tempel angelegt. Über eine Sphinx-Allee (1) kamen die Gläubigen zum Torgebäude, dem Pylon (2). Er war mit Obelisken (3) und Fahnen geschmückt. Das Volk durfte nur bis in den Säulenhof (4). Hinter der Säulenhalle (5) befand sich das Allerheiligste (6) mit der Statue des Gottes. Priester und Priesterinnen brachten täglich Opfer dar. An besonderen Festtagen wurde die Statue durch die Stadt getragen.

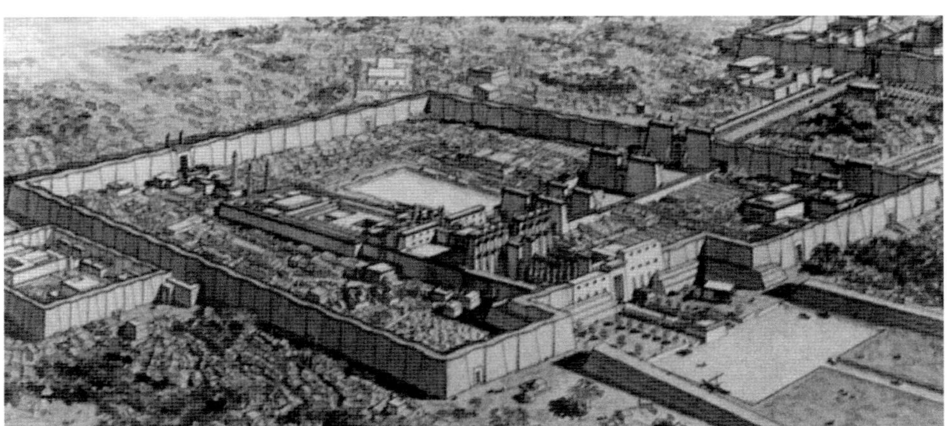

Der Tempel von Karnak wuchs immer mehr zu einer Tempelstadt, in der es neben den prächtigen sakralen Bauten auch Vorrats- und Wohnhäuser gab.

Pyramiden – Königspaläste für die Ewigkeit

Die Pharaonen wurden zu Lebzeiten und auch nach ihrem Tod als Götter verehrt. Um ihre große Macht für alle Zeiten zu demonstrieren, ließen sie bereits während ihrer Regierungszeit gewaltige Pyramiden und Grabtempel bauen.

Die Grabanlagen wurden mit einem riesigen Aufwand an Menschen und Material errichtet. Schon allein dies zeigt uns heute, welche Macht die Pharaonen, welches Organisationstalent die Beamten und welchen Sachverstand die Baumeister besessen haben mussten.

Die Pyramiden sollten Wohnungen für die Ewigkeit sein. Die Ägypter glaubten, dass das Leben im Jenseits ähnlich aussehe wie im Diesseits. Deshalb wurden die Räume der Pharaonen und ihrer Angehörigen sehr prächtig ausgestattet, wie es eben einem Gott gebührt.

Es gibt einige Vermutungen, warum die Gräber in dieser Form gebaut wurden:
Die Pyramiden sollten wohl auch ein Abbild der ägyptischen Gesellschaft sein, mit dem Pharao an der Spitze. Außerdem sollte die Ausrichtung auf den Himmel der Seele ein Aufsteigen in das Jenseits erleichtern.

Bei den Pyramiden entwickelten sich ganze Städte, in denen u. a. diejenigen, die für den Totenkult zuständig waren, versorgt wurden. In ihnen konnten dann auch die Menschen versorgt werden, die zu den Pyramiden gepilgert waren, um die Pharaonen zu ehren und um die regelmäßigen Feste mitzufeiern. Diese Pilger gedachten in Opfern, Gebeten und Gesängen, aber auch mit Essen, Trinken und Tanz der Pharaonen, die auch nach ihrem Tode das Nildelta beschützen sollten.

In den späteren Zeiten wurden die Pharaonen dann nicht mehr in Pyramiden bestattet, sondern in unterirdischen Gängen.

Die Pyramiden von Giseh zählen zu den sieben Weltwundern. Die höchste, die Cheops-Pyramide (rechts) war einst 146 m hoch. Sie besitzt eine Seitenlänge von 230 m. Die beiden anderen Pyramiden ließen sich die Nachfolger Chefren (Mitte) und Mykerinos (links) erbauen. Ursprünglich gab es Verbindungswege zwischen den Pyramiden und Tempeln, die direkt am Nil lagen.

GESCHICHTE	NAME:_______________	KLASSE:____	DATUM:________	NR.____

Welche Bedeutung hatten die Tempel und Pyramiden?

Die Ägypter errichteten zu Ehren der ______________ prachtvolle Tempelanlagen. Der gewaltigste Tempel der ägyptischen Geschichte wurde dem Gott ______________ in ______________ in unmittelbarer Nähe der Hauptstadt Theben errichtet. Bedeutung für ganz Ägypten hatte der Re-Kult im Sonnenheiligtum in ____________________ .

Luxor, Karnak-Tempel

Die Pharaonen wurden zu Lebzeiten und auch nach ihrem Tod als Götter verehrt. Um ihre große Macht für alle Zeit sichtbar zu machen, ließen sie riesige ____________________ und gewaltige ________________________ bauen.
Diese Grabanlagen wurden mit einem riesigen Aufwand an ________________ und ________________ errichtet.
Bei den Ausgrabungen wurden oftmals nur noch leere Räume im Inneren entdeckt, was wohl darauf hindeutet, dass ____________________ am Werk gewesen waren.

Das einzige Weltwunder, das von den sogenannten sieben Weltwundern heute noch erhalten ist, sind die ______________________________. Zu Ehren von drei Pharaonen erbaut, sind sie heute eine der größten Touristenattraktionen Ägyptens. Die Anlage befindet sich in der Nähe von ________________.
Die bekannteste der drei Pyramiden ist die sogenannte ____________________________ .

Cheops-Pyramide (ca. 2520 v. Chr.), Seitenlänge 230 m, ursprüngliche Höhe 146 m

Welche Bedeutung hatten die Tempel und Pyramiden?

Die Ägypter errichteten zu Ehren der *Götter* prachtvolle Tempelanlagen. Der gewaltigste Tempel der ägyptischen Geschichte wurde dem Gott *Amun* in *Karnak* in unmittelbarer Nähe der Hauptstadt Theben errichtet. Bedeutung für ganz Ägypten hatte der Re-Kult im Sonnenheiligtum in *Heliopolis* .

Luxor, Karnak-Tempel

Die Pharaonen wurden zu Lebzeiten und auch nach ihrem Tod als Götter verehrt. Um ihre große Macht für alle Zeit sichtbar zu machen, ließen sie riesige *Pyramiden* und gewaltige *Tempelanlagen* bauen.
Diese Grabanlagen wurden mit einem riesigen Aufwand an *Menschen* und *Material* errichtet.
Bei den Ausgrabungen wurden oftmals nur noch leere Räume im Inneren entdeckt, was wohl darauf hindeutet, dass *Grabräuber* am Werk gewesen waren.

Das einzige Weltwunder, das von den sogenannten sieben Weltwundern heute noch erhalten ist, sind die *Pyramiden von Giseh*. Zu Ehren von drei Pharaonen erbaut, sind sie heute eine der größten Touristenattraktionen Ägyptens. Die Anlage befindet sich in der Nähe von *Kairo* .
Die bekannteste der drei Pyramiden ist die sogenannte *Cheops-Pyramide* .

Cheops-Pyramide (ca. 2520 v. Chr.), Seitenlänge 230 m, ursprüngliche Höhe 146 m

GESCHICHTE	NAME:______________	KLASSE:____	DATUM:________	NR.___

Training „Ägypten“

Ordne die folgenden Begriffe den einzelnen Kurzbeschreibungen zu!

1. *Flussoase – Geometrie – Pharao – Wesir – Sklaven – Hieroglyphen – Totengericht – Cheops – Mumie – Fellachen – Grabräuber – Karnak – Pyramiden von Giseh – Frauen – Obelisk – Nil – Kairo*

______________________: Oberster Herrscher Ägyptens
______________________: Höchster Beamter
______________________: Bedeutendster Herrscher Ägyptens
______________________: Bauern am Nil
______________________: Acker- und Wiesenflächen am Nil
______________________: Osiris und seine Gattin Isis beraten
______________________: Teil der Mathematik
______________________: Menschen ohne jegliche Rechte
______________________: Schriftzeichen der Ägypter
______________________: Toter Leib, der nicht zerfallen ist
______________________: Nach oben dünner werdende Säule
______________________: Stehlen Gegenstände aus Pyramiden
______________________: Hauptstadt Ägyptens
______________________: Besitzen eine geachtete Stellung
______________________: Der „Gründer“ Ägyptens
______________________: Hier befindet sich der Amun-Tempel
______________________: Die größte Touristenattraktion Ägyptens

2. Schneide aus und erstelle ein Schaubild zum Aufbau des ägyptischen Staates!

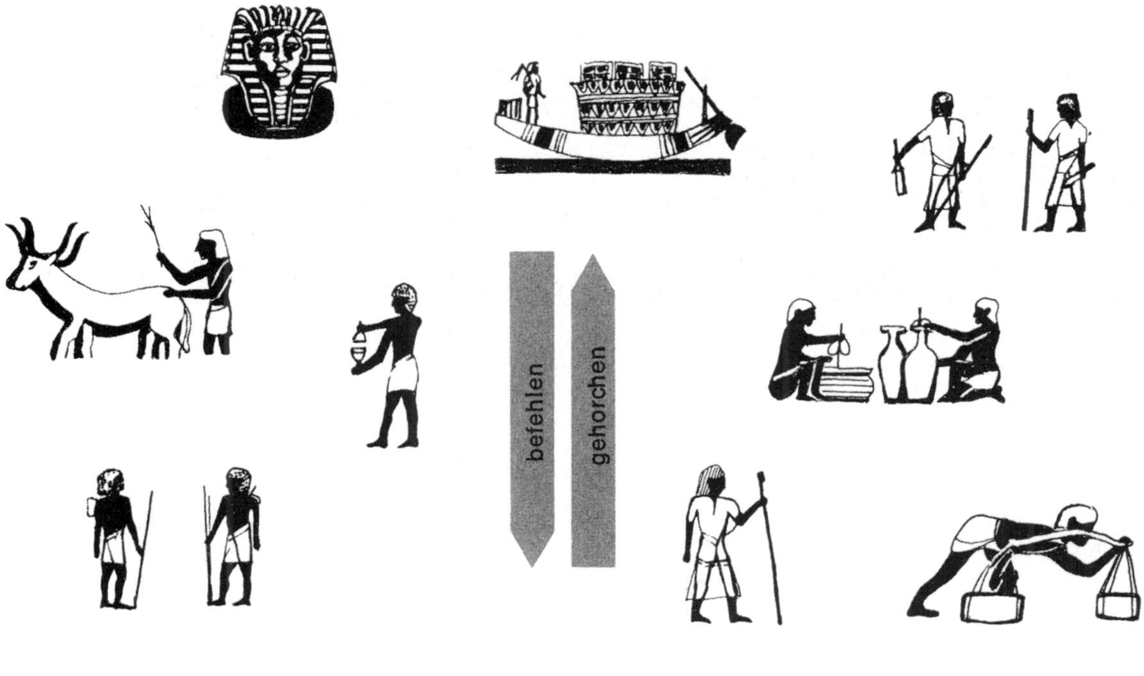

GESCHICHTE | NAME:____________ | KLASSE:______ | DATUM:__________ | NR.____

Training „Ägypten“

1. Ordne die folgenden Begriffe den einzelnen Kurzbeschreibungen zu!
Flussoase – Geometrie – Pharao – Wesir – Sklaven – Hieroglyphen – Totengericht – Cheops – Mumie – Fellachen – Grabräuber – Karnak – Pyramiden von Giseh – Frauen – Obelisk – Nil – Kairo

Pharao: Oberster Herrscher Ägyptens
Wesir: Höchster Beamter
Cheops: Bedeutendster Herrscher Ägyptens
Fellachen: Bauern am Nil
Flussoase: Acker- und Wiesenflächen am Nil
Totengericht: Osiris und seine Gattin Isis beraten
Geometrie: Teil der Mathematik
Sklaven: Menschen ohne jegliche Rechte
Hieroglyphen: Schriftzeichen der Ägypter
Mumie: Toter Leib, der nicht zerfallen ist
Obelisk: Nach oben dünner werdende Säule
Grabräuber: Stehlen Gegenstände aus Pyramiden
Kairo: Hauptstadt Ägyptens
Frauen: Besitzen eine geachtete Stellung
Nil: Der „Gründer“ Ägyptens
Karnak: Hier befindet sich der Amun-Tempel
Pyramiden von Giseh: Die größte Touristenattraktion Ägyptens

2. Schneide aus und erstelle ein Schaubild zum Aufbau des ägyptischen Staates!

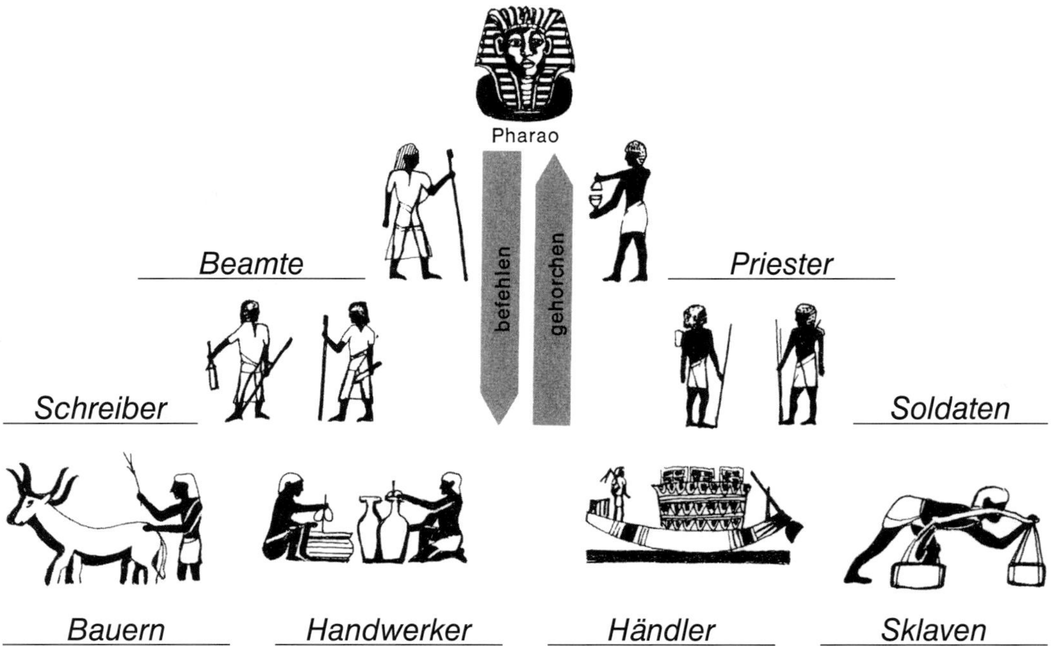

3. Kennst du die ägyptischen Götter?
   ______________ Gott mit Falkenkopf
   ______________ Sonnengott
   ______________ Begleiter ins Reich der Toten
   ______________ Totengott
   ______________ Gattin des Totengottes

Der Gott Horus

4. Rätsel: Die in Klammern angegebenen Ziffern stehen für Buchstaben und ergeben den Namen einer ägyptischen Gottheit.
   Erbauer der größten Pyramide (4) – ______________
   Fruchtbares Land in der Wüste (3) – ______________
   Fluss Ägyptens (2) – ______________
   Der Herrscher in Ägypten (4) – ______________
   Einbalsamierte Leiche (4) – ______________
   Der höchste Beamte (3) – ______________

   Lösung: ______________

Osiris – Herrscher über die Unterwelt

5. Ordne die folgenden Wörter in die richtigen Spalten ein!
   Pharao – Osiris – Sklaven – Bauern – Wesir – Nil – Mumie – Steuern – Pyramide – Re – Oase – Fellachen – Obelisk – Tempel – Priester

Land/Verwaltung	**Götter/Totenkult**	**Menschen**
______________	______________	______________
______________	______________	______________
______________	______________	______________
______________	______________	______________
______________	______________	______________
______________	______________	______________
______________	______________	______________

3. Kennst du die ägyptischen Götter?

Horus:	Gott mit Falkenkopf
Re:	Sonnengott
Anubis:	Begleiter ins Reich der Toten
Osiris:	Totengott
Isis:	Gattin des Totengottes

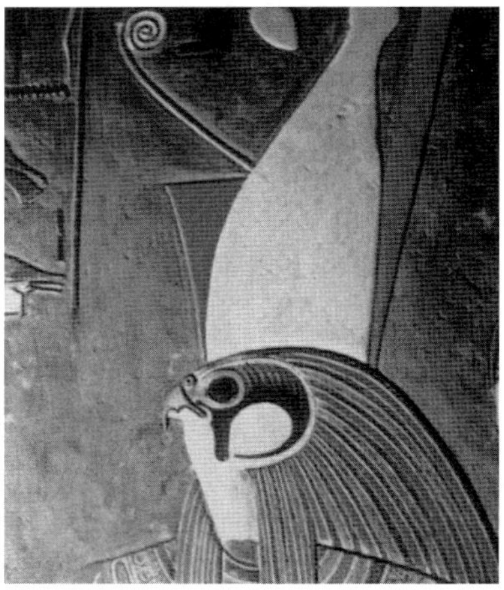

Der Gott Horus

4. Rätsel: Die in Klammern angegebenen Ziffern stehen für Buchstaben und ergeben den Namen einer ägyptischen Gottheit.

Erbauer der größten Pyramide (4) –	*Cheops*
Fruchtbares Land in der Wüste (3) –	*Oase*
Fluss Ägyptens (2) –	*Nil*
Der Herrscher in Ägypten (4) –	*Pharao*
Einbalsamierte Leiche (4) –	*Mumie*
Der höchste Beamte (3) –	*Wesir*

Lösung: *Osiris*

Osiris – Herrscher über die Unterwelt

5. Ordne die folgenden Wörter in die richtigen Spalten ein!
Pharao – Osiris – Sklaven – Bauern – Wesir – Nil – Mumie – Steuern – Pyramide – Re – Oase – Fellachen – Obelisk – Tempel – Priester

Land/Verwaltung	**Götter/Totenkult**	**Menschen**
Wesir	*Pharao*	*Sklaven*
Steuern	*Osiris*	*Händler*
Oase	*Re*	*Fellachen*
Nil	*Mumie*	*Priester*
	Pyramide	
	Obelisk	
	Tempel	

THEMA

Griechenland heute

LERNZIELE

Die geografische Lage Griechenlands auf der Weltkarte einordnen können.
Wichtige politische, wirtschaftliche und kulturelle Daten über Griechenland nennen können.
Die Bedeutung des Tourismus für das Land bewusst machen.
Griechenland als die Keimzelle Europas begreifen.
Den Einfluss der griechischen Kultur auf Europa bewusst machen.

ARBEITSMITTEL/MEDIEN/LITERATURHINWEISE

Folie 1 (Akropolis – das Wahrzeichen Griechenlands), 2 Informationsblätter, 1 Arbeitsblatt

Zusatz: 42 07019 „Griechenland“ (30 min)
42 45523 „Griechenland – ein Reiseziel“ (20 min)

TAFELBILD/FOLIEN

Akropolis – das Wahrzeichen Griechenlands. Akropolis heißt übersetzt „Stadtfestung“. Die wohl bekannteste steht in Athen. Auf einem 156 m hohen Felsen befinden sich die zwischen 467 v. Chr. und 406 v. Chr. erbauten Anlagen, die u. a. Tempel umschließen.

I. **Hinführung:**

Folie 1 (Akropolis – das Wahrzeichen Griechenlands)	S. sammeln Informationen über Griechenland (Brainstorming).
Zielangabe	TA: **Griechenland heute**

II. **Erarbeitung:**

1. TZ: Daten Griechenlands	
Informationsblatt 1/ Gemeinsames Erlesen/LSG/Lehrerinfo	S. nehmen zu den Daten Stellung und stellen einen Vergleich zur Bundesrepublik her.
2. TZ: Lage Griechenlands	
Informationsblatt 2/Atlasarbeit	S. beschäftigen sich mit der Karte von Griechenland.
3. TZ: Touristische Attraktionen	
Informationsblatt 2	S: Löwentor in Mykene, Kanal von Korinth, Olympia, Apollon-Tempel

III. **Vertiefung:**

Gesamtwiederholung/Impuls	L: Griechenland wird auch als die Geburtsstätte Europas bezeichnet. S: Erfindung der Demokratie als Vorbild für die jetzt bestehenden Demokratien

IV. **Sicherung:**

Eintrag AB

V. **Ausweitung:**

- Berichte von Schülern über Griechenland-Reisen
- Kurzreferate zu einzelnen Sehenswürdigkeiten
- Reisevideos über Griechenland
- Auswertung von Reisekatalogen
- „Sirtaki“ als bekannter griechischer Tanz
- Griechische Musik

Griechenland – das Wichtigste in Kürze

Im Folgenden sind einige allgemeine Daten zu Griechenland aufgelistet.

Fläche:	131 000 km^2 – ca. 1/3 der Fläche der BRD
Bevölkerung:	10 Millionen
Größte Städte:	Athen 800 000 Ew. – Großraum Athen ca 3,7 Millionen Thessaloniki 400 000 Ew.
Lebenserwartung:	Männer 75 Jahre, Frauen 81 Jahre
Schulpflicht:	6–15 Jahre
Religionszugehörigkeit:	98 % orthodoxe Christen, 2 % Muslime
Analphabetenrate:	Männer 1 % – Frauen 4 %
Nutzfläche:	30 %
Tourismus:	14 Millionen Besucher jährlich

Touristische Attraktionen

Löwentor in Mykene

Kanal von Korinth

Olympia

Apollon-Tempel

GESCHICHTE | NAME: ____________ | KLASSE: ____ | DATUM: ________ | NR. ____

Griechenland heute

Hauptstadt: ____________________

Einwohnerzahl: ____________________

Religionen: ____

Zahl der Touristen/Jahr: ____________________

Trage die fehlenden Städte, Meere, Inseln und Sehenswürdigkeiten auf der Karte ein!

Korinth – Naxos – Lesbos – Athen – Rhodos – Mittelmeer – Argolischer Golf – Olymp – Delphi – Saloniki – Patras

Griechenland heute

Hauptstadt: *Athen*

Einwohnerzahl: *ca. 10 Millionen*

Religionen: *98 % orthodoxe Christen, 2 % Muslime*

Zahl der Touristen/Jahr: *ca. 14 Millionen*

Trage die fehlenden Städte, Meere, Inseln und Sehenswürdigkeiten auf der Karte ein!

Korinth – Naxos – Lesbos – Athen – Rhodos – Mittelmeer – Argolischer Golf – Olymp – Delphi – Saloniki – Patras

Lösungsteil

Lösung zu S. 8

Das Bild zeigt, dass Lucy, im Gegensatz zu den Affen, auf zwei Beinen läuft. (Sie benutzt die Hände nicht mehr zum Laufen, sondern kann sie für wichtigere Dinge einsetzen.)
Die Lösung lautet also: *der aufrechte Gang*

Lösung zu S. 10

Die Wörter müssen in folgender Reihenfolge in den Text eingesetzt werden:

Klimaveränderung, Urwälder, Steppenlandschaft, Zweibeiner, Feinde, Hände, Körperteilen, Aufgaben, Wurzeln, Beute, Raubtieren, Laufen, Vierbeiner

Lösung zu S. 11

Homo habilis wird als der geschickte Mensch bezeichnet, weil er sich Steinwerkzeuge im Alltag nutzbar machte, die er durch Bearbeitung selbst herstellte. Auch der Bau von Schutzhütten war ihm vertraut. Sein Gehirnvolumen unterscheidet sich schon erheblich vom Gehirnvolumen Lucys.

Lösung zu S. 12

Der Silbensalat (NUTDESERSDIEZUNGFEN) muss geordnet werden zu:

DIE NUTZUNG DES FEUERS

Lösung zu S. 21

Die fünf Begriffe heißen: Begräbnisstätte, Bestattung, Rituale, Totenkult, Weiterleben.
So sind sie im Rechteck versteckt:

Lösung zu S. 22/23

Die 15 Begriffe müssen in der folgenden Reihenfolge in den Text eingesetzt werden:

Sippe, Jagdgeschichten, Gemütlichkeit, Geschichten, Idee, Feuerstätte, Dunkelheit, Feuersteine, Feuerfunken, Heu, Funkenflug, glimmen, Zauberstein, Horde, Stammesgenossen

Die Leitbuchstaben haben dann folgende Reihenfolge:

B, O, H, R, E, R, S, Ä, G, E, P, F, L, U, G

Die Abbildungen zeigen:

1. einen FEUERBOHRER
2. eine FEUERSÄGE
3. einen FEUERPFLUG

Lösung zu S. 25

Folgende Wörter sind in die Texte einzusetzen, Synonyme sind natürlich zulässig:

Text 1: Hütten, Schutz, Wind, Steinen
Text 2: Waffen, Feuers, Höhlen, Tierfelle, Kälte
Text 3: Jäger, Nomaden, Baumstämme, Transport
Text 4: Lagerplatz, Mammuts, Zeltstangen

Lösung zu S. 28

Ausrufe und verwertbare Teile des Mammuts bringst du wie folgt zusammen:

1. – Ö
2. – L
3. – L
4. – A
5. – M
6. – P
7. – E

Das Lösungswort heißt: ÖLLAMPE

R																
	I															
E	T	T	E	A	T	S	S	I	N	B	E	A	R	G	E	B
			U													
B	E	S	T	A	T	T	U	N	G							
				T	L	U	K	N	E	T	O	T				
			N	E	B	E	L	R	E	T	I	E	W			

Lösung zu S. 30

Die richtigen Zuordnungen sind:
1-E, 2-S, 3-K, 4-I, 5-M, 6-O

Die Lösung lautet: ESKIMO

Lösung zu S. 34

Die Lösung lautet:
WÖLFE SIND DIE VORFAHREN UNSERER HEUTIGEN HUNDERASSEN

Lösung zu S. 35/36

Die Lösung lautet: HARPUNE

Lösung zu S. 39–41

Höhle Altamira:	Leitbuchstaben: AL, TAM, IRA Bild 1 und Bild 3
Höhle Lascaux:	Leitbuchstaben: LA, SCA, UX Bild 4 und Bild 5
Höhle Trois Frères:	Leitbuchstaben: TRO, IS, FRÈ, RES Bild 6 und Bild 2

Lösung zu S. 42

1. HASE
2. WILDPFERD
3. WOLLNASHORN
4. MAMMUT
5. BISON
6. STEINBOCK
7. HIRSCH

Die Lösung lautet: JAGDZAUBER

Lösung zu S. 43

„Echt" sind die Hinweise, die zu folgendem Lösungswort führen: KULTSTÄTTE

Lösung zu S. 55

1. JAGDZAUBER
2. TOTENKULT
3. NEANDERTAL
4. FEUERSAEGE
5. SPEERSCHLEUDER
6. MAMMUT
7. HOEHLENWAENDE
8. FEUERSTEINE
9. NAEHNADEL
10. EISZEIT
11. FEUER
12. FAUSTKEIL
13. KATZENGOLD

Das Lösungswort lautet: JUNGSTEINZEIT

Lösung zu S. 58

Siehe dazu die rechte Seite. ➜

Lösung zu S. 61

Krankheit	1	2	3	4	5	6	7	8	9	10	11
Rezept (Buchst.)	Z	AU	B	E	R	SP	R	U	E	CH	E

Lösung zu S. 62

Die Lösung lautet:

ÖTZI LEBTE 500 JAHRE, BEVOR DIE ÄGYPTER DIE ERSTEN PYRAMIDEN BAUTEN, UND WAR BEREITS LÄNGER ALS 3.000 JAHRE TOT, ALS JESUS GEBOREN WURDE.

Lösung zu S. 63

Ordnet man den Fundstücken die Beschreibungen richtig zu, so ergibt sich, von oben nach unten gelesen, folgende Lösung:

SCHLEHENBEEREN

Lösung zu S. 65

Die Lösungswörter lauten:

KUPFER und ZINN

Lösung zu S. 66

Die Textabschnitte sind so zu ordnen, dass die Leitbuchstaben folgende Lösung ergeben:

BLASEBALG

Lösung zu S. 67

Gold, Hochofen und Sprengmeister sind falsch.
Die anderen Wörter müssen in folgender Reihenfolge eingesetzt werden:
Dorf, Kupfererz, Ackerbau, Oberfläche, Erdspalt, Schacht, Kupferader, Feuer, Hitze, Wasser, Sprengwirkung, Schmelzmeister, Holzkohlenmeiler, Stein

Lösung zu S. 68

Folgende Begriffe sind einzutragen:

TAUSCHWAREN, BRONZE, SCHIFF, MODETRENDS, OCHSEN, BERNSTEIN, HONIG, HÄNDLER, KUPFERERZ, NEUIGKEITEN

Das Lösungswort lautet: ARBEITSTEILUNG

Lösung zu S. 58

Folgende Gegenstände sind wohl nicht aus der Jungsteinzeit: Satellitenschüssel – Fahrrad – Steckdose – Telefon – Axt – Schüppe – Säge – Lampe – Leiter – Fenster – Dachpfannen – Ziegelsteine – Hammer – Schlüssel

Lösung zu S. 69–70

Hier die vollständige Bekleidung:

Lösung zu S. 78

Die in Buchstaben übersetzten Zahlenkombinationen müssen der Reihe nach so eingesetzt werden:

KELTEN, GERICHT, DRUIDEN, EICHEN, KULTSTAETTE, SICHEL, STIERE, EICHENKUNDIGE, PRIESTER, KRONE, OPFER, GOETTER, HEILMITTEL, KRANKHEITEN, WUNDERMITTEL

Lösung zu S. 79

„Hallo, hier ist Ferdi! Habe mich in einem großen Reisighaufen versteckt. Der Lärm um mich herum wird immer lauter. Von allen Seiten Schlachtrufe und Kampfgesänge. Fürst Dumnorix ist auf großem Beutezug. Der Aufmarsch gegen den Feind ist in vollem Gange. Immer näher rücken Dumnorix' Krieger gegen den Gegner vor.
‚TÖÖÖÖÖÖÖÖÖT!' Der ganze Reisighaufen muss gewackelt haben. So hat mich dieser markerschütternde Ton erschreckt. Was war das? Erst jetzt sehe ich die riesigen Hörner, die einige von Dumnorix' Mannen mit sich schleppen. Verziert sind sie mit großen Tierköpfen, was sie noch unheimlicher wirken lässt. Jetzt geht's los. Gleich werden sie aufeinander einschlagen.
Doch was ist das? Dumnorix lässt seinen Kriegern jetzt erst einmal einen Trank ausschenken. Das Gröhlen wird danach nur noch lauter. Alkohol? So kurz vor der alles entscheidenden Schlacht? Verstehe einer diese Kelten! Sie müssten doch jetzt endlich zuschlagen. Stattdessen präsentieren die Kelten ihren verschreckten Gegnern zunächst eine blitzende Waffenschau. Krieger, Pferde und Streitwagen der Kelten jagen in einem schnellen Hin und Her fast an der Nasenspitze der anderen vorbei. Das ist ja hier wie im Zirkus!
Aber klar, Wichtigtun ist oberste Keltenpflicht. Doch jetzt ordnen sich Dumnorix' Reihen ein wenig. Die einfachen Krieger tragen einen Speer mit Eisenspitze und einen hohen Schild. Die adeligen Kämpfer erkenne ich an ihrem Langschwert und den Helmen mit hohen Aufsätzen. So wirken sie viel größer und gefährlicher als ich sie in Erinnerung habe. Diese Helme mit Hörnern, Vogel- oder anderen Tierfiguren verfehlen ihre Wirkung auf den Feind nicht. Vom Gefühl her bin ich auf Dumnorix' Seite und doch schrecken mich seine Krieger mehr als der Feind. Noch ein Schock! In den vordersten Reihen der Kelten stehen plötzlich völlig Nackte. Das Einzige, was sie tragen, ist eine Furcht erregende Kriegsbemalung. Schrille Töne und Laute geben sie von sich, um den Gegner in Angst und Schrecken zu versetzen.
Jetzt reicht's aber. Ich zittere am ganzen Körper und halte mir die Ohren zu. Doch es nützt alles nichts. Ich sehe, wie die Kelten nun zu einem plötzlichen Ansturm ansetzen. Der Gegner wird blitzschnell überrannt. Die Überlebenden laufen in Panik in alle Richtungen auseinander. Sie rennen um ihr Leben. Schnelle Siege, leichte Beute! So also geht das ab. Ich hätte es nie geglaubt, wenn ich es nicht mit eigenen Augen gesehen hätte."

Lösung zu S. 80

Die Übersetzungen der englischen Vokabeln müssen wie folgt in den Text eingefügt werden:

fun	=	Spaß
presents	=	Geschenke
cups	=	Tassen
fire	=	Feuer
water	=	Wasser
mouth	=	Mund
pig	=	Schwein
hands	=	Hände
fans	=	Anhänger
piece	=	Stück
meat	=	Fleisch
animals	=	Tiere
dust	=	Staub

Der gallische Stammesfürst heißt: VERCINGETORIX.

Lösung zu S. 82

Siehe dazu die Abbildung auf der folgenden Seite.

6 Lösung zu S. 82

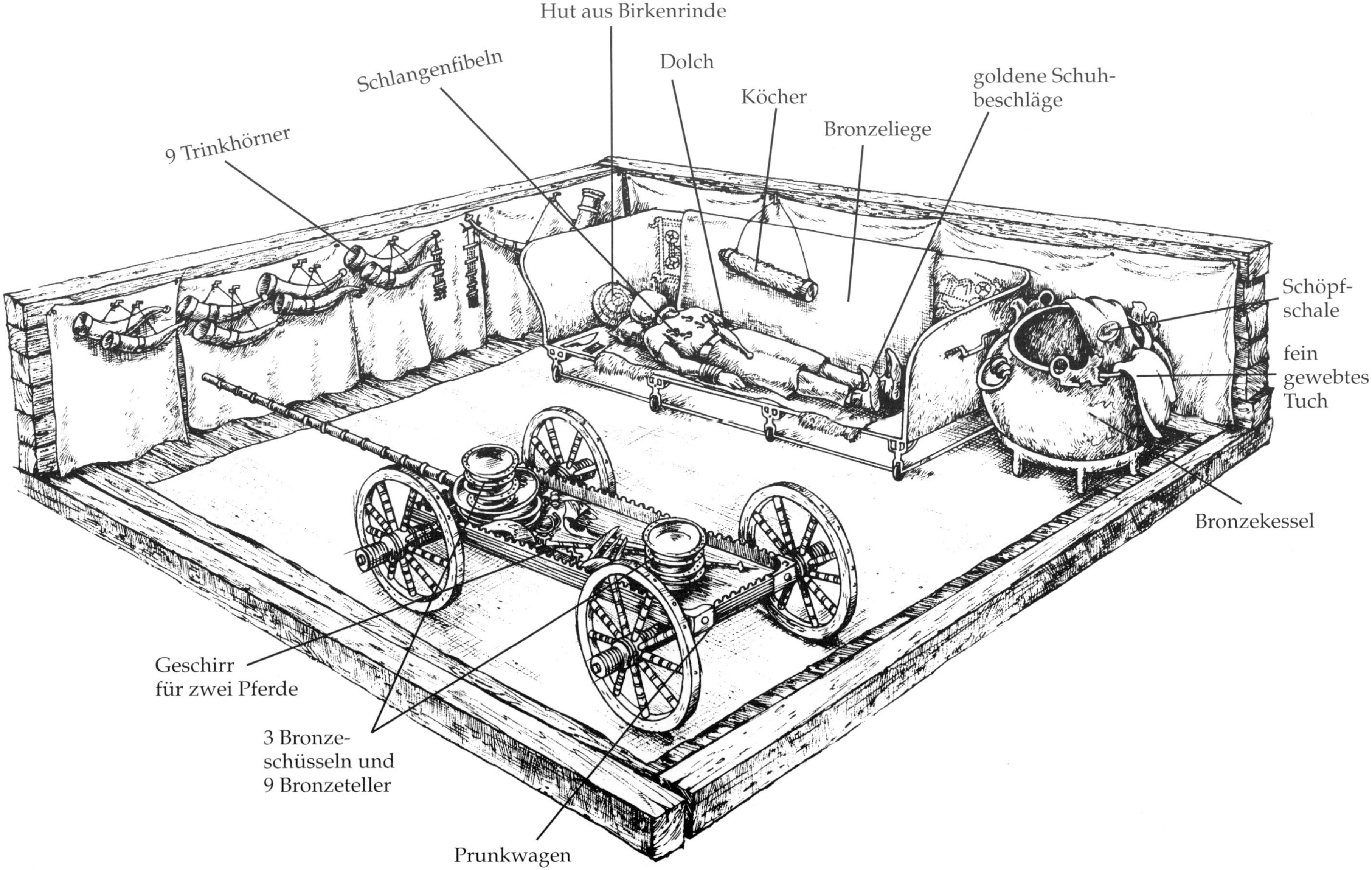

THEMA

Athen – die bedeutendste Stadt Griechenlands

LERNZIELE

Erkennen, dass Athen sich schon frühzeitig zur bedeutendsten Stadt Griechenlands entwickelte.
Den Begriff „Polis“ erläutern können.
Bewusst machen, dass der Handel wesentlich zum Aufstieg der Stadt beitrug.
Die Handelsbeziehungen Athens beschreiben können.
Die Bedeutung der Agora für das antike Athen beschreiben können.
Die Bedeutung der Akropolis erläutern können.

ARBEITSMITTEL/MEDIEN/LITERATURHINWEISE

Folie 1 (Schaubild von der Akropolis), 2 Informationsblätter, 1 Arbeitsblatt

TAFELBILD/FOLIEN

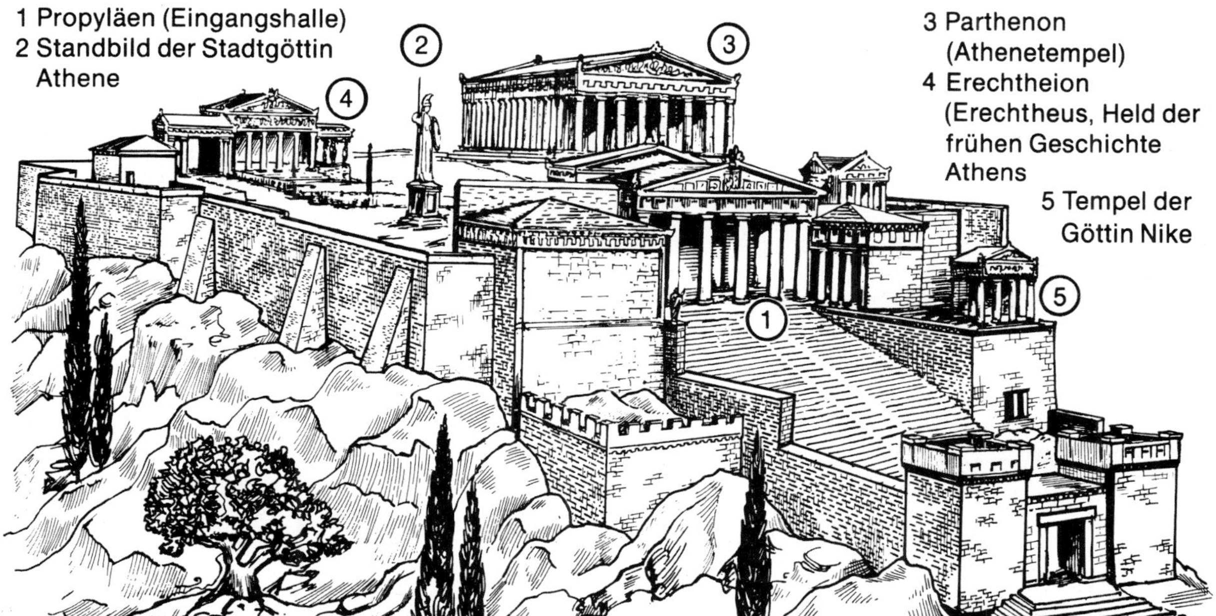

Schaubild von der Akropolis nach den Plänen des antiken Architekten Iktinos (nach 15-jähriger Bauzeit)

I. **Hinführung:**

Folie 1 (Schaubild von der Akropolis)	S: Schülerberichte über evtl. Reisen nach Athen
Zielangabe	TA: **Athen – die bedeutendste Stadt Griechenlands**

II. **Erarbeitung:**

Informationsblätter 1 und 2/
EA/PA/GA – Auswertung LSG

1. TZ: Athen – die bedeutendste Stadt im antiken Griechenland	S: Um 500 v. Chr. lebten ca. 300 000 Menschen im Stadtstaat Athen. – Stadt und Umland wurden „Polis" genannt. – Attische Polis wurde schnell bedeutsamer als alle Nachbarstädte.
2. TZ: Athen – ein wichtiges Handelszentrum	S: Frühzeitig bauten die Athener Schiffe, um Handel treiben zu können. – Reger Handel im Mittelmeerraum – Athens Hafen Piräus konnte 400 Schiffe aufnehmen. – Athen wird eine reiche und mächtige Stadt.
3. TZ: Der Marktplatz – die Mitte der Stadt	S: Auf dem Marktplatz (Agora) trafen sich die Männer Athens – Auf dem Burgberg Athens (Akropolis) wurden große Tempel zu Ehren der Götter gebaut.

III. **Vertiefung:**

Gesamtwiederholung

IV. **Sicherung:**

Eintrag AB

V. **Ausweitung:**

4. TZ: Athen heute

Lehrerinfo	L: – Athen: ca. 3,5 Millionen Einwohner – Touristen besuchen die Akropolis – 2004 Gastgeber der Olympischen Sommerspiele – Archäologisches Nationalmuseum: Sammlung verschiedener Stilepochen der Antike

Ein Blick auf das antike Athen

Athen – die bedeutendste Stadt im antiken Griechenland

Auf der weit ins Meer hinausragenden Halbinsel Attika liegt die Stadt Athen. Um 500 v. Chr. lebten im Stadtstaat Athen rund 300 000 Menschen. Man nannte in jener Zeit eine Stadt und ihr Umland „Polis“. Eine Polis war Stadt und Staat zugleich („Stadtstaat“). Die attische Polis (= Athen) entwickelte sich schnell und wurde bald politisch bedeutsamer als alle anderen Nachbarstädte. Dazu trug nicht zuletzt der Handel bei.

Athen – ein wichtiges Handelszentrum

Auf Attika gab es nur wenige fruchtbare Gebiete. Die Landwirtschaft allein konnte die Bewohner nicht ernähren. Frühzeitig begannen deshalb die Bürger Athens, die Wälder ringsum abzuholzen, um damit Schiffe zu bauen. Mit diesen fuhren sie nach Ägypten, zum Schwarzen Meer und nach Sizilien, um Waren einzukaufen. Viele Rohstoffe aus anderen Ländern verarbeiteten die Athener weiter. Selbst lieferten sie Olivenöl und Wein, Stoffe und Schuhe, Waffen und Schmuck.
Auf diese Weise entwickelte sich ein reger Handel mit allen Gebieten des Mittelmeerraumes. Die Lage am Meer erleichterte den Athenern den Handel. Sie hatten schon früh einen großen Hafen gebaut, von dem aus die Schiffe in die damals bekannten Länder am Mittelmeer ausliefen. Die Handelsschiffe wurden immer von Kriegsschiffen begleitet. Entsprechend groß waren die Häfen. Athens Hafen Piräus konnte ca. 400 Schiffe aufnehmen.
Auch in Kriegszeiten sollte die Versorgung der Menschen gesichert sein. Darum verbanden die Athener Stadt und Hafen durch lange Festungsmauern. Innerhalb dieser Mauern konnte der Warenverkehr ungestört abgewickelt werden. So wurde Athen schon frühzeitig eine reiche und mächtige Stadt.

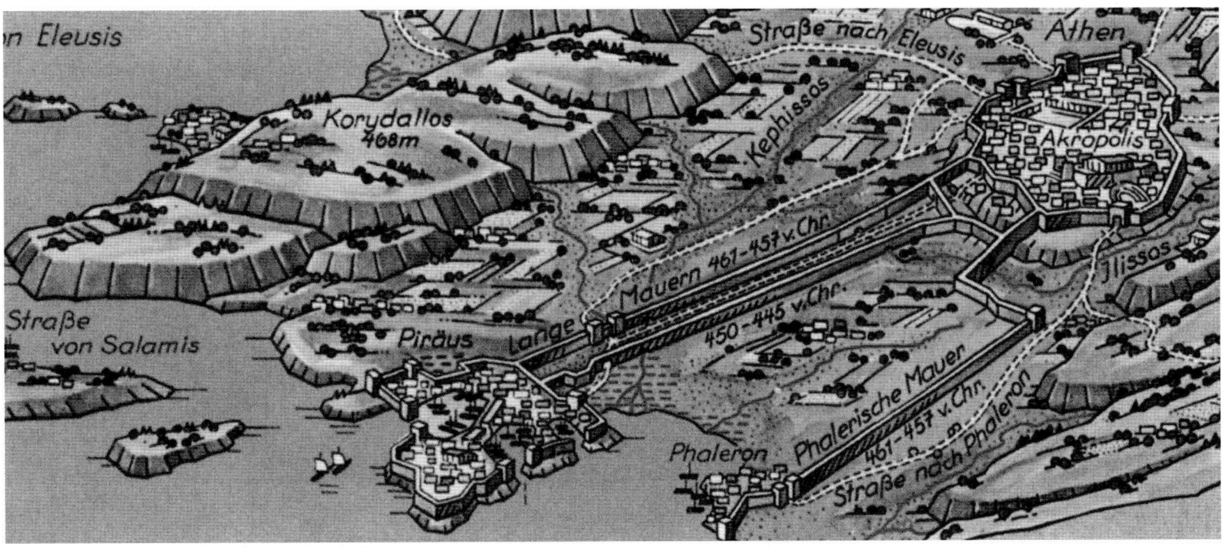

Schaubild von Athen in der Antike mit Hafen von Piräus

Ein Blick auf das antike Athen

Der Marktplatz – die Mitte der Stadt

Der Marktplatz – die sogenannte Agora, war nicht nur das Zentrum der Stadt. Der Agora kam im antiken Griechenland weit wichtigere Bedeutung zu: Sie war politische und juristische Versammlungsstätte und somit ein wichtiges Merkmal der Polis.

Geprägt war das Bild der Agora von vielen kultischen Einrichtungen wie etwa Tempeln und Altären. Daneben befanden sich auf dem Marktplatz auch öffentliche Einrichtungen, z. B. das Rathaus (Buleuterion). Ebenfalls charakteristisch für eine Agora war eine Säulenhalle (Stoa Basileios), die die Männer u. a. vor Sonne, Wind und Regen schützte.

Wie verlief ein Tag auf der Agora? Man muss sich vorstellen, dass die griechischen Männer den größten Teil des Tages in der Öffentlichkeit verbrachten. Sie trafen sich auf der Agora und diskutierten die Themen, die für ihr Leben von Bedeutung waren. Sie schlossen Geschäfte ab, plauderten über Sportveranstaltungen und Theateraufführungen und debattierten über politische Vorhaben und Entscheidungen der Regierenden eines Stadtstaates. Natürlich tranken sie auch ein Gläschen Wein und aßen Kleinigkeiten, die in den Läden rings um den Markt angeboten wurden.

Auf der Agora von Athen hatten die Männer auch einen hervorragenden Blick auf den Burgberg der Stadt, der Akropolis. Sie konnten zusehen, wie zu Ehren der Götter große Tempel gebaut wurden. Beispielsweise errichteten die Athener ihrer Stadtgöttin Athene den größten aller Tempel, den Parthenon.

Der Parthenon – ein Tempel aus Marmor von den Architekten Iktinos und Kallikrates errichtet. Er wurde der Göttin Athene geweiht.

GESCHICHTE	NAME: ____________	KLASSE: ____	DATUM: ________	NR. ____

Athen – die bedeutendste Stadt Griechenlands

Im alten Griechenland nannte man eine Stadt und ihr Umland ________________.
Zum wichtigsten Stadtstaat entwickelte sich die Stadt ________________.
Die Lage am Meer erleichterte den Athenern den ________________.
Handelsbeziehungen bestanden mit allen damals bekannten Ländern des ____________________________. Auf diese Weise wurde Athen frühzeitig eine ________________ und ________________ Stadt.
Auf dem Marktplatz der Stadt, der sogenannten ________________, trafen sich die Männer Athens. Auf dem Burgberg, der ________________, wurden zu Ehren der Götter große Tempel errichtet.

Erechtheion – nach dem athenischen Helden Erechtheus (König von Athen) benannt. Der Marmortempel gehört zur Akropolis.

GESCHICHTE	NAME:	KLASSE:	DATUM:	NR.

Athen – die bedeutendste Stadt Griechenlands

Im alten Griechenland nannte man eine Stadt und ihr Umland *Polis*.
Zum wichtigsten Stadtstaat entwickelte sich die Stadt *Athen*.
Die Lage am Meer erleichterte den Athenern den *Handel*.
Handelsbeziehungen bestanden mit allen damals bekannten Ländern des *Mittelmeerraumes*. Auf diese Weise wurde Athen frühzeitig eine *reiche* und *mächtige* Stadt.
Auf dem Marktplatz der Stadt, der sogenannten *Agora*, trafen sich die Männer Athens. Auf dem Burgberg, der *Akropolis*, wurden zu Ehren der Götter große Tempel errichtet.

Erechtheion – nach dem athenischen Helden Erechtheus (König von Athen) benannt.
Der Marmortempel gehört zur Akropolis.

THEMA

Volksherrschaft im Stadtstaat Athen

LERNZIELE

Erkennen, dass Athen Jahrhunderte lang von Königen und Adeligen regiert wurde.
Bewusst machen, dass fortschrittliche Männer dem Staat eine neue Ordnung gaben.
Perikles als bedeutenden Staatsmann kennenlernen.
Erkennen, dass in Athen die Demokratie entwickelt wurde.
Grundzüge dieser Volksherrschaft beschreiben können.
Das Wort Demokratie herleiten können.
Bewusst machen, dass in damaliger Zeit die Volksherrschaft ohne Beispiel war.

ARBEITSMITTEL/MEDIEN/LITERATURHINWEISE

Folie 1 (Gegenüberstellung: Herrschaft in Ägypten – Herrschaft in Athen), 2 Informationsblätter, 1 Arbeitsblatt

TAFELBILD/FOLIEN

Form der Herrschaft in Ägypten:

Pharao

↓

Volk

Der Pharao war im Alten Ägypten die mächtigste Person. Er stand allein an der Spitze des Staates. Er wurde sogar wie ein Gott verehrt. Daran erinnert auch die Bauart der Grabstätten der Pharaonen: die Pyramide.

Form der Herrschaft in Athen:

↑

Volk

In Athen bildete sich die Volksherrschaft allmählich heraus. Sie löste die Monarchie ab. Allerdings ist die Volksherrschaft noch nicht mit modernen Demokratien zu vergleichen, denn nur wenige Männer konnten das politische Geschehen mitbestimmen. Die meisten Gesellschaftsgruppen hatten keine Einflussmöglichkeiten.

Gegenüberstellung: Herrschaft in Ägypten – Herrschaft in Athen

I. **Hinführung:**

Folie 1 (Gegenüberstellung: Herrschaft in Ägypten – Herrschaft In Athen)	S: Auswertung des Schaubilds
Zielangabe	TA: **Volksherrschaft im Stadtstaat Athen**

II. **Erarbeitung:**

1. TZ: Volksherrschaft im Stadtstaat Athen	S: Jahrhundertelang war Athen von Königen und Adeligen regiert worden – Demokratie als neue Regierungsform – Perikles setzte durch, dass alle Staatsbürger gleichberechtigt wurden. – Volksversammlung auf der Agora – 6000 Bürger entscheiden in einfacher Mehrheit – Rat der 500 – Volksgericht
2. TZ: Eine Staatsform ohne Beispiel	S: Volksherrschaft in Athen ohne Beispiel in der damaligen Zeit – Scherbengericht führt zur Verbannung von Athenern, die der Demokratie gefährlich wurden – Gegner der Demokratie: aus den Kreisen der ehemals mächtigen Adeligen

III. **Vertiefung:**

Gesamtwiederholung

IV. **Sicherung:**

Eintrag AB

V. **Ausweitung:**

Impuls	L: Die Staatsform der Demokratie ist heute in Europa weit verbreitet. S: Griechenland als Ausgangpunkt dieser Entwicklung …

Volksherrschaft im Stadtstaat Athen

Jahrhundertelang war Athen, ähnlich wie die anderen Staaten der damaligen Welt, von Königen und Adeligen regiert worden. Fortschrittlich denkende Männer versuchten aber schon früh, dem Staat eine neue und gerechtere Ordnung zu geben. Jeder Bürger, der etwas für den Staat leistete, sollte auch Mitsprache im Staat bekommen. Zunächst waren die Mitspracherechte noch nach der Höhe der Steuern, die ein Bürger zahlte, abgestuft.

Perikles, ein bedeutender Staatsmann Athens, setzte es schließlich durch, dass alle Staatsbürger als gleichberechtigt galten. In der Volksversammlung wurden alle Angelegenheiten der Stadt geregelt: Gesetze beraten und verabschiedet, Krieg und Frieden beschlossen und Beamte, Richter und Feldherren gewählt.
Die Volksversammlung tagte etwa viermal im Monat auf dem Versammlungsplatz, der Agora. Wenn mindestens 6000 Bürger anwesend waren, konnte abgestimmt werden. Die einfache Mehrheit entschied. So konnten die Athener ihre neue Staatsform mit Recht „Volksherrschaft“, Demokratie (demos = das Volk, kratein = herrschen), nennen.

Neben der Volksversammlung gab es noch den Rat der 500, der von den zehn Landesbezirken bestimmt wurde. Er musste Gesetzesvorschläge bearbeiten und dann in die Volksversammlung einbringen. In das Volksgericht konnte jeder Athener Bürger, der über 30 Jahre alt war, gewählt werden. Das Gericht prüfte, ob die politischen Beschlüsse rechtmäßig waren, wachte über die Amtsführung der Beamten und entschied über Straftaten und private Streitfälle.

Perikles (500 – 429 v. Chr.) – ein berühmter Athener

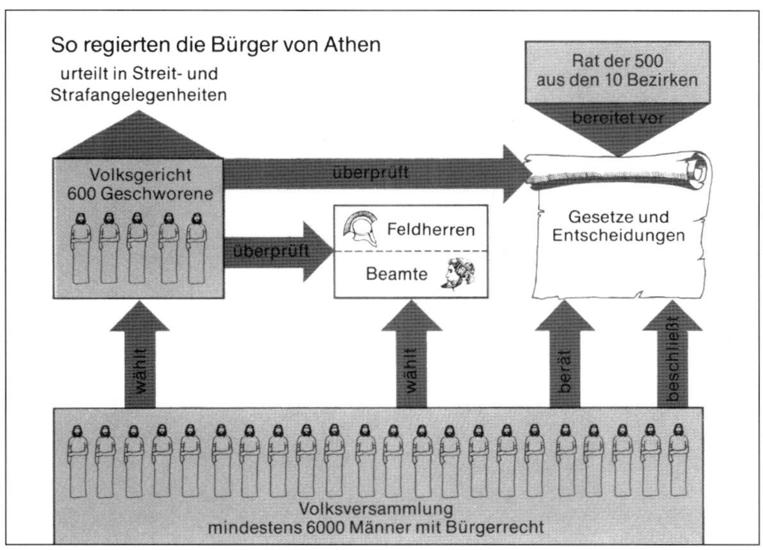

Auf der Agora fand die Volksversammlung statt (Modell)

Eine Staatsform ohne Beispiel

In der damaligen Zeit war die Volksherrschaft in Athen ohne Beispiel. Alle übrigen Staaten wurden von Königen (Monarchie) oder von Adeligen (Aristokratie) beherrscht. In Athen übten die Bürger (außer Frauen, Sklaven und Metöken, das sind Fremde, die sich in der Stadt dauerhaft ansiedelten) die volle Gesetzgebungs-, Regierungs-, Kontroll- und Gerichtsgewalt aus. Ein besonderes Machtinstrument war das Scherbengericht, der sogenannte Ostrakismos. Kleisthenes (athenischer Staatsmann, Ende des 6. Jahrhunderts v. Chr.) führte diese Abstimmungsform ein. Es war die Möglichkeit, politische Führer, die nach Meinung der Bürger dem Stadtstaat schadeten, für zehn Jahre zu verbannen.
Wie lief der Ostrakismos ab? Zunächst wurde durch Handheben von den Bürgern beschlossen, ob es ein Scherbengericht geben sollte. Zwei Monate später warf dann jeder wahlberechtigte Bürger eine Tonscherbe mit dem Namen des zu verbannenden Mannes in einen Behälter. Das Scherbengericht fand auf der Agora statt.

Natürlich gab es auch Gegner der Demokratie. Sie stammten vorwiegend aus den Kreisen der ehemals mächtigen Adeligen. Dem einfachen Volk trauten sie gute politische Entscheidungen nicht zu und wiesen auf Missstände und Gefahren der Demokratie hin.

Aus heutiger Sicht kann man die modernen Demokratieformen nicht mit der Polisdemokratie vergleichen. Die Demokratie des Alten Athens stößt immer wieder an ihre Grenzen: So gilt die Ausgrenzung einiger Gesellschaftsgruppen im modernen Verständnis als undemokratisch. Zudem wurden in der Volksversammlung Themen wie Wirtschaftspolitik, soziale Gerechtigkeit völlig ausgeklammert.

Tonscherbe: Mithilfe dieser Scherbe wurde Themistokles (Staatsmann und Feldherr Athens während der Bedrohung Athens durch die Perser) abgewählt und in die Verbannung geschickt.

GESCHICHTE	NAME: ______	KLASSE: ____	DATUM: ______	NR. ____

Volksherrschaft im Stadtstaat Athen

Perikles spricht in einer Volksversammlung vor bedeutenden Dichtern, Künstlern und Philosophen der Zeit.

Jahrhundertelang war Athen von ______________ und ______________ regiert worden. Dann entwickelten fortschrittlich denkende Männer eine neue Form der Staatsführung: die ______________ (= Volksherrschaft). Dieses Wort setzt sich zusammen aus dem griechischen Wort demos (das ______________) und kratein (______________).

Die Grundidee:
Jeder Bürger, der etwas für den Staat leistete, sollte auch ______________ bekommen. Diese Mitbestimmung wurde in der ______________ vollzogen, die etwa viermal im Monat auf der Agora stattfand. Wenn mindestens ______________ Bürger anwesend waren, konnte abgestimmt werden. Entscheidungen wurden mit ______________ Mehrheit getroffen. So konnten die Athener ihre neue Staatsform mit Recht „Volksherrschaft" (Demokratie) nennen.

Griechenland wird zum ______________ für die ______________ Entwicklung in Europa.

GESCHICHTE	NAME:	KLASSE:	DATUM:	NR.

Volksherrschaft im Stadtstaat Athen

Perikles spricht in einer Volksversammlung vor bedeutenden Dichtern, Künstlern und Philosophen der Zeit.

Jahrhundertelang war Athen von *Königen* und *Adeligen* regiert worden. Dann entwickelten fortschrittlich denkende Männer eine neue Form der Staatsführung: die *Demokratie* (= Volksherrschaft). Dieses Wort setzt sich zusammen aus dem griechischen Wort demos (das *Volk*) und kratein (*herrschen*).

Die Grundidee:
Jeder Bürger, der etwas für den Staat leistete, sollte auch *Mitsprache im Staat* bekommen. Diese Mitbestimmung wurde in der *Volksversammlung* vollzogen, die etwa viermal im Monat auf der Agora stattfand. Wenn mindestens *6000* Bürger anwesend waren, konnte abgestimmt werden. Entscheidungen wurden mit *einfacher* Mehrheit getroffen. So konnten die Athener ihre neue Staatsform mit Recht „Volksherrschaft“ (Demokratie) nennen.

Griechenland wird zum *Vorbild* für die *demokratische* Entwicklung in Europa.

THEMA

Demokratie – nicht für alle

LERNZIELE

Erkennen, dass in Athen nur die Vollbürger politische Rechte hatten.
Bewusst machen, dass Frauen vom politischen Leben ausgeschlossen waren.
Die einzelnen Gruppen der Gesellschaft Athens beschreiben können.
Bewusst machen, dass diese Anfänge der Demokratie noch nicht dieselben Freiheitsrechte gewährten wie moderne Demokratien.
Bewusst machen, dass es ca. 2000 Jahre dauerte, ehe Deutschland eine demokratische Regierungsform erhielt.

ARBEITSMITTEL/MEDIEN/LITERATURHINWEISE

Folie 1 (Die Bevölkerung Athens um 500 v. Chr.), 2 Informationsblätter, 1 Arbeitsblatt

Zusatz: 42 01285 „Sklavenalltag in Athen“ (13 min)

TAFELBILD/FOLIEN

Die Bevölkerung Athens um 500 v. Chr.

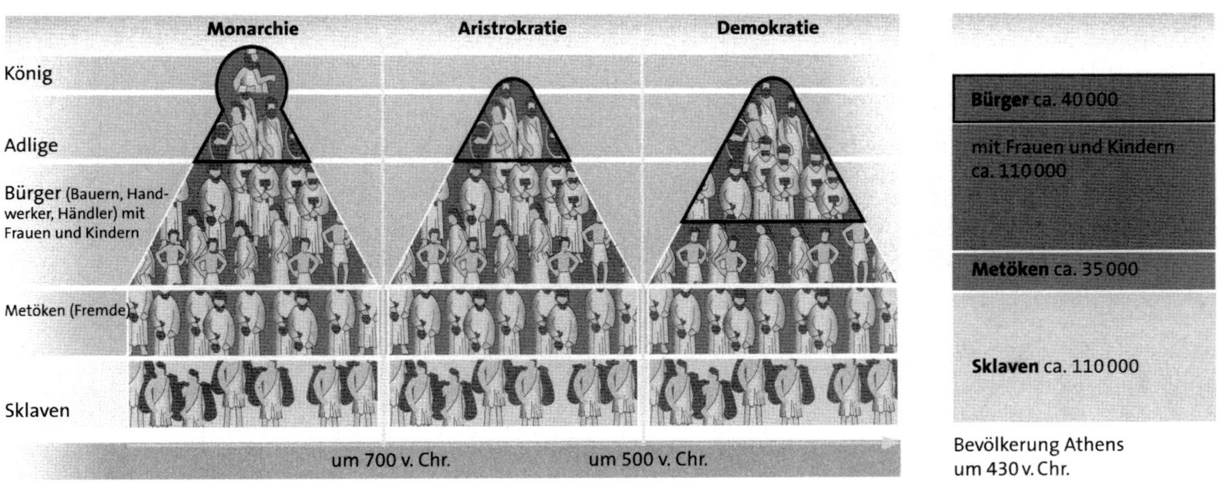

Das Schaubild zeigt, dass auch die Form der Demokratie nur den Vollbürgern politische Rechte zugestand.

I. **Hinführung:**

Folie 1 (Die Bevölkerung Athens um 500 v. Chr.)	S: Im antiken Griechenland haben nur Vollbürger politische Rechte.
Zielangabe	TA: **Demokratie – nicht für alle**

II. **Erarbeitung:**

AA/EA/PA/GA:
1. Wie viele Menschen lebten zur Zeit des Perikles in Athen?
2. Welche gesellschaftlichen Gruppen gab es?
3. Welche politischen Rechte hatten diese Gruppen?
4. Was gibt es über die Rolle der Frauen zu sagen?

Informationsblatt 1/Auswertung/LSG

S: 1 300 000 Menschen
2. a) Vollbürger
   b) Familienangehörige
   c) Freigelassene und Fremde
   d) Sklaven
3. Nur Vollbürger hatten politische Rechte.
4. Alle Frauen waren vom politischen Leben ausgeschlossen.

III. **Vertiefung:**

Gesamtwiederholung

IV. **Sicherung:**

Eintrag AB

V. **Ausweitung:**

Impuls

L: Wenn du die Demokratie der Athener mit unserer Regierungsform vergleichst … Was fällt dir auf?

S: Noch nicht ganz vergleichbar, aber immerhin 2000 Jahre vorher ausgeübt usw.

Demokratie – nicht für alle

Zur Zeit des Perikles lebten in Athen ca. 300 000 Menschen. Von ihnen hatten aber nur die Vollbürger politische Rechte. Sie konnten in der Volksversammlung mitreden und durften Beamte und Richter werden. Durch ihre Stimme gestalteten sie die Angelegenheiten der Stadt mit. Da alle Frauen vom öffentlichen und politischen Leben ausgeschlossen waren, blieb nur eine ziemlich kleine Gruppe freier Männer übrig, die politisch tätig werden durften. Die gesamten Familienangehörigen waren durch das Familienoberhaupt in der Volksversammlung vertreten.

Neben den frei geborenen Vollbürgern gab es noch viele zugewanderte Fremde und freigelassene Sklaven. Sie durften keinen Grundbesitz erwerben. Daher wandten sie sich meist dem Handwerk oder dem Handel zu. Manche von ihnen kamen zu Wohlstand. Wie die freien Athener halfen sie in Kriegszeiten dem Staat durch ihren Militärdienst. Sie zahlten auch Steuern. Am politischen Leben der Stadt durften sie jedoch nicht teilnehmen. Auch den Bürgern unterworfene oder fest verbündete Städte wurde keine oder nur geringe Mitsprache zugestanden, obwohl sie ebenfalls zum Aufstieg Athens beitrugen.

Den größten Bevölkerungsanteil stellten die Sklaven. Sie waren lebender Besitz ihres Herrn und besaßen keinerlei Rechte. In Haus, Betrieb oder Landwirtschaft leisteten sie die anfallenden Arbeiten. Dadurch gewann der Hausherr genügend Zeit für die Diskussion in der Volksversammlung oder für ein öffentliches Amt.

Die Sklaverei betrachtete der überwiegende Teil der Bürger als natürliche Sache. Sklaven waren meist Kriegsgefangene oder deren Nachkommen. Sie wurden auf dem Markt wie eine Ware gehandelt. Zeitlebens blieben sie unfrei, wenn ihnen ihr Besitzer nicht die Freiheit schenkte.
Ohne die schwere Arbeit des Sklaven wäre Athen nicht lebensfähig gewesen. Trotzdem wurde Sklavenarbeit, wie überhaupt alle handwerkliche oder bäuerliche Arbeit, verachtet. Menschen, die für ihren Lebensunterhalt körperlich arbeiteten, nannten die freien Athener abwertend „Banausen“ (= Ungebildete).

So hatten die Athener zwar einen Schritt zu einer Demokratie getan. Freiheit und Gleichheit, wie sie unsere Demokratie gewährt, kamen aber nicht allen Menschen zu. Obwohl der erste Schritt klein war, so sollten wir nicht vergessen, dass die gesamte damalige Welt anders regiert wurde. Des Weiteren dauerte es mehr als 2000 Jahre, bis in Deutschland Demokratie verwirklicht wurde. Auch heute noch besitzen viele Menschen nicht annähernd die Rechte der freien Athener.

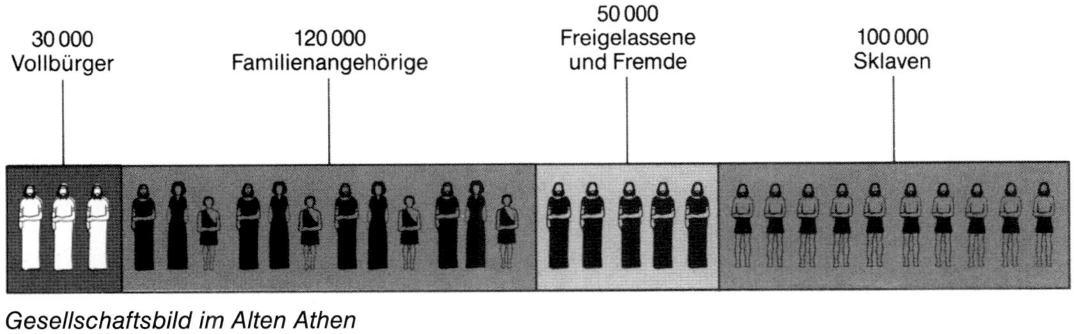

Gesellschaftsbild im Alten Athen

Bei den großen griechischen Denkern wurde die Demokratie in Athen schon damals sehr kritisch gesehen:

Der Philosoph Sokrates (469–399 v. Chr.) hielt die Demokratie für völlig unsinnig, da sie die Macht in die Hände von gewöhnlichen Bürgern legte. Er verglich sie mit einem Schiff, das nicht lenkbar sei, wenn es nicht eine klare Aufgabenverteilung gäbe.

Aristoteles – ein weiterer Philosoph (384–322 v. Chr.) – wollte die Demokratie in gemäßigter Form. Er schlug eine Mischform aus Oligarchie (Herrschaft weniger) und Demokratie vor: So sollte das Volk lediglich Amtsträger wählen dürfen und von diesen Rechenschaft fordern. Die Entscheidungsgewalt sollte aber bei Beamten liegen.

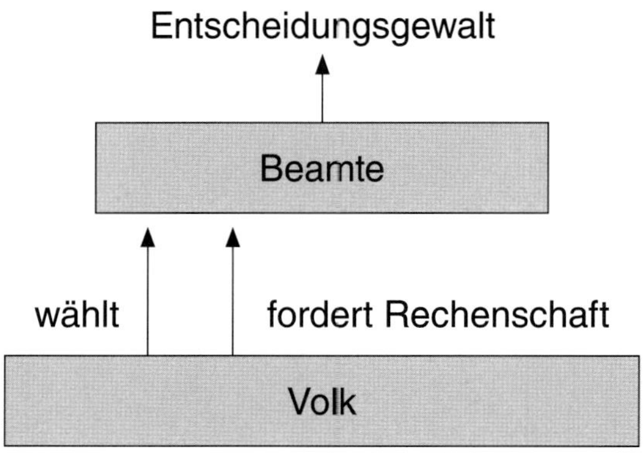

Die richtige Staatsform nach Aristoteles

Mit diesem Hintergrundwissen ist das anschließende Zitat von Aristoteles besser zu verstehen. (Man findet es in seinem Buch über die Politik.)

„Der Mann ist zur Leitung von Natur aus mehr geeignet als das Weib. Gleiches gilt von Älteren und Erwachsenen gegenüber Jüngeren …
Es gibt von Natur mehrere Arten zu herrschen und zu dienen. Denn jeweils anders herrscht der Freie über den Sklaven, der Mann über das Weib, der Erwachsene über das Kind. Bei allen finden sich die Teile der Seele, aber in verschiedener Art.
Der Sklave besitzt den planenden Verstand überhaupt nicht. Das Weib besitzt ihn zwar, *aber ohne Entscheidungskraft. Das Kind besitzt ihn, aber noch unvollkommen.“*

Aristoteles

GESCHICHTE	NAME: ______________	KLASSE: ____	DATUM: __________	NR. ____

Demokratie – nicht für alle

Zur Zeit des Perikles lebten in Athen ca. ______________ Menschen.
Aber nur ein Zehntel von ihnen hatte politische Rechte. Bestimmten Gruppen von Menschen wurden überhaupt keine politische Rechte zugestanden, die ______________ waren generell vom öffentlichen und politischen Leben ausgeschlossen.

Die Bevölkerungsgruppen und ihre politischen Rechte:

1. ______________________:
   Nur sie hatten politische Rechte. Durch ihre Stimme gestalteten sie die ______________ der Stadt mit.

2. ______________________:
   Sie waren durch das Familienoberhaupt in der Volksversammlung vertreten.

3. ______________________:
   Sie durften keinen ______________ erwerben. Daher wandten sie sich dem Handwerk oder dem Handel zu. Sie zahlten zwar ______________, durften am politischen Leben der Stadt aber nicht teilnehmen.

4. ______________:
   Sie wurden auf dem Markt wie eine Ware gehandelt. Ihr Leben lang blieben sie ______________, wenn ihnen ihr Besitzer nicht die Freiheit schenkte.

Trage die Anteile der einzelnen Bevölkerungsgruppen in den Balken ein und markiere den Anteil der Menschen mit politischen Rechten farbig!

GESCHICHTE	NAME:	KLASSE:	DATUM:	NR.

Demokratie – nicht für alle

Zur Zeit des Perikles lebten in Athen ca. *300 000* Menschen.
Aber nur ein Zehntel von ihnen hatte politische Rechte. Bestimmten Gruppen von Menschen wurden überhaupt keine politische Rechte zugestanden, die *Frauen* waren generell vom öffentlichen und politischen Leben ausgeschlossen.

Die Bevölkerungsgruppen und ihre politischen Rechte:

1. *Vollbürger*:
   Nur sie hatten politische Rechte. Durch ihre Stimme gestalteten sie die *Geschicke* der Stadt mit.

2. *Familienangehörige*:
   Sie waren durch das Familienoberhaupt in der Volksversammlung vertreten.

3. *Freigelassene und Fremde*:
   Sie durften keinen *Grundbesitz* erwerben. Daher wandten sie sich dem Handwerk oder dem Handel zu. Sie zahlten zwar *Steuern*, durften am politischen Leben der Stadt aber nicht teilnehmen.

4. *Sklaven*:
   Sie wurden auf dem Markt wie eine Ware gehandelt. Ihr Leben lang blieben sie *unfrei*, wenn ihnen ihr Besitzer nicht die Freiheit schenkte.

Trage die Anteile der einzelnen Bevölkerungsgruppen in den Balken ein und markiere den Anteil der Menschen mit politischen Rechten farbig!

Vollbürger	Familien-angehörige	Freige-lassene/ Fremde	Sklaven

THEMA

Der Kampf um Troja – Sage und Wirklichkeit

LERNZIELE

Bewusst machen, dass über das Volk der Achäer wenig überliefert worden ist.
Erkennen, dass in Form von Sagen Zeugnisse aus dem Altertum überliefert worden sind.
Die Sage vom Kampf um Troja kennenlernen.
Die Begriffe „Ilias“ und „Odysse“ erläutern können.
Erkennen, dass Heinrich Schliemann Troja entdeckte.
Bewusst machen, dass er diese Entdeckung aufgrund von Auszügen aus der Sage um das trojanische Pferd machte.

ARBEITSMITTEL/MEDIEN/LITERATURHINWEISE

Folie 1 (Eroberung von Troja), 2 Informationsblätter, 1 Arbeitsblatt

TAFELBILD/FOLIEN

Eroberung von Troja

I.	**Hinführung:**	
	Folie 1 (Eroberung von Troja)	S: Das Trojanische Pferd …
	Zielangabe	TA: **Der Kampf um Troja – Sage und Wirklichkeit**
II.	**Erarbeitung:**	
	1. TZ: Bedeutung der Sagen	S: Sagen berichten über Griechenland im Altertum – Achäer 1900 v. Chr. – 1200 v. Chr. Eroberung der Stadt Troja durch die Griechen
	2. TZ: Inhalt der Sage	S: Entführung der schönen Helena durch den trojanischen Königssohn Paris – Griechen ziehen gegen Troja – Zehn Jahre Belagerung – Trojanisches Pferd – Eroberung der Stadt
III.	**Vertiefung:**	
	Gesamtwiederholung	
	3. TZ: Ilias und Odyssee	S: – Ilias ist die Sage vom Kampf um Troja. – Die Odyssee ist die Sage von der Rückkehr des Odysseus in seine Heimat.
IV.	**Sicherung:**	
	Eintrag AB	
V.	**Ausweitung:**	
	4. TZ: Ausgrabungen	S: Heinrich Schliemann suchte und fand nach den Schilderungen aus der Ilias die Überreste der Stadt.

Der Kampf um Troja – Sage und Wirklichkeit

Um das Jahr 1900 v. Chr. wanderte ein fremdes Volk aus dem Norden, die Achäer, nach Griechenland ein. Sie setzten sich überall im Lande fest, betrieben Landwirtschaft und bauten Städte und starke Burgen, z. B. Argos, Sparta und Mykene. Von den Landesbewohnern übernahmen sie Sprache und Kultur. Ebenso erlernten sie die Schifffahrt und besetzten daraufhin die Inseln und Teile der klein-asiatischen Küste.
Über die Geschichte der Achäer wissen wir wenig. Es gibt kaum Zeugnisse aus ihrem Leben. Nur aus den Sagen, die in Griechenland von Generation zu Generation weitergegeben wurden, erhalten wir zumindest eine Vorstellung vom Leben aus diesen frühen Tagen.
Vermutlich um das Jahr 1200 v. Chr. eroberten die Griechen die Stadt Troja in Kleinasien, in der heutigen Türkei. Von diesem Kampf um Troja und vom „Trojanischen Pferd" erzählt die folgende Sage:

Der trojanische Königssohn Paris entführte die Frau des Spartanerkönigs, die schöne Helena. Daraufhin zogen die Griechen unter der Führung des Agamemnon in den Krieg gegen die Stadt Troja in Kleinasien. Nachdem die Griechen die Stadt über zehn Jahr belagert hatten und sie immer noch nicht erobern konnten, griffen sie zu einer List: Auf Befehl des Odysseus bauten sie ein großes Holzpferd, stellten es vor die Stadt und taten so, als seien sie in ihre Heimat zurückgesegelt. Die Trojaner – neugierig geworden – kamen aus ihrer Stadt und sahen sich das Werk der Griechen an. Anschließend zogen sie dieses hölzerne Pferd voller Freude in die Stadt und feierten den Abzug der Griechen, die die Stadt zehn Jahre belagert hatten, sie aber nicht einnehmen konnten.
In der Nacht jedoch entstiegen dem trojanischen Pferd die griechischen Krieger, die sich in ihm versteckt hatten, öffneten den griechischen Kämpfern, die sich vor der Stadt verborgen gehalten hatten, die Tore und konnten nun die Stadt einnehmen. Tod und Gefangenschaft waren das Los der Trojaner.

Diese Sage war jahrhundertelang weitererzählt worden. Erst der Dichter Homer hat ca. 800 v. Chr. in der „Ilias" (Ilion = alter Name für Troja) die Taten der Helden und die Leiden der Menschen aufgeschrieben. Ebenso berichtet er in der „Odyssee" von der abenteuerlichen Heimfahrt des Odysseus.

Homer

Ausgrabungen bestätigen den Kern der Sage

Viele Menschen hielten bis vor wenigen Jahrzehnten die Geschichten der „Ilias" für Erfindungen der Dichter. Der Kaufmann Heinrich Schliemann aus Mecklenburg war aber überzeugt davon, dass die „Ilias" geschichtliche Tatsachen berichtete.
Darum begann er in Kleinasien an der Stelle, wo er Troja vermutete, zu graben.

Als Anhaltspunkt diente ihm eine Stelle der Sage, mit der Homer die Gegend von Troja beschrieb:

„Und sie erreichten die zwei schön sprudelnden Quellen, woher sich
beide Bäch" ergießen des wirbelvollen Skamandros.
Eine rinnt beständig mit warmer Flut, und umher ihr
wallt aufsteigender Dampf, wie der Rauch des brennenden Feuers;
aber die andere fließt im Sommer auch kalt, wie der Hagel
oder des Winters Schnee und gefrorene Schollen des Eises."

Heinrich Schliemann suchte und fand nach dieser Schilderung nahe der Meerengen in einem Hügel die Überreste der umkämpften Stadt.

Heinrich Schliemann – Entdecker Trojas

Troja: Amphitheater

Troja: Stadtmauern

GESCHICHTE	NAME: ____________	KLASSE: ____	DATUM: ________	NR. ____

Der Kampf um Troja – Sage und Wirklichkeit

Auf dem Krater (= Vasenform) sieht man links Helena und Paris. Paris hat gerade den Zweikampf mit König Menelaos, dem Gemahl Helenas, verloren. Er wurde nur durch das Eingreifen der Göttin Aphrodite gerettet. Das zweite Paar stellt Hektor und Andromache dar. Hektor spielt in der Ilias von Homer ebenfalls eine bedeutende Rolle.

Die Sage:

Der trojanische Königssohn ________________ entführte die Frau des Königs von Sparta, die schöne ________________. Daraufhin zogen die Griechen gegen die Stadt ________________ in Kleinasien (heutige Türkei).
Die Griechen belagerten die Stadt über zehn Jahre lang, konnten sie aber nicht erobern. Deshalb griffen sie zu einer List: Auf Befehl des ________________ bauten sie ein ____________________ und versteckten darin einige Krieger. Die Trojaner zogen dieses Pferd in die Stadt. In der Nacht stiegen die Griechen heraus, öffneten die Tore, eroberten die Stadt, töteten viele Trojaner und nahmen die anderen gefangen.

Die Wirklichkeit:

Der Forscher ________________________ war davon überzeugt, dass die Sage über den Kampf um Troja auf einer wahren Begebenheit beruhte. Die Sage beschrieb auch die Gegend von Troja. Nach dieser Schilderung suchte und fand er nahe der Meerengen die Überreste der umkämpften Stadt.

Die Sage über den Kampf um Troja (die ____________) und über die Heimkehr des Odysseus (die ________________) vermitteln uns eine Vorstellung über das Leben der Griechen im Altertum.

Der Kampf um Troja – Sage und Wirklichkeit

Auf dem Krater (= Vasenform) sieht man links Helena und Paris. Paris hat gerade den Zweikampf mit König Menelaos, dem Gemahl Helenas, verloren. Er wurde nur durch das Eingreifen der Göttin Aphrodite gerettet. Das zweite Paar stellt Hektor und Andromache dar. Hektor spielt in der Ilias von Homer ebenfalls eine bedeutende Rolle.

Die Sage:

Der trojanische Königssohn ______*Paris*______ entführte die Frau des Königs von Sparta, die schöne ______*Helena*______. Daraufhin zogen die Griechen gegen die Stadt ______*Troja*______ in Kleinasien (heutige Türkei).
Die Griechen belagerten die Stadt über zehn Jahre lang, konnten sie aber nicht erobern. Deshalb griffen sie zu einer List: Auf Befehl des ______*Odysseus*______ bauten sie ein ______*hölzernes Pferd*______ und versteckten darin einige Krieger. Die Trojaner zogen dieses Pferd in die Stadt. In der Nacht stiegen die Griechen heraus, öffneten die Tore, eroberten die Stadt, töteten viele Trojaner und nahmen die anderen gefangen.

Die Wirklichkeit:

Der Forscher ______*Heinrich Schliemann*______ war davon überzeugt, dass die Sage über den Kampf um Troja auf einer wahren Begebenheit beruhte. Die Sage beschrieb auch die Gegend von Troja. Nach dieser Schilderung suchte und fand er nahe der Meerengen die Überreste der umkämpften Stadt.

Die Sage über den Kampf um Troja (die ______*Ilias*______) und über die Heimkehr des Odysseus (die ______*Odyssee*______) vermitteln uns eine Vorstellung über das Leben der Griechen im Altertum.

THEMA

Die Götterwelt der Griechen

LERNZIELE

Die Vorstellungen der Griechen von ihren Göttern kennenlernen.
Den Begriff „Mythos“ erläutern können.
Den Olymp als Sitz der Götter kennenlernen.
Die Bedeutung eines Orakels erklären können.
Delphi als bedeutende Orakelstätte kennenlernen.
Die Namen bedeutender Götter der Griechen kennenlernen.

ARBEITSMITTEL/MEDIEN/LITERATURHINWEISE

Folie 1 (Götter der Griechen), 2 Informationsblätter, 1 Arbeitsblatt

TAFELBILD/FOLIEN

Götter der Griechen: Athene und der Meeresgott Poseidon griffen auch in die Kämpfe um Troja ein.

I. Hinführung:

Folie 1 (Götter der Griechen)	S: Informationen über griechische Götter sammeln (Brainstorming)
Zielangabe	TA: **Die Götterwelt der Griechen**

II. Erarbeitung:

1. TZ: Die Götterwelt der Griechen	S: Die Welt wird von zahlreichen Göttern bestimmt – Glauben an überirdische Vorgänge = Mythos – Olymp ist der Sitz der Götter – Wille der Götter kommt im Orakel zum Ausdruck – Bedeutendster Ort: Delphi
2. TZ: Die Götter der Griechen	S: Zeus – oberster Gott Hera – Göttin der Ehe … Athene – Göttin der Weisheit Ares – Gott des Krieges Aphrodite – Göttin der Liebe … Poseidon – Gott des Meeres Artemis – Göttin der Jagd … Nike – Göttin des Sieges Eros – Gott der Liebe Dionysos – Gott der Fruchtbarkeit … Apollon – Gott der Musik … Hermes – Bote der Götter … Hades – Gott der Unterwelt Helios – Gott der Sonne Demeter – Göttin der Ernte Hephaistos – Schmied der Götter

III. Vertiefung:

Gesamtwiederholung

IV. Sicherung:

Eintrag AB

V. Ausweitung:

Lehrerinfo	L: Griechische Götternamen spielen heute auch in der Werbung eine Rolle. Der Sportartikelhersteller Nike bedient sich der griechischen Siegesgöttin, der Hermes-Versand des griechischen Gottes des Handels.

Die Götterwelt der Griechen

Nach griechischem Glauben wurde die Welt von zahlreichen Gottheiten bestimmt. Die Griechen waren der Überzeugung, dass Naturereignisse wie Gewitter, Hagel, Erdbeben, Vulkansausbrüche, Überschwemmungen, Sonnenschein und Regen aus den Launen der Gottheiten entstehen.

Das Meer war für die Griechen nicht nur eine riesigen Wassermasse, der Wald nicht nur eine Ansammlung von Bäumen. Im Toben der Wellen und im Rauschen der Bäume glaubten sie, die Sprache der Götter zu erkennen. Diese verherrlichende Sicht der Dinge, den Glauben an überirdische Einwirkungen nennt man „Mythos“.

Die Griechen verehrten viele Götter. Als Wohnsitz der Götter galt der Olymp, mit fast 3000 m der höchste Berg Griechenlands. Von dort würden die Götter häufig zur Erde niedersteigen, um unerkannt unter den Menschen zu leben.

Vor allen wichtigen Entscheidungen der Menschen wollten sie den Willen der Götter erforschen. Priester beherrschten die Kunst der Weissagung. Ihr Voraussagungen nannte man Orakelsprüche. Zu den berühmtesten Orakelstätten des Altertums gehörte das Heiligtum des Gottes Apollon in Delphi. Eine Prophetin namens Pythia gab Antworten auf die Fragen, die dem Gott gestellt wurden. Priester deuteten den Orakelspruch für den Fragenden.

Pythia gibt Fragenden Antwort.

Die Götter der Griechen

Ein Überblick:

Zeus	Oberster Gott, König der Menschen und Götter, schickte Donner und Blitz, Sonnenschein und Regen (mit Blitz dargestellt).
Hera	Göttin der Ehe, der verheirateten Frauen, der Kinder und des Hauses (mit Zeus verheiratet).
Athene	Göttin der Weisheit, der Wissenschaften und Künste
Ares	Gott des Krieges
Aphrodite	Göttin der Liebe und Schönheit
Poseidon	Gott des Meeres (mit Dreizack dargestellt)
Artemis	Göttin der Jagd, des Mondes, Hüterin der Städte, der jungen Tiere und der Frauen
Nike	Göttin des Sieges (erst sehr spät verehrt; oft mit Flügeln dargestellt)
Eros	Gott der Liebe
Dionysos	Gott der Fruchtbarkeit, der Ekstase, (dargestellt mit Thyrosstab = Stab mit Pinienzapfen)
Apollon	Gott der Musik, der Sonne, Schutzherr der Wahrheit (oftmals mit Helios gleichgesetzt)
Hermes	Bote der Götter, Beschützer der Herden, der Diebe, der Kaufleute und Wanderer
Hades	Gott der Unterwelt
Helios	Gott der Sonne (wurde nur wenig verehrt; fährt im Feuerwagen über den Himmel)
Demeter	Göttin der Ernte
Hephaistos	Schmied der Götter (hinkend dargestellt)

Interessant in diesem Zusammenhang die heutige Verwendung des Namens „Nike“: Der Sportartikelhersteller verwendet für seine Kollektion den Namen der griechischen Siegesgöttin als Werbeträger für sportlichen Erfolg.
Auch in dem Wort „Olympioniken“ finden wir die griechische Göttin. In der heutigen Bedeutung sind damit üblicherweise die Teilnehmer an einer Olympiade gemeint. Dem eigentlichen Sinn nach ist dies aber falsch. In der ursprünglichen Bedeutung trifft dieses Wort nur auf die Sieger eines Wettkampfes zu. Die „Olympioniken“ sind also eigentlich alle Sieger eines olympischen Wettkampfes.

GESCHICHTE	NAME: ____________	KLASSE: ____	DATUM: ________	NR. ____

Die Götterwelt der Griechen

Nach griechischem Glauben wurde die Welt von zahlreichen ________________________ bestimmt. Diese verherrlichende Sicht der Dinge, den Glauben an überirdische Einwirkungen nennt man ________________________.

Als Wohnsitz der Götter galt der höchste Berg Griechenlands, der ________________.

Vor allen wichtigen Entscheidungen der Menschen wollten sie den Willen der Götter erforschen. Diese Voraussagungen nannte man ________________________.

Zu den bekanntesten Orakelstätten gehörte das Heiligtum des Gottes Apollon in ____________________.

Trage in die Karte folgende Orte ein: Athen – Olymp – Delphi!

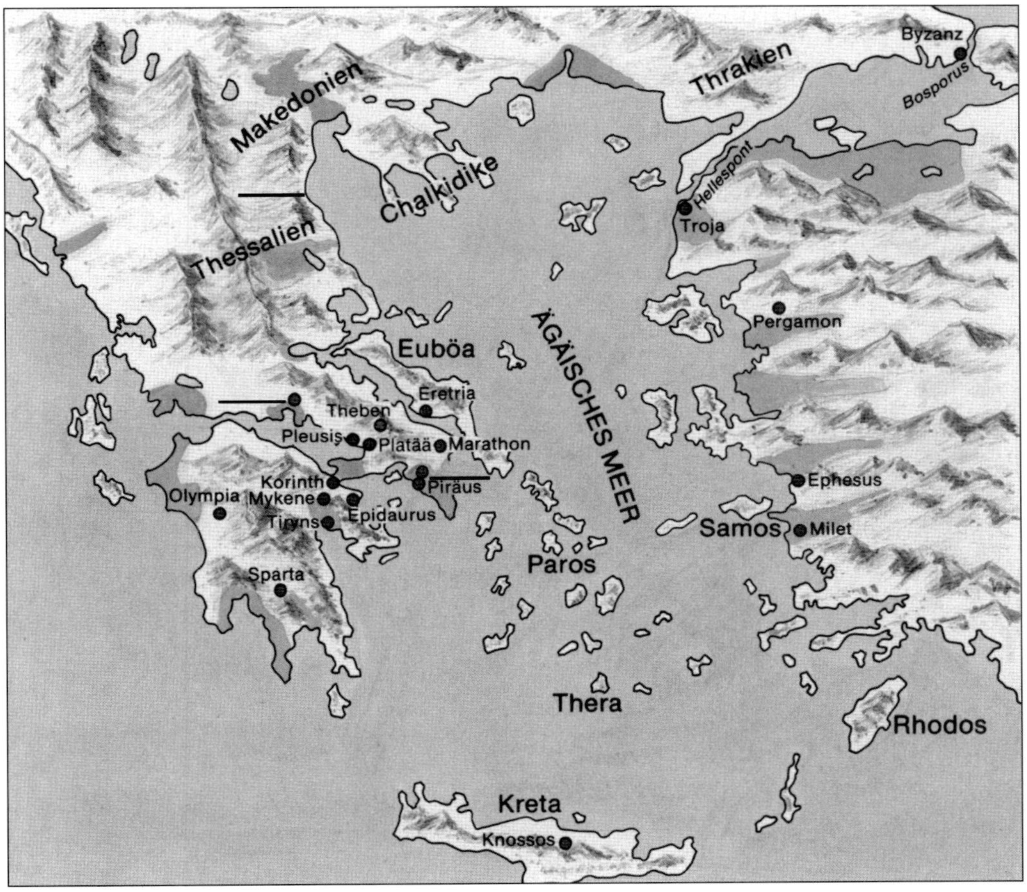

Einige Götter der Griechen:

________________: Oberster Gott	________________: Gattin des Zeus
________________: Gott des Krieges	________________: Gott des Meeres
________________: Göttin der Jagd	________________: Göttin des Sieges
________________: Gott der Liebe	________________: Göttin der Weisheit
________________: Gott der Musik	________________: Bote der Götter

GESCHICHTE	NAME:	KLASSE:	DATUM:	NR.

Die Götterwelt der Griechen

Nach griechischem Glauben wurde die Welt von zahlreichen *Gottheiten* bestimmt. Diese verherrlichende Sicht der Dinge, den Glauben an überirdische Einwirkungen nennt man *„Mythos"*.

Als Wohnsitz der Götter galt der höchste Berg Griechenlands, der *Olymp*.

Vor allen wichtigen Entscheidungen der Menschen wollten sie den Willen der Götter erforschen. Diese Voraussagungen nannte man *Orakel*.

Zu den bekanntesten Orakelstätten gehörte das Heiligtum des Gottes Apollon in *Delphi*.

Trage in die Karte folgende Orte ein: Athen – Olymp – Delphi!

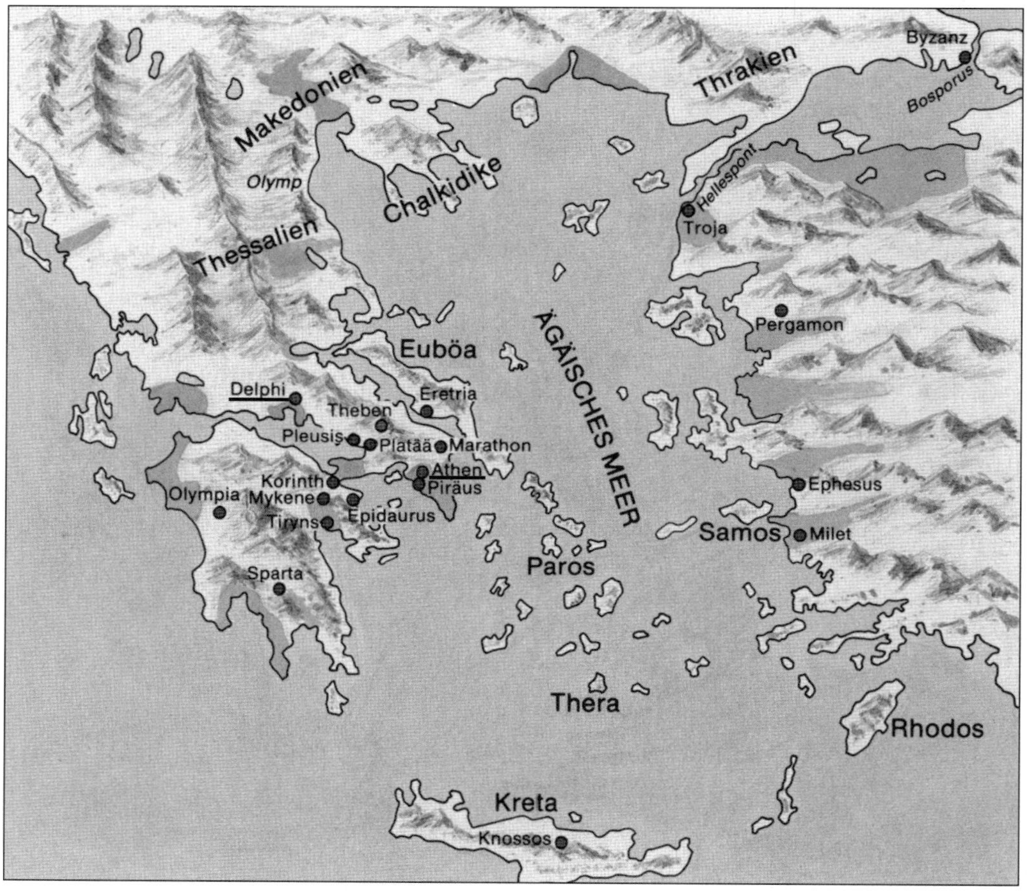

Einige Götter der Griechen:

Zeus	: Oberster Gott	*Hera*	: Gattin des Zeus
Ares	: Gott des Krieges	*Poseidon*	: Gott des Meeres
Artemis	: Göttin der Jagd	*Nike*	: Göttin des Sieges
Eros	: Gott der Liebe	*Athene*	: Göttin der Weisheit
Apollon	: Gott der Musik	*Hermes*	: Bote der Götter

THEMA

Olympische Spiele – Wettkämpfe zu Ehren der Götter

LERNZIELE

Bewusst machen, dass die Olympischen Spiele zu Ehren des Zeus durchgeführt wurden.
Erkennen, dass die ersten Spiele 776 v. Chr. abgehalten wurden.
Den Ablauf der Spiele erläutern können.
Bewusst machen, dass während der Spiele Frieden in Griechenland herrschte.
Erkennen, dass bei den Spielen nur der Sieger zählte.
Erfahren, dass die Spiele durch die Römer verboten wurden.
Bewusst machen, dass die ersten Spiele der Neuzeit 1896 in Athen stattfanden.
Bewusst machen, dass Olympia heute eine der bedeutendsten Sehenswürdigkeiten Griechenlands ist.

ARBEITSMITTEL/MEDIEN/LITERATURHINWEISE

Folie 1(Olympische Disziplinen), 2 Informationsblätter, 1 Arbeitsblatt

Zusatz: 42 02158 „Die Olympischen Spiele in der Antike“ (1997 – 14 min)

TAFELBILD/FOLIEN

Olympische Disziplinen

Diskuswerfer

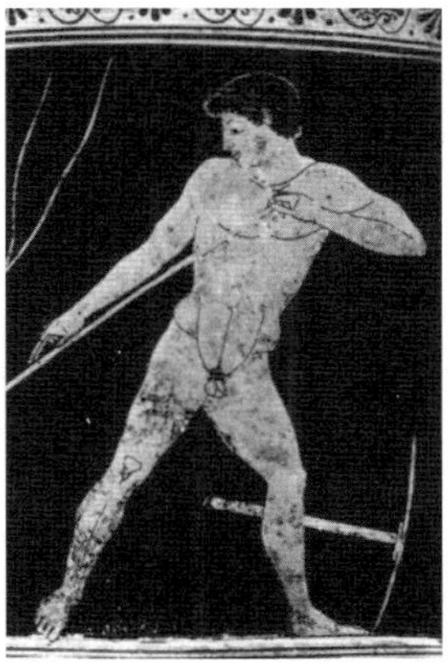

Speerwerfer

Ringer

Wagenlenker

I.	**Hinführung:**	
	Folie 1 (Olympische Disziplinen)	S: Die Olympiade ist ein sportlicher Wettkampf.
	Zielangabe	TA: **Olympische Spiele – Wettkämpfe zu Ehren der Götter**
II.	**Erarbeitung:**	
	1. TZ: Wettkämpfe zu Ehren der Götter	S: Verehrung des Zeus – Erste Spiele 776 v. Chr. – Programm über fünf Tage – Austragung alle vier Jahre
III.	2. TZ: Ein großes Fest	S: Olympia = größtes Fest der Griechen – Drei Monate Frieden – Frauen dürfen nicht teilnehmen
	3. TZ: Nur der Sieg zählt	S: Nur der Sieger zählte – Sieger bekamen Häuser, Grundbesitz, lebenslange Rente
IV.	**Vertiefung:**	
	Gesamtwiederholung	
	4. TZ: Weitere Entwicklung	S: 1000 Jahre lang Olympische Spiele – Verbot durch die Römer 393 n. Chr. – Im Jahr 1896 erste Spiele der Neuzeit in Athen
IV.	**Sicherung:**	
	Eintrag AB	
V.	**Ausweitung:**	
	Impuls	L: Heute hat Olympia für Griechenland wieder eine besondere Bedeutung. S: Eine der größten Sehenswürdigkeiten …

Die Olympischen Spiele

Nur der Sieg zählt

Für die Wettkämpfer ging es um den Sieg. Einen zweiten oder dritten Platz würdigten die Griechen nicht. Der Sieg allerdings lohnte sich. Ein Olympiasieger wurde oft ein reicher Mann. Die Heimatstädte beschenkten ihre Helden mit Häusern und Grundbesitz. Häufig erhielten sie auch eine lebenslange Rente.

Die weitere Entwicklung der Olympischen Spiele

Die Olympischen Spiele des Altertums wurden über tausend Jahre lang durchgeführt. Dann allerdings kamen die römischen Eroberer nach Griechenland. Die Römer betrachteten die Spiele als unchristlich und deshalb verbot im Jahr 393 der römische Kaiser Theodosius I. die Olympischen Spiele.

Erst im Jahr 1896 wurden sie als friedliches Fest der Jugend der Welt wieder ins Leben gerufen. Seither treffen sich (mit wenigen Ausnahmen) alle vier Jahre Athleten aus aller Welt, um die Sieger in derzeit ca. 300 Disziplinen zu ermitteln.
Die letzten Olympischen Sommerspiele in Deutschland fanden 1972 in München statt. Athen war letztmals im Jahr 2004 Gastgeber der Olympischen Spiele.

Olympia im Überblick

Speerwurf:
Am Speer war eine Lederschlaufe befestigt. Darin fanden Zeige- und Mittelfinger des Athleten Halt, wodurch er den Speer weiter werfen konnte.

Diskuswerfen:
Die Scheibe bestand aus Stein oder Metall.

Laufen:
In vier verschiedenen Wettläufen wurde nur geradeaus gelaufen.
Einfacher Lauf: Eine Stadionlänge
Diaulos: Zwei Stadionlängen
Dolichos: Langstrecke, 7–24 Stadionlängen
Waffenlauf: mit Helm, Beinschutz und Schild

Ringen:
Gekämpft wurde stehend und mit bloßen Händen. Das Los bestimmte den Gegner. Wer dreimal den Boden berührte, hatte verloren.

Weitsprung:
Gesprungen wurde aus dem Stand mit zwei Hanteln aus Stein oder Metall. Der Gebrauch der Hanteln erforderte einen koordinierten Bewegungsablauf. Deshalb richteten sich die Bewegungen nach dem Rhythmus eines Flötenstücks.

Die Laufbahn hatte eine Länge von 192,25 m. Daraus wurde das alte griechische Längenmaß *Stadion* abgeleitet. Der Stadionboden bestand aus gestampfter Erde.

Die Organisatoren und Kampfrichter saßen auf einer Tribüne.

Der Siegeskranz:
Bei den Olympischen Spielen der Antike zählte nur der erste Platz. Der Sieger wurde mit einem Laubkranz ausgezeichnet. In Olympia bestand er aus den Zweigen eines Olivenbaums.

1000 v. Chr. — 1 n. Chr. — 1000

776 v. Chr.
Erste überlieferte Spiele

470–456 v. Chr.
Blütezeit von Olympia, Bau des Zeustempels

67 n. Chr.
Nero nimmt an den Spielen teil und gewinnt aufgrund unfairer Machenschaften fast alle Preise.

393 n. Chr.
Verbot der Spiele durch Kaiser Theodosis I.

551 n. Chr.
Große Teile von Olympia werden durch ein Erdbeben zerstört.

1875
Beginn wissenschaftlicher Grabungen

1896
Erste Olympiade der Neuzeit

GESCHICHTE	NAME: ______	KLASSE: ____	DATUM: ______	NR. ____

Olympische Spiele – Kämpfe zu Ehren der Götter

Diskuswerfer

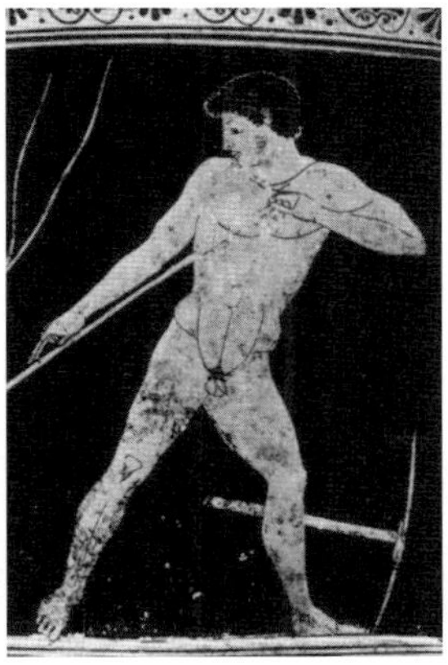

Speerwerfer

Ringer

Wagenlenker

Die ersten Olympischen Spiele fanden im Jahr ______________________ in ______________________ zu Ehren des Göttervaters ______________________ statt.

Alle ______________________ Jahre fanden die Spiele statt. Die Zeit zwischen diesen Spielen bezeichnet man als ______________________ . Während der Zeit der Spiele herrschte ______________________ in Griechenland.

______________________ blieben sowohl als Teilnehmer als auch als Zuschauer von den Spielen ausgeschlossen.

Für die Griechen zählte nur der ______________________ . Er wurde reich belohnt:

____ .

Über 1000 Jahre später geriet Griechenland unter die Herrschaft der ______________________ . Kaiser Theodosius I. ______________________ im Jahr 393 die Olympischen Spiele.

Im Jahr ______________________ fanden die ersten Olympischen Spiele der Neuzeit in ______________________ statt.

GESCHICHTE	NAME:	KLASSE:	DATUM:	NR.

Olympische Spiele – Kämpfe zu Ehren der Götter

Diskus-werfer

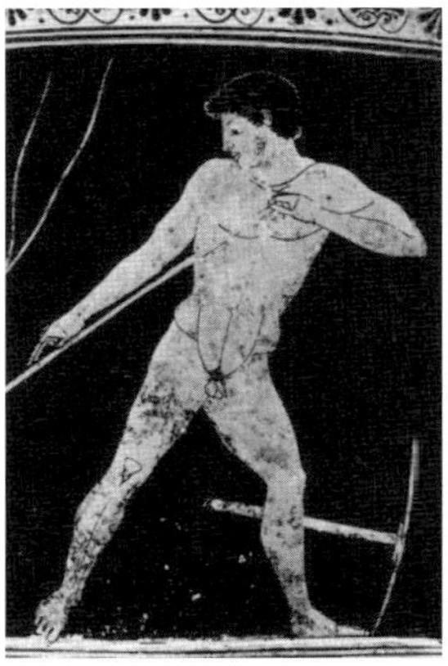
Speer-werfer

Ringer

Wagenlenker

Die ersten Olympischen Spiele fanden im Jahr _776 v. Chr._ in _Olympia_ zu Ehren des Göttervaters _Zeus_ statt.
Alle _vier_ Jahre fanden die Spiele statt. Die Zeit zwischen diesen Spielen bezeichnet man als _Olympiade_. Während der Zeit der Spiele herrschte _Frieden_ in Griechenland.
Frauen blieben sowohl als Teilnehmer als auch als Zuschauer von den Spielen ausgeschlossen.
Für die Griechen zählte nur der _Sieger_. Er wurde reich belohnt: _Häuser, Grundstücke, Rentenzahlungen_.
Über 1000 Jahre später geriet Griechenland unter die Herrschaft der _Römer_. Kaiser Theodosius I. _verbot_ im Jahr 393 die Olympischen Spiele.
Im Jahr _1896_ fanden die ersten Olympischen Spiele der Neuzeit in _Athen_ statt.

THEMA

Griechische Kunst und Kultur

LERNZIELE

Erkennen, dass griechische Bildhauer, Architekten, Maler und Dichter der Nachwelt großartige Meisterwerke hinterlassen haben.
Beispiele aus dem Bereichen Architektur, Bildhauerei, Malerei und Dichtung nennen können.
Bewusst machen, dass griechische Kunst auch Vorbild für bekannte Bauwerke in Deutschland war.

ARBEITSMITTEL/MEDIEN/LITERATURHINWEISE

Folie 1 (Theater in Epidauros), 2 Informationsblätter, 1 Arbeitsblatt

Zusatz: 42 73459 „Delphi – Zur Geschichte Griechenlands“ (15 min)

TAFELBILD/FOLIEN

Theater in Epidauros (3. Jahrhundert v. Chr.; im 2. Jahrhundert v. Chr. vergrößert) gilt als das besterhaltendste Griechenlands.

I.	**Hinführung:**	
	Folie 1 (Theater in Epidauros)	S: Das Theater scheint sehr groß zu sein.
	Zielangabe	TA: **Griechische Kunst und Kultur**
II.	**Erarbeitung:**	
	Informationsblätter 1/2 – AA	L: Nenne die Bedeutung griechischer Kunst und Kultur in den Bereichen: – Architektur – Malerei – Bildhauerei – Dichtung
	Auswertung/LSG	S: – Tempelbauten mit Gestaltung des Giebelfeldes – drei verschiedene Säulenformen – Malereien auf Tempelwänden – Bilder auf Vasen – Standbilder aus Stein gehauen – Ideale Maßverhältnisse des menschlichen Körpers – Theateraufführungen sind Opferfeier, Diskussionsformen, Volksfest und Darstellung des Dichters
III.	**Vertiefung:**	
	Gesamtwiederholung (verschiedene Bilder)	S. erläutern die einzelnen Bilder.
IV.	**Sicherung:**	
	Eintrag AB	
V.	**Ausweitung:**	
	Impuls	L: Auch in Deutschland gibt es heute noch Bauwerke, die das antike Griechenland zum Vorbild hatten.
	Bilder AB	S: Walhalla (Regensburg), Brandenburger Tor (Berlin)

Griechische Kunst und Kultur

Griechische Bildhauer, Architekten und Maler haben uns großartige Meisterwerke hinterlassen. Griechische Dichter beeinflussen das literarische Leben bis in unsere Zeit. Die griechische Schrift wurde die Grundlage der europäischen Schriftentwicklung.

Die Tempel

Bei den Tempelbauten ging es zunächst darum, das Innere des Tempels zu gestalten. Gleichzeitig wurde das Giebelfeld mit Szenen aus dem religiösen Leben der Stadt geschmückt. Vor dem Tempel und auf freien Plätzen wurden Statuen errichtet, die häufig eine Gottheit zeigten. Diese Götterbilder gestalteten die Griechen so, wie sie sich schöne und gute Menschen vorstellten.

Standbilder und Säulenforman

Standbilder von Siegern großer Spiele waren meist aus Stein gehauen. Ziel eines jeden griechischen Bildhauers war, den menschlichen Körper in harmonischen Maßen darzustellen. Für die Maßverhältnisse zwischen den einzelnen Körperteilen galten feste Regeln. So sollte die Länge des Kopfes etwa siebenmal in der Körperlänge enthalten sein.
Besonders markant sind auch die griechischen Säulenformen als Teile eines Tempels. So kann man heute noch dorische, jonische und korinthische Formen bewundern.

dorisch ionisch korinthisch

Malerei

Die griechischen Maler beschränkten sich nicht auf das Anmalen von Standbildern. Sie bemalten auch die Tempelwände, die Mauern und Säulenhallen. Diese auf die frischen Wände gemalten Bilder nennt man Fresken. Von diesen Wandgemälden blieben nur wenige erhalten. Aber auf Tausenden von Vasen finden wir die Kunst der Maler eingebrannt. Mit sichtbarer Freude an Einzelheiten stellten sie Bildgeschichten aus dem Alltag dar. Szenen aus der Sagen- und Götterwelt wechseln mit Darstellungen von der Arbeit, vom Krieg oder vom Leben im Haus ab. Diese Vasen waren Gebrauchsgegenstand und Kunstwerk in einem.

Theater

Eine wichtige Rolle im öffentlichen Leben der Griechen spielte auch das Theater. Viele griechische Städte besaßen große Anlagen. In Athen finden wir das Theater zu Füßen der Akropolis. Hier fanden ca. 14 000 Besucher Platz.
Im Alten Griechenland wurden an einem Tag meist vier Stücke gespielt, drei Dramen und zum Schluss eine Komödie. Theateraufführungen waren zugleich Opferfeiern für die Götter, eine Möglichkeit der Auseinandersetzung mit verschiedenen politischen Ansichten, Volksfest und Selbstdarstellung des Volkes und seiner Dichter.

Kunst in Griechenland – einige Beispiele

Diskuswerfer (Römische Marmorkopie eines griechischen Bronzeoriginals)

Alle Rollen wurden im griechischen Theater von Männern gespielt, auch die Frauenrollen. Darum trugen die Schauspieler Masken, die andeuteten, wen sie jeweils darstellten. In den Masken waren die Mundöffnungen zu Schalltrichtern geformt, damit man auch auf den letzten Rängen jedes Wort verstehen konnte.

Jünglingsgestalt im griechischen Idealmaß. Das Verhältnis von Kopflänge zum ganzen Körper beträgt 1:7.

Amphore, um 540 v. Chr.

GESCHICHTE	NAME: ______	KLASSE: ______	DATUM: ______	NR. ______

Griechische Kunst und Kultur

Griechische Meisterwerke aus Kunst und Kultur sind bis auf den heutigen Tag lebendig und in vielen Formen erhalten:

____

____

____

Nike-Tempel (427–421 v. Chr.) auf der Akropolis

Mitunter dienten sie auch als Vorbilder für bekannte Bauten in Deutschland:

______________________ ______________________

______________________ ______________________

______________________ ______________________

GESCHICHTE	NAME: ________	KLASSE: ____	DATUM: ________	NR. ____

Griechische Kunst und Kultur

Griechische Meisterwerke aus Kunst und Kultur sind bis auf den heutigen Tag lebendig und in vielen Formen erhalten:

Tempelbauten, Statuen, griechische Säulenformen, Maße des menschlichen Körpers in der Kunst, Wandgemälde, Fresken, griechische Vasen, Theaterbauten, Theaterstücke

Nike-Tempel (427–421 v. Chr.) auf der Akropolis

Mitunter dienten sie auch als Vorbilder für bekannte Bauten in Deutschland:

Brandenburger Tor (Berlin)
erbaut von C. G. Langhans
(1788–1791)

Walhalla Regensburg
erbaut von Leo Klenze
(1830–1842)

THEMA

Wissenschaftliche Erkenntnisse der Griechen

LERNZIELE

Bewusst machen, dass die Griechen der frühen Antike alle Vorgänge in der Natur und im Leben der Menschen mit Handlungen und Einwirkungen der Götter erklärten.
Erkennen, dass im Laufe der Zeit gebildete Griechen nach natürlichen Ursachen suchten.
Bedeutende griechische Wissenschaftler und Denker nennen können.
Bedeutende wissenschaftliche Erkenntnisse dieser Wissenschaftler nennen können.
Bewusst machen, dass die Griechen das moderne wissenschaftliche Weltbild begründeten.
Bewusst machen, dass der Eid des Hippokrates heute noch das Berufsbild des Arztes bestimmt.

ARBEITSMITTEL / MEDIEN / LITERATURHINWEISE

Folie 1 (Homer – ein griechischer Denker und Wissenschaftler), 2 Informationsblätter, 1 Arbeitsblatt

TAFELBILD / FOLIEN

Homer – ein griechischer Denker und Wissenschaftler

I. Hinführung:

Folie 1 (Homer – ein griechischer Denker und Wissenschaftler)	S:	Homer ist sehr würdevoll, mit auffäligem Bart dargestellt (Ausdruck von Wichtigkeit)

II. Erarbeitung:

Info-Blätter/AA/EA/PA	L:	Entnimm dem Text, welche griechischen Denker und Wissenschaftler bedeutende Entdeckungen gemacht haben, und erläutere kurz diese Entdeckungen!
Auswertung	S:	Thales: Berechnung der Höhe der Pyramiden – Wasser als Ursprung aller Dinge Archimedes: Hebelgesetze, Auftrieb Erastostenes: Umfang der Erde Aristarch: Kugelgestalt der Erde. Erde kreist um die Sonne Anaxagoras: Sonne = Gesteinsmasse Hippokrates: Krankheiten haben natürliche Ursachen Sokrates: Untersuchung menschlicher Eigenschaften Demokrit: Dinge bestehen aus Atomen

III. Vertiefung:

Gesamtwiederholung		
Impuls	L:	Die Entdeckungen der Griechen hatten für die weitere Entwicklung der Menschheit große Bedeutung.
	S:	Griechische Denker begründen das moderne wissenschaftliche Weltbild.

IV. Sicherung:

Eintrag AB

V. Ausweitung:

Eid des Hippokrates

Wissenschaftliche Erkenntnisse der Griechen

Die Griechen der frühen Antike führten zunächst alle Vorgänge in der Natur und im Leben der Menschen auf Handlungen und Einwirkungen der Götter zurück.
Allmählich jedoch änderte sich dieses Denken und gebildete Griechen begannen nach den Ursachen der Erscheinungen zu forschen. Sie wollten erklären können, wie Blitz und Donner, Sturm und Sonnenfinsternis usw. entstehen. Sie wollten über die mystischen, auf die Götter bezogenen Erklärungen hinaus, den Ursachen auf den Grund gehen. So erkannten sie durch fortwährende Beobachtung der Natur und des Menschen Ursachen und Gesetzmäßigkeiten, die nicht mit dem Willen der Götter erklärt werden konnten.

Auf diese Weise begründeten griechische Gelehrte ein neues Weltverständnis.
Als Urvater der Mathematik gilt Thales. Er lebte um 600 v. Chr. in der reichen Handelsstadt Milet in Kleinasien. Anlässlich einer Reise nach Ägypten besuchte er auch die Pyramiden und berechnete ihre Höhe, ohne sie zu messen. Heute noch finden wir in der Geometrie den „Satz des Thales".
Thales bezeichnete das Wasser als den Ursprung aller Dinge, aus dem das Leben entstanden sein soll.

Archimedes, Mathematiker und Physiker, entwickelte die Hebelgesetze und entdeckte den Auftrieb schwimmender Körper.

Archimedes

Eratostenes berechnete bereits den Umfang unserer Erde mit 40 050 km und irrte sich dabei nur um 26 km.

Aristarch von Samos bemühte sich um ein neues Weltbild. Er wies die Kugelgestalt der Erde nach und erkannte, dass sie um die Sonne kreist.

Anaxagoras lehrte, dass die Sonne keine Gottheit sei, sondern eine glühende Gesteinsmasse.

Hippokrates lehrte, dass alle Krankheiten natürliche Ursachen haben. Erkennt man sie, so ist meist Heilung möglich. Der Eid des Hippokrates bestimmt heute noch die Ethik des Arztberufs:

Hippokrates

„Ich werde die Kenntnisse des Lebens nach bestem Wissen und Können zum Heil der Kranken anwenden, nie aber zu ihrem Schaden. Ich werde niemandem eine Arznei geben, die den Tod herbeiführt, auch nicht, wenn ich darum gebeten werde. Über alles, was ich bei meiner Tätigkeit als Arzt erfahre, werde ich Stillschweigen bewahren."

Einer der bedeutendsten Philosophen (= wörtliche Übersetzung: Freund der Weisheit) der Antike war der Athener Sokrates. Durch Nachdenken erforschte er Wesenszüge menschlicher Eigenschaften.

Demokrit

Sokrates

Der Philosoph Demokrit lehrte, dass alle Dinge aus kleinsten Bausteinen bestehen, die er Atome nannte.

Nun waren es – im Verständnis der Menschen – nicht mehr die Götter, die alles unmittelbar lenkten. Die Welt und die Vorgänge auf ihr wurden mithilfe der Wissenschaft erklärbar. So begründeten die griechischen Denker und Wissenschaftler das moderne wissenschaftliche Weltbild.

GESCHICHTE	NAME: ________	KLASSE: ____	DATUM: ________	NR. ____

Wissenschaftliche Erkenntnisse der Griechen

Die Griechen der frühen Antike erklärten alle Vorgänge in der Natur und im Leben der Menschen mit Handlungen und Einwirkungen der ____________________.
Im Laufe der Jahrhunderte lösten sie sich jedoch von diesen Vorstellungen und gebildete Griechen begannen, nach den ____________________ zu forschen. Einige bedeutende Griechen und ihre Entdeckungen:

Hippokrates

Sokrates

Thales: ____________________

Archimedes: ____________________

Eratostenes: ____________________

Aristarch von Samos: ____________________

Anaxagoras: ____________________

Hippokrates: ____________________

Sokrates: ____________________

Demokrit: ____________________

Griechische Denker begründen das moderne ____________________ Weltbild.

GESCHICHTE	NAME:	KLASSE:	DATUM:	NR.

Wissenschaftliche Erkenntnisse der Griechen

Die Griechen der frühen Antike erklärten alle Vorgänge in der Natur und im Leben der Menschen mit Handlungen und Einwirkungen der *Götter*.
Im Laufe der Jahrhunderte lösten sie sich jedoch von diesen Vorstellungen und gebildete Griechen begannen, nach den *Ursachen* zu forschen. Einige bedeutende Griechen und ihre Entdeckungen:

Hippokrates

Sokrates

Thales: *„Satz des Thales", Wasser als Ursprung aller Dinge*
Archimedes: *Hebelgesetze, Auftrieb schwimmender Körper*
Eratostenes: *Umfang der Erde*
Aristarch von Samos: *Kugelgestalt der Erde, Erde kreist um Sonne*
Anaxagoras: *Sonne ist eine glühende Gesteinsmasse*
Hippokrates: *alle Krankheiten haben natürliche Ursachen*
Sokrates: *Wesenszüge menschlicher Eigenschaften*
Demokrit: *alle Dinge bestehen aus Atomen*

Griechische Denker begründen das moderne *wissenschaftliche* Weltbild.

THEMA

Erziehung in Athen und Sparta

LERNZIELE

Erkennen, dass in den Städten Athen und Sparta sehr unterschiedliche Erziehungsziele angestrebt wurden.
Die Unterschiede zwischen den beiden Ansätzen nennen können.
Die Ergebnisse dieser Erziehung bewusst machen.
Die heutige Wortbedeutung des Begriffs „spartanisch“ erkennen und seine Entstehung erläutern können.
Das Volk der Spartaner kennenlernen.

ARBEITSMITTEL / MEDIEN / LITERATURHINWEISE

Folie 1 (In einer griechischen Schule), 2 Informationsblätter, 1 Arbeitsblatt

TAFELBILD / FOLIEN

In einer griechischen Schule
Auf dem Bild sind Ausschnitte aus einer griechischen Schule wiedergegeben. Die Person mit dem Stab ganz rechts stellt einen sogenannten Pädagogen (= Knabenführer) dar; er war meist ein Sklave und führte den Knaben zur Schule. Du erkennst sicher die Fächer, welche gerade gelehrt werden, und kannst sagen, in welcher Stadt sich diese Schule vermutlich befindet.

I. **Hinführung:**

Folie 1 (In einer griechischen Schule)	S: Die heutige Schule sieht anders aus (Brainstorming).
Zielangabe	TA: **Erziehung in Athen und Sparta**

II. **Erarbeitung:**

1. TZ: Erziehung in Athen	S: Körper und Geist harmonisch bilden – Knaben der vornehmen Bürger – Unterricht in Lesen, Schreiben, Zeichnen, Mathematik, Gymnastik, Musik, Tanz, Theaterspiel, Redekunst
2. TZ: Erziehung in Sparta	S: Ziel: Körperertüchtigung, Mut, Gehorsam – Staatliche Erziehungslager – Knaben und Mädchen der führenden Schicht Spartas

III. **Vertiefung:**

Gesamtwiederholung	
Gegenüberstellung der einzelnen Aspekte	TA: Erziehung in Athen und Sparta Erziehungsziele: s. Lösung AB (S. 144) Personengruppe: s. Lösung AB (S. 144) Erziehungsort: s. Lösung AB (S. 144) Erzieher: s. Lösung AB (S. 144) Erziehungsinhalte: s. Lösung AB (S. 144) Ergebnis: s. Lösung AB (S. 144)

IV. **Sicherung:**

Eintrag AB

V. **Ausweitung:**

Entwicklung und Bedeutung des Wortes „spartanisch“	L: Begriff entwickelte sich aus der Tradition der Erziehungsziele Spartas – Spartanisch = karg, hart usw.

Erziehung in Athen und Sparta

Erziehung in Athen

Die meisten Griechen wollten ihre Kinder dazu bewegen, ihren Körper und ihren Geist in gleicher Weise harmonisch auszubilden. Dies zeigte sich besonders in der Erziehung der Knaben der vornehmen Bürger Athens. Die Kinder sollten sich durch ihre Leistungen selbst bestätigen, den Göttern gefallen und später mit innerer Überzeugung am Gedeihen ihres Staates mitarbeiten.
Sobald ein Junge das Schulalter erreicht hatte, brachte ihn ein Pädagoge (= Knabenführer) zu einem Lehrer und betreute ihn in der Freizeit. In der Schule (meistens die Wohnung des Lehrers) erhielten die Schüler Unterricht in Lesen, Schreiben und Zeichnen. Neben einfacher Mathematik standen außerdem Gymnastik, Musik, Tanz, Theaterspiel und Redekunst auf dem Stundenplan. Der Sportunterricht für die größeren Jungen fand im Gymnasion statt. Das was eine Einrichtung der Stadt, in der auch die wehrfähigen Männer ausgebildet wurden.
All diese Bildungseinrichtungen konnten nur die Söhne wohlhabender und unabhängiger Bürger genießen. Die übrigen mussten schon früh für ihren Lebensunterhalt sorgen. So entstand eine neue gesellschaftliche Gliederung: Gebildete und Ungebildete, sogenannte „Banausen“ (grie. für Menschen, die kein künstlerisches Gespür besitzen; sich für Kunst nicht interessieren).
Nur die Jungen erhielten eine wirkliche Bildung. Die Mädchen wurden ausschließlich für das Leben als Hausherrin und Mutter erzogen. Sie lernten weder lesen noch schreiben. Von der Musik erfuhren sie soviel, als unbedingt nötig war, um an häuslichen und religiösen Feiern teilnehmen zu können.
Als Ergebnis der Erziehung in Athen kann wohl die Entwicklung der Demokratie gelten.

Erziehung in Sparta

In der Stadt Sparta in Südgriechenland hatten die Staatslenker andere Vorstellungen von der Erziehung. Hier wurden die Jungen der führenden Schicht mit äußerster Strenge erzogen, ausschließlich dem Staat zu dienen. Ab ihrem siebten Lebensjahr lebten sie losgelöst von ihrem Elternhaus in staatlichen Erziehungslagern. Theaterspiel, Feste und persönliche Freizeit hatten dort kaum Platz. Das Hauptaugenmerk wurde darauf gerichtet, den Körper zu ertüchtigen und abzuhärten. Dies galt auch für die Mädchen.
Mut, Opferbereitschaft und Gehorsam galten als die wichtigsten Tugenden. Das Erziehungsideal war der gehorsame und kampfestüchtige Soldat. Deshalb setzte man kranke und schwächliche Kinder gleich nach der Geburt aus und ließ sie sterben.
Als Ergebnis der Erziehung in Sparta sind die Erfolge auf militärischem Gebiet zu vermerken.

Spartanischer Krieger

Wer waren die Spartaner?

Der Stadtstaat Sparta lag auf dem südlichen Peloponnes und bestand aus vier, später aus fünf Dörfern, die sich einen Marktplatz und Kultstätten teilten. Gegründet wurde es gegen Ende des 2. Jahrtausends v. Chr. von den sogenannten Dorern. Um 720 v. Chr. unterwarfen die Spartaner ihr Nachbarland Messenien und wurden somit zum größten Staat Griechenlands. 550 v. Chr. zwang Sparta fast ganz Südgriechenland dem Peloponnesischen Bund beizutreten. Damit hatte Sparta zeitweilig die Vormachtstellung errungen.

Im Gegensatz zu Athen war Sparta ein Königreich. An der Spitze standen zwei Könige, deren Macht jedoch durch die fünf jährlich gewählten Ephoren eingeschränkt war. Lykurgos (historisch nicht belegt) gab im 8. Jahrhundert v. Chr. den Spartanern eine neue Verfassung. Darin war beispielsweise der Rat der Alten, die Gerusia, festgeschrieben. Der Rat bestand aus 28 Mitgliedern, die alle bereits 60 Jahre alt sein mussten. Die Gerusia berief auch die Volksversammlung ein, an der jeder freie Spartaner ab dem 30. Lebensjahr teilnehmen durfte.

Überliefert ist auch, dass die Spartaner die Einfachheit sehr schätzten. Vielleicht habt ihr ja schon einmal die Redewendung „Das ist aber spartanisch." gehört. Damit ist gemeint, dass etwas einfach, ohne Komfort ist.
Per Gesetz war den Spartanern z. B. die Einfachheit der Kleidung vorgeschrieben: Die Kleidung bestand aus einem wollenen Unterkleid ohne Ärmel und einem runden oder viereckigen Stück Tuch. Schuhe trug man nicht; nur im Krieg banden sich die Männer Sohlen unter die Füße.

Die Männer aßen in 15er-Gruppen einmal täglich zusammen auf dem Markt. Als Hauptgericht wurde eine schwarze Suppe aus dem Fleisch und Blut des Wildschweins serviert. Sie war nur mit Essig und Salz gewürzt.
Den Rest des Tages verbrachte die Tischgemeinschaft ebenfalls zusammen: Sie trainierten den Umgang mit den Waffen, gingen auf die Jagd oder sie überwachten die Ausbildung der Jungen. Die Frauen und Kinder besuchten die Männer nur selten.

Die Kindheit in Sparta war alles andere als fröhlich. Kinder galten als Eigentum des Staates. So oblag es auch dem Staat, die Kinder zu erziehen. Ab dem siebten Lebensjahr wurden die Knaben von den Müttern getrennt und lebten in öffentlichen Gebäuden. Sie bekamen nicht genug zu essen, durften keine Kleider tragen und mussten jeden Tag (auch im Winter) in einem Fluss baden, um sich abzuhärten. Einmal im Jahr wurden die Knaben in einem Tempel blutig gepeitscht, dabei durften sie keinen Laut hören lassen. Mit dem 20. Lebensjahr traten die Jünglinge der Essgemeinschaft der erwachsenen Männer bei. Erst mit 30 Jahren wurden sie Vollbürger.

Berühmt sind die Spartaner auch im Militärwesen für ihren Wagemut und ihren Gehorsam. Sie führten ein Lagerleben in Kriegs- und Friedenszeiten. Aus dem Lager wurden die Männer erst mit 60 Jahren entlassen.

GESCHICHTE	NAME: ____________	KLASSE: ____	DATUM: ________	NR. ____

Erziehung in Athen und Sparta

In den beiden Städten Athen und Sparta hatte man über die Erziehung der Kinder sehr ____________________ Ansichten:

Ein Unterrichtsfach in Griechenland

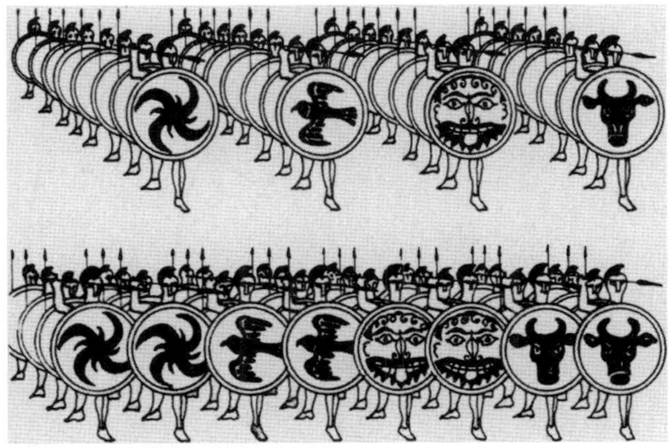

Spartanische Krieger

	Athen	**Sparta**
Erziehungsziele:	____________________	____________________
	____________________	____________________
	____________________	____________________
Personengruppe:	____________________	____________________
	____________________	____________________
	____________________	____________________
	____________________	____________________
Erziehungsort:	____________________	____________________
	____________________	____________________
Erzieher:	____________________	____________________
	____________________	____________________
Erziehungsinhalte:	____________________	____________________
	____________________	____________________
	____________________	____________________
	____________________	____________________
	____________________	____________________
Ergebnis:	____________________	____________________
	____________________	____________________

GESCHICHTE	NAME: ____	KLASSE: ____	DATUM: ____	NR. ____

Erziehung in Athen und Sparta

In den beiden Städten Athen und Sparta hatte man über die Erziehung der Kinder sehr *unterschiedliche* Ansichten:

Ein Unterrichtsfach in Griechenland

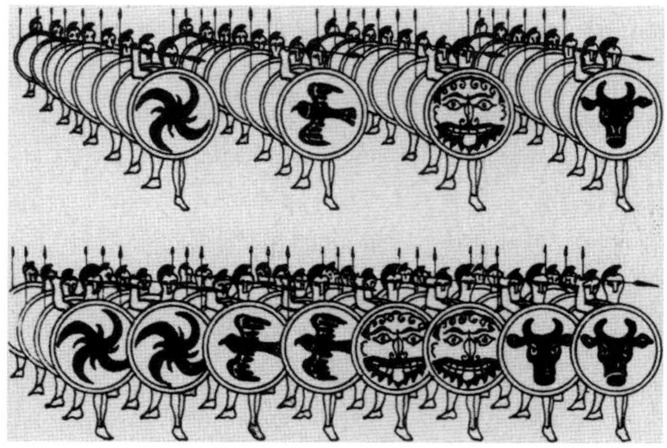

Spartanische Krieger

	Athen	**Sparta**
Erziehungsziele:	*harmonische Erziehung von Körper und Geist*	*Mut, Opferbereitschaft, Gehorsam*
Personengruppe:	*Söhne der vornehmen Bürger Athens ab dem Schulalter*	*Jungen und Mädchen der führenden Schicht Spartas ab dem siebten Lebensjahr*
Erziehungsort:	*Privatschule* *Gymnasion*	*staatliche Erziehungslager*
Erzieher:	*Privatlehrer*	*staatliche Erzieher*
Erziehungsinhalte:	*Unterricht in Lesen, Schreiben, Zeichnen, Mathematik, Gymnastik, Musik, Tanz, Theaterspiel, Redekunst*	*Körperertüchtigung, Abhärtung*
Ergebnis:	*Entwicklung der Demokratie*	*Erfolge auf militärischem Gebiet*

THEMA

Der Peloponnesische Krieg

LERNZIELE

Die Perser als Feinde der Griechen kennenlernen.
Den Marathonlauf als Symbol für einen Sieg der Griechen über die Perser begreifen.
Den Attischen Seebund als Seebund kennenlernen, der von Athen angeführt wurde.
Bewusst machen, dass sich viele Verbündete im Laufe der Zeit als Untertanen Athens fühlten.
Bewusst machen, dass sich aus dieser Krisensituation heraus der Peloponnesische Bund unter der Führung Spartas bildete.
Den Verlauf des Peloponnesischen Krieges und seine Folgen beschreiben können.

ARBEITSMITTEL/MEDIEN/LITERATURHINWEISE

Folie 1 (Das Perserreich um 480 v. Chr.), 2 Informationsblätter, 1 Arbeitsblatt, 3 Trainingsblätter

TAFELBILD/FOLIEN

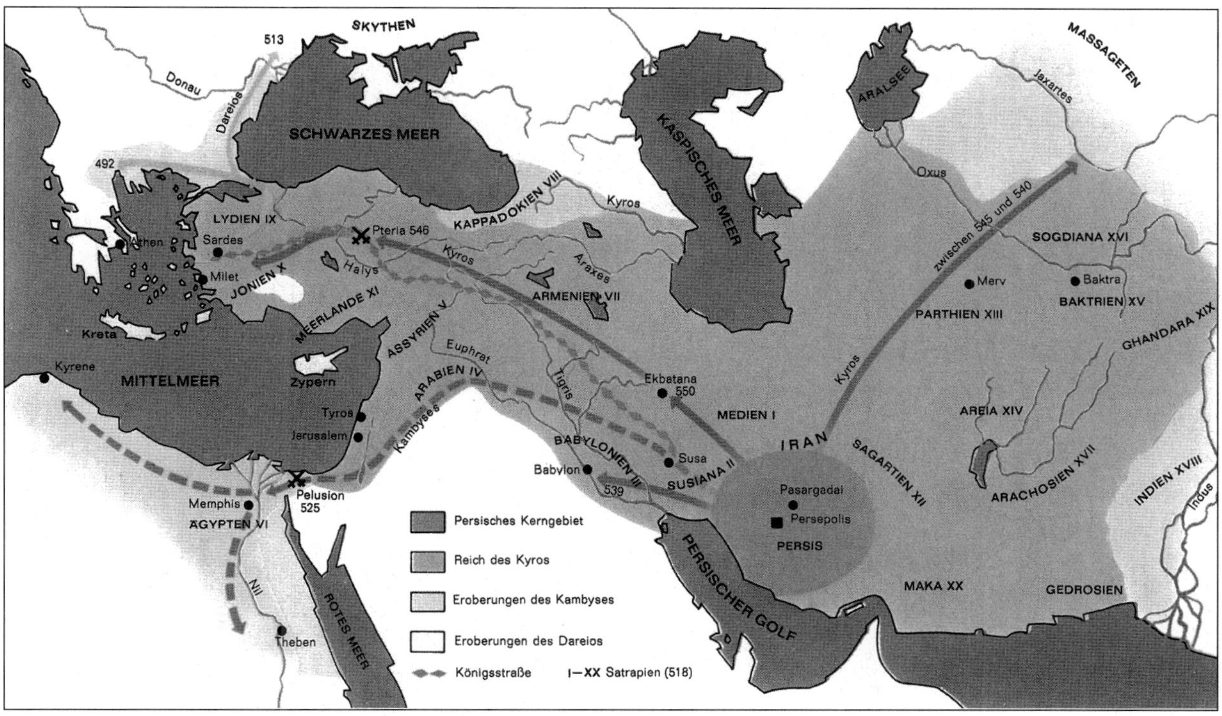

Die Entstehung des Perserreiches

I.	**Hinführung:**	
	Folie 1 (Das Perserreich um 480 v. Chr.)	S. erkennen die Macht des Perserreichs.
	Zielangabe	TA: **Der Peloponnesische Krieg**
II.	**Erarbeitung:**	
	Informationsblätter 1 und 2/ EA/PA/GA – Auswertung LSG	
	1. TZ: Die Griechen kämpfen um ihre Freiheit.	S: – Die Perser bedrohten Griechenland. – Marathonlauf als Symbol eines Sieges gegen die Perser – Athen übernimmt die Führung im Kampf gegen die Perser.
	2. TZ: Die Athener und ihre Verbündeten	S: – Attischer Seebund mit über 200 Mitgliedern – Athen übernimmt die Führung. – Viele Verbündete fühlten sich immer mehr als Untertanen von Athen.
	3. TZ: Der Peloponnesische Krieg	S: – Unter der Führung Spartas lehnten sich viele Städte gegen Athen auf. – Unter der Führung Spartas entstand der Peloponnesische Bund. – Im Jahr 431 kam es zum Krieg zwischen Sparta und Athen. – Sparta gewann die Vorherrschaft in Griechenland.
III.	**Vertiefung:**	
	Impuls	L: Der Peloponnesische Krieg kannte eigentlich nur Verlierer. S: Der Krieg hatte Griechenland für immer geschwächt.
IV.	**Sicherung:**	
	Eintrag AB	
V.	**Ausweitung:**	
	Lehrerinformation	L: Die Römer übernahmen anschließend die Vorherrschaft auf dem Balkan.

Die Griechen kämpfen um ihre Freiheit

Die Griechen maßen der Leitung ihres Staates große Bedeutung bei. So wie sie auf die Entwicklung im Inneren achteten, mussten die Griechen auch auf die Feinde achten, die für das Land eine Bedrohung darstellen konnten.
Besonders gefährlich wurden die Perser für Griechenland. Der Perserkönig sandte seine Flotte und sein Heer aus, um Griechenland zu unterwerfen und zu einer seiner Provinzen zu machen. Viele Griechen bangten um ihre Freiheit.

Die Perser: 550 v. Chr. unterwarf der Perserkönig Kyros die Meder, eroberte Babylonien und Kleinasien und gründete das Perserreich (Hauptstadt Susa). Die Nachfolger des Königs eroberten im Anschluss Ägypten, Thrakien und Makedonien. Das Reich erstreckte sich nun vom Mittelmeer bis zum Indus und vom Schwarzen Meer und Kaspischen Meer bis zum Indischen Ozean.

Die Griechen waren dem gewaltigen Heer des persischen Königs Dareios weit unterlegen. Trotzdem wagte der athenische Feldherr Militiades den Kampf. Es gelang ihm und den Soldaten, die Perser 490 v. Chr. bei Marathon an der Ostküste Attikas zurückzuschlagen. Damit die in der Stadt zurückgebliebenen alten Männer und Frauen sich keine Sorgen mehr machen sollten, schickte Militiades einen Boten nach Athen. Dieser lief in seiner Rüstung den ca. 42 km langen Weg von Marathon nach Athen. Nachdem er die Freudenbotschaft in Athen verkündet hatte, brach er tot zusammen. An diesen Lauf erinnert noch heute der Marathonlauf der Olympischen Spiele. Doch dieser Sieg ließ nur eine kurze Atempause zu.
Noch mehrmals mussten sich die Griechen zu Land und zur See gegen die Perser zur Wehr setzen. Sie waren bereit, für ihre Freiheit und Unabhängigkeit große Opfer zu bringen. Athen übernahm in diesem Kampf die Führung.

Die Athener und ihre Verbündeten

Im Abwehrkampf gegen die Perser hatten die Athener eine wichtige Rolle gespielt. Nachdem die Perser zweimal, 480 v. Chr. in der Seeschlacht bei Salamis und 479 v. Chr. bei Platää, besiegt worden waren, schlossen sich griechische Städte an den Küsten und auf den Inseln der Ägäis zu einem Bund zusammen. Dieser Attische Seebund besaß über 200 Mitglieder und wurde von Athen angeführt. Je nach Leistungsfähigkeit musste jedes Mitglied einen Beitrag zum Kampf gegen die Perser beisteuern. Die reicheren Städte stellten Soldaten oder rüsteten Schiffe aus. Wer weder Flotte noch Heer hatte, musste einen Geldbetrag in die Bundeskasse einzahlen.
Die athenische Flotte hatte die Perser besiegt. So gab die Stimme Athens in Streitfällen meist den Ausschlag. Zudem hatte Athen jetzt mehr als 200 einsatzfähige Kriegsschiffe zur Verfügung. Allmählich beherrschte Athen die Meere und die Schifffahrtswege im Ägäischen Meer. Aus dem ursprünglichen Bund war bald schon ein athenisches Seereich geworden. Viele Verbündete der Athener fühlten sich immer mehr als Untertanen von Athen.

Griechisches Kampfschiff – 35 m lang, mit 170 Ruderern besetzt

Der Peloponnesische Krieg (431–404 v. Chr.)

Diese Unstimmigkeiten mündeten schließlich in einen Krieg zwischen Athen und Sparta. Sparta war eine militärisch mächtige Stadt auf der peloponnesischen Halbinsel im Süden Griechenlands. An dem Sieg über die Perser hatten sie entscheidenden Anteil.
Als sich Athen zum Beherrscher des Attischen Seebundes aufgeschwungen hatte, lehnten sich viele andere Städte und vor allem Sparta gegen diese Führung auf. Bald stand dem Attischen Seebund der Peloponnesische Bund unter Führung Spartas feindlich gegenüber.
Trotz eines vorübergehenden Waffenstillstandes verschärften sich die Gegensätze zwischen der Seemacht Athen und der Landmacht Sparta, zwischen der attischen Demokratie und der spartanischen Adelsherrschaft. Als Athen seine Macht auch auf Westgriechenland ausdehnen wollte, kam es 431 v. Chr. zu einem 27 Jahre lang dauernden Krieg. Athen hatte leichtfertig diese Kraftprobe riskiert.

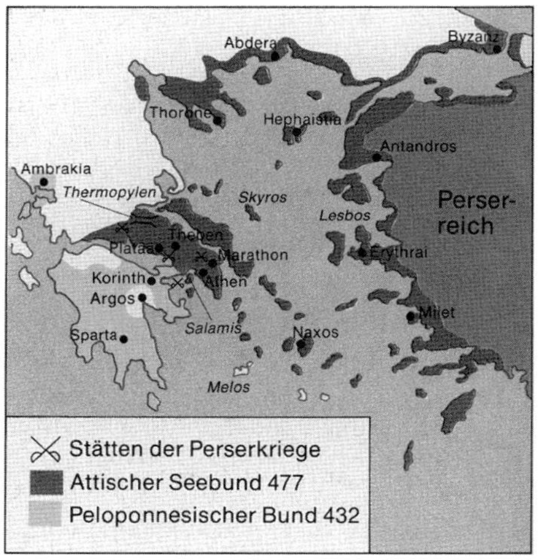

Schließlich gewann Sparta die Vorherrschaft in Griechenland. Aber um welchen Preis! Die Felder waren vernichtet, Handwerksbetriebe und Häuser zerstört, viele Menschen waren dem Krieg und Seuchen zum Opfer gefallen. Der Attische Seebund bestand nicht mehr. So konnte auch der Perserkönig seinen Einfluss wieder stärken. Auch Sparta verlor bald seine Macht an Theben. Dieser Krieg zwischen den Verbündeten hatte Griechenland für immer geschwächt. Seine glanzvollste Epoche war mit ihm zu Ende gegangen.

GESCHICHTE	NAME:________________	KLASSE:_____	DATUM:__________	NR.____

Der Peloponnesische Krieg (431–404 v. Chr.)

Für die Griechen stellten vor allem die ____________________ eine große Gefahr dar. Im Jahr 490 v. Chr. konnte der Feldherr der Athener, Militiades, die Soldaten des Perserkönigs bei ____________________ an der Ostküste Griechenlands zurückschlagen.
Um der persischen Gefahr auf Dauer begegnen zu können, schlossen sich über ________ Mitglieder unter der Führung Athens zum ____________________ zusammen. Jedes der Mitglieder musste einen Beitrag zum Kampf gegen die Perser beisteuern.
Athen übernahm in einer Art und Weise die Führung in diesem Seebund, dass sich die Mitglieder immer mehr als ____________________ von Athen fühlten.
Diese Unstimmigkeiten führten alsbald dazu, dass sich viele Städte unter der Führung der Stadt ________________ gegen Athen auflehnten. Bald stand dem Attischen Seebund der Peloponnesische Bund feindlich gegenüber.
Als Athen seine Macht auf Westgriechenland ausdehnen wollte, kam es zu einem Krieg zwischen Sparta und Athen, dem sogenannten „____________________________“.
Nach ______ Jahren war der Krieg zu Ende. Sparta hatte die Vorherrschaft gewonnen, verlor die Macht aber bald an die Stadt ____________________.
Der Verlierer des Krieges zwischen den Verbündeten war Griechenland selbst. Der Krieg hatte das Land für immer geschwächt. Seine glanzvollste Epoche ging mit diesem Krieg zu Ende.

Kriegsszene: Griechen gehen zum Kampf. Ein Flötenspieler gibt das Marschtempo vor.

Der Peloponnesische Krieg (431–404 v. Chr.)

Für die Griechen stellten vor allem die ___Perser___ eine große Gefahr dar. Im Jahr 490 v. Chr. konnte der Feldherr der Athener, Militiades, die Soldaten des Perserkönigs bei ___Marathon___ an der Ostküste Griechenlands zurückschlagen. Um der persischen Gefahr auf Dauer begegnen zu können, schlossen sich über ___200___ Mitglieder unter der Führung Athens zum ___Attischen Seebund___ zusammen. Jedes der Mitglieder musste einen Beitrag zum Kampf gegen die Perser beisteuern.
Athen übernahm in einer Art und Weise die Führung in diesem Seebund, dass sich die Mitglieder immer mehr als ___Untertanen___ von Athen fühlten.
Diese Unstimmigkeiten führten alsbald dazu, dass sich viele Städte unter der Führung der Stadt ___Sparta___ gegen Athen auflehnten. Bald stand dem Attischen Seebund der Peloponnesische Bund feindlich gegenüber.
Als Athen seine Macht auf Westgriechenland ausdehnen wollte, kam es zu einem Krieg zwischen Sparta und Athen, dem sogenannten „___Peloponnesischen Krieg___“.
Nach ___27___ Jahren war der Krieg zu Ende. Sparta hatte die Vorherrschaft gewonnen, verlor die Macht aber bald an die Stadt ___Theben___.
Der Verlierer des Krieges zwischen den Verbündeten war Griechenland selbst. Der Krieg hatte das Land für immer geschwächt. Seine glanzvollste Epoche ging mit diesem Krieg zu Ende.

Kriegsszene: Griechen gehen zum Kampf. Ein Flötenspieler gibt das Marschtempo vor.

Training „Griechenland“

1. Trage die Anteile der einzelnen Gruppen von Menschen in den Balken ein!
   Vollbürger – Familienangehörige – Freigelassene und Fremde – Sklaven

2. Zähle die wichtigsten Götter der Griechen auf und benenne ihre Funktion!

GESCHICHTE	NAME:	KLASSE:	DATUM:	NR.

Training „Griechenland“

1. Trage die Anteile der einzelnen Gruppen von Menschen in den Balken ein!
Vollbürger – Familienangehörige – Freigelassene und Fremde – Sklaven

2. Zähle die wichtigsten Götter der Griechen auf und benenne ihre Funktion!

Zeus	*Oberster Gott, König der Menschen und Götter, schickte Donner, Blitz und Regen (mit Blitz dargestellt)*
Hera	*Göttin der Ehe, der verheirateten Frauen, der Kinder und des Hauses (mit Zeus verheiratet)*
Athene	*Göttin der Weisheit, der Wissenschaften und Künste*
Ares	*Gott des Krieges*
Aphrodite	*Göttin der Liebe und Schönheit*
Poseidon	*Gott des Meeres (mit Dreizack dargestellt)*
Artemis	*Göttin der Jagd, des Mondes, Hüterin der Städte, der jungen Tiere und der Frauen*
Nike	*Göttin des Sieges (erst sehr spät verehrt; oft mit Flügeln dargestellt)*
Eros	*Gott der Liebe*
Dionysos	*Gott der Fruchtbarkeit, der Ekstase, (dargestellt mit Thyrosstab = Stab mit Pinienzapfen)*
Apollon	*Gott der Musik, der Sonne, Schutzherr der Wahrheit (oftmals mit Helios gleichgesetzt)*
Hermes	*Bote der Götter, Beschützer der Herden, der Diebe, der Kaufleute und Wanderer*
Hades	*Gott der Unterwelt*
Helios	*Gott der Sonne (wurde nur wenig verehrt; fährt im Feuerwagen über den Himmel)*
Demeter	*Göttin der Ernte*
Hephaistos	*Schmied der Götter (hinkend dargestellt)*

GESCHICHTE	NAME:__________	KLASSE:____	DATUM:________	NR.____

3. Vergleiche das Frauenbild des antiken Griechenlands mit der Rolle der Frau im Alten Ägypten!

Griechenland	**Ägypten**
______________	______________
______________	______________
______________	______________
______________	______________
______________	______________
______________	______________
______________	______________
______________	______________
______________	______________

4. Ordne die Begriffe aus der Illias und der Odyssee richtig zu!
Odysseus – Polyphem – Trojanisches Pferd – Troja – Paris – Helena – Agamemnon

______________	belagerte Stadt
______________	König der Spartaner
______________	Frau des Spartanerkönigs
______________	bedeutender Kämpfer der Griechen
______________	einäugiger Riese
______________	List der Spartaner
______________	trojanischer Königssohn

5. Was weißt du über Theateraufführungen im antiken Griechenland? Berichte!

____
____
____
____
____
____
____
____
____
____
____
____

3. Vergleiche das Frauenbild des antiken Griechenlands mit der Rolle der Frau im Alten Ägypten!

Griechenland	**Ägypten**
• *keine Gleichstellung zum Mann*	• *Gleichstellung*
• *keine Schulausbildung für Mädchen*	• *Pharaonenmutter übernahm häufig für ihre Söhne, die noch Kinder waren, die Regierungsgeschäfte*
• *keine Teilnahme an oder Besuch der Olympischen Spiele*	• *Pflicht der Frauen: den Männern Kinder gebären, v. a. Söhne*
• *auch weibliche Vollbürgerinnen keine öffentlichen Rechte, werden durch Familienoberhaupt vertreten*	• *Frauen konnten frei über ihr Vermögen entscheiden und vor Gericht gehen*

4. Ordne die Begriffe aus der Illias und der Odyssee richtig zu!
Odysseus – Polyphem – Trojanisches Pferd – Troja – Paris – Helena – Agamemnon

Troja:	belagerte Stadt
Agamemnon:	König der Spartaner
Helena:	Frau des Spartanerkönigs
Odysseus:	bedeutender Kämpfer der Griechen
Polyphem:	einäugiger Riese
Trojanisches Pferd:	List der Spartaner
Paris:	trojanischer Königssohn

5. Was weißt du über Theateraufführungen im antiken Griechenland? Berichte!

- *Alle Rollen wurden von Männern gespielt (auch weibliche Rollen übernommen). Schauspieler trugen Masken.*
- *Masken der Schauspieler: Mund war zu Schalltrichter geformt, damit die Zuschauer auf allen Plätzen den Text gut verstehen konnten.*
- *Es wurden meist vier Stücke auf einmal aufgeführt: drei Dramen und eine Komödie.*
- *Theateraufführungen waren zugleich Opferfeiern für die Götter.*
- *Theateraufführungen waren Plattform für Meinungsbildung, Volksfest.*
- *Ein bedeutendes Theater stand beispielsweise in Epidauros.*

GESCHICHTE	NAME: ____________	KLASSE: ____	DATUM: ________	NR. ____

6. Ordne die Begriffe den beiden Städten Athen oder Sparta zu!

harmonische Bildung von Körper und Geist – Mut, Opferbereitschaft, Gehorsam – Privatlehrer – staatliche Erziehung – gehorsamer und kampfestüchtiger Soldat – Demokratie – militärische Erfolge – Gymnasion – Erziehungslager – Lesen, Schreiben, Zeichnen – Abhärtung des Körpers – Erziehung für Mädchen und Jungen – Erziehung für Jungen

Athen	**Sparta**
________________	________________
________________	________________
________________	________________
________________	________________
________________	________________
________________	________________
________________	________________
________________	________________
________________	________________

7. Hier ist alles durcheinandergeraten. Korrigiere!

Die freien Männer	nahmen am öffentlichen Leben nicht teil.
Die Sklaven	waren oft zu großem Wohlstand gekommen.
Die Jungen	wurden daheim von der Mutter unterwiesen.
Die Frauen	hatten in Athen allein das Wahlrecht.
Die Bauern	verwalteten ihre Stadt selbst.
Die Athener	hatten weniger Rechte als die Stadtbewohner.
Die Mädchen	lernten im Gymnasion viele Sportarten.
Die Fremden	konnten in Athen gekauft und verkauft werden.

8. Diese Buchstaben lernten griechische Schüler. Schreibe deinen Namen auf Griechisch! Die Großbuchstaben findest du jeweils in der oberen Reihe!

Α	Β	Γ	Δ	Ε	Ζ	Η	Θ	Ι	Κ	Λ	Μ	Ν
α	β	γ	δ	ε	ζ	η	ϑ	ι	κ	λ	μ	ν
a	b	g	d	ĕ	z	ē	th	i	k	l	m	n

Ξ	Ο	Π	Ρ	Σ	Τ	Υ	Φ	Χ	Ψ	Ω
ξ	ο	π	ρ	σς	τ	υ	φ	χ	ψ	ω
x	ŏ	p	r	s	t	ü	ph	ch	ps	ō

GESCHICHTE	NAME: ____________	KLASSE: ____	DATUM: ________	NR. ____

6. Ordne die Begriffe den beiden Städten Athen oder Sparta zu!

harmonische Bildung von Körper und Geist – Mut, Opferbereitschaft, Gehorsam – Privatlehrer – staatliche Erziehung – gehorsamer und kampfestüchtiger Soldat – Demokratie – militärische Erfolge – Gymnasion – Erziehungslager – Lesen, Schreiben, Zeichnen – Abhärtung des Körpers – Erziehung für Mädchen und Jungen – Erziehung für Jungen

Athen	**Sparta**
harmonische Bildung von Körper und	*Mut, Opferbereitschaft, Gehorsam*
Geist	*staatliche Erziehung*
Privatlehrer	*gehorsamer und kampfestüchtiger Soldat*
Demokratie	*militärische Erfolge*
Gymnasion	*Erziehungslager*
Lesen, Schreiben, Zeichnen	*Abhärtung des Körpers*
Erziehung für Jungen	*Erziehung für Mädchen und Jungen*

7. Hier ist alles durcheinandergeraten. Korrigiere!

Die freien Männer	nahmen am öffentlichen Leben nicht teil.
Die Sklaven	waren oft zu großem Wohlstand gekommen.
Die Jungen	wurden daheim von der Mutter unterwiesen.
Die Frauen	hatten in Athen allein das Wahlrecht.
Die Bauern	verwalteten ihre Stadt selbst.
Die Athener	hatten weniger Rechte als die Stadtbewohner.
Die Mädchen	lernten im Gymnasion viele Sportarten.
Die Fremden	konnten in Athen gekauft und verkauft werden.

8. Diese Buchstaben lernten griechische Schüler. Schreibe deinen Namen auf Griechisch! Die Großbuchstaben findest du jeweils in der oberen Reihe!

Α	Β	Γ	Δ	Ε	Ζ	Η	Θ	Ι	Κ	Λ	Μ	Ν
α	β	γ	δ	ε	ζ	η	ϑ	ι	κ	λ	μ	ν
a	b	g	d	ĕ	z	ē	th	i	k	l	m	n

Ξ	Ο	Π	Ρ	Σ	Τ	Υ	Φ	Χ	Ψ	Ω
ξ	ο	π	ρ	σ ς	τ	υ	φ	χ	ψ	ω
x	ŏ	p	r	s	t	ü	ph	ch	ps	ō

THEMA

Italien heute

LERNZIELE

Die geografische Lage Italiens auf der Weltkarte einordnen können.
Wichtige politische, wirtschaftliche und kulturelle Daten Italiens nennen können.
Die Bedeutung des Tourismus für das Land bewusst machen.
Den Einfluss der römischen Kultur auf Europa bewusst machen.

ARBEITSMITTEL/MEDIEN/LITERATURHINWEISE

Folie 1 (Das antike Rom – ein Modell), 4 Informationsblätter, 1 Arbeitsblatt

TAFELBILD/FOLIEN

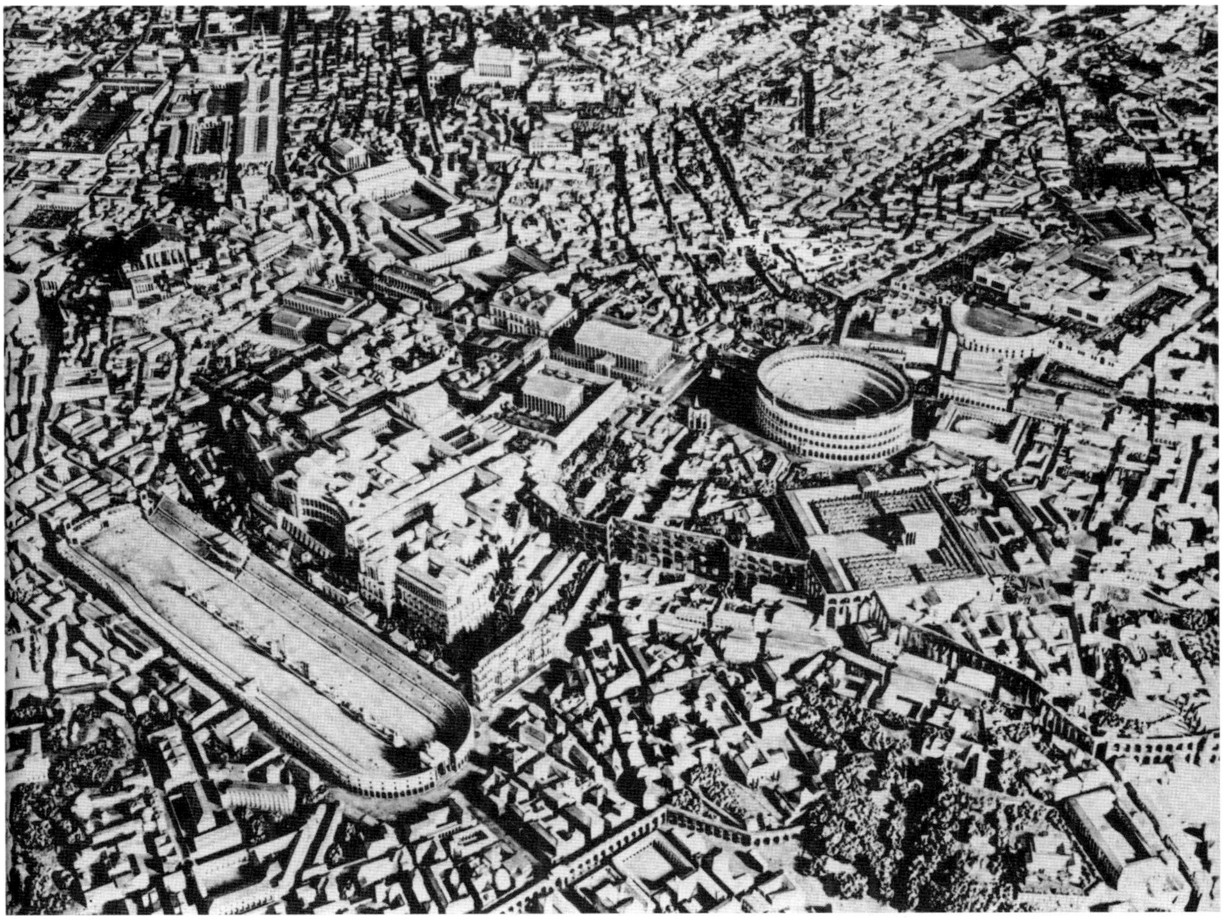

Das antike Rom – ein Modell. Auffallend sind die großen Bauwerke: z. B. der Circus Maximus (für Pferde- und Wagenrennen) oder das Colosseum (Rundbau: für Gladiatorenspiele bzw. Seeschlachten).

I. **Hinführung:**

Folie 1 (Das antike Rom – ein Modell)	S. sammeln Informationen über Italien (Brainstorming)
Zielangabe	TA: **Italien heute**

II. **Erarbeitung:**

1. TZ: Daten Italiens

Informationsblatt 1/EA/PA/GA – Auswertung LSG	S. nehmen zu den Daten Stellung und stellen einen Vergleich zur Bundesrepublik her.

2. TZ: Lage Italiens

Informationsblatt 1/EA/PA/GA – Auswertung LSG	S. beschäftigen sich mit der Karte von Italien.

3. TZ: Touristische Attraktionen

Informationsblätter 2–4	S: – Venedig: Canale Grande, Seufzerbrücke – Rom: Forum Romanum, Petersplatz – Assisi: San Francesco – Gardasee: Malcesine – Pisa: Schiefer Turm

III. **Vertiefung:**

Gesamtwiederholung

IV. **Sicherung:**

Eintrag AB

V. **Ausweitung:**

a) Berichte von Schülern über Italien-Reisen
b) Kurzreferate zu einzelnen Sehenswürdigkeiten
c) Reisevideos über Italien
d) Auswertung von Reisekatalogen
e) Italienische Mode, Fußballmannschaften, Speisen …

Italien – das Wichtigste in Kürze

Im Folgenden sind einige allgemeine Daten zu Italien aufgelistet.

Fläche:	ca. 301 000 km^2
Bevölkerung:	ca. 58 Millionen
Größte Städte:	Rom: 2 553 873 Einwohner
	Mailand: 1 299 439 Einwohner
	Neapel: 995 171 Einwohner
	Turin: 902 255 Einwohner
Lebenserwartung:	Männer 75 Jahre, Frauen 82 Jahre
Schulpflicht:	6–14 Jahre
Religionszugehörigkeit:	98 % Katholiken
Analphabetenrate:	Männer: 1 % – Frauen: 2 %
Nutzfläche:	37 %
Tourismus:	ca. 39 Millionen Besucher jährlich

Touristische Attraktionen I

Venedig: In der Stadt gibt es mehr als 170 Kanäle, mehr als 400 Brücken und zahlreiche Kulturdenkmäler. Autos haben in dieser Stadt keinen Platz.

Canale Grande: „Prachtstraße“ Venedigs. Im Hintergrund die barocke Salutekirche.

Seufzerbrücke. Verbindet den Dogenpalast mit dem früheren Gefängnis.

Touristische Attraktionen II

Rom – die Hauptstadt Italiens ist ein touristischer Anziehungspunkt. Neben vielen antiken Denkmälern befindet sich dort auch Vatikanstadt.

Das Forum Romanum war in der Antike ein wirtschaftliches, politisches und religiöses Zentrum.

Petersplatz von der Kuppel des Petersdoms gesehen.

Touristische Attraktionen III

Assisi: Kirche San Francesco mit Grab des heiligen Franziskus

Der Schiefe Turm von Pisa

Gardasee: Städtchen Malcesine

GESCHICHTE	NAME:____________________	KLASSE:_____	DATUM:____________	NR.____

Italien heute

Hauptstadt: ____________________________________

Einwohnerzahl: ____________________________________

Religion: ____________________________________

Zahl der Touristen/Jahr: ____________________________________

Trage die fehlenden Städte, Meere und Inseln in die Karte ein!

Capri – Mittelmeer – Sizilien – Neapel – Rom – Paestum – Adriatisches Meer – Bologna

GESCHICHTE	NAME:	KLASSE:	DATUM:	NR.

Italien heute

Hauptstadt: *Rom*

Einwohnerzahl: *ca. 58 Millionen*

Religion: *98 % Katholiken*

Zahl der Touristen/Jahr: *ca. 39 Millionen Besucher*

Trage die fehlenden Städte, Meere und Inseln in die Karte ein!

Capri – Mittelmeer – Sizilien – Neapel – Rom – Paestum – Adriatisches Meer – Bologna

THEMA

Vom Stadtstaat zum Weltreich

LERNZIELE

Die Sage von der Gründung Roms kennenlernen.
Bewusst machen, dass aus der kleinen Ansiedlung am Ufer des Tiber im Laufe von Jahrhunderten das römische Reich entstand.
Die Ausdehnung des römischen Reiches beschreiben können.
Die Gründe für diese Ausdehnung erläutern können.
Erkennen, dass das Weltreich zentral verwaltet wurde.
Bewusst machen, welche Staaten heute auf dem Gebiet des ehemaligen römischen Reiches existieren.

ARBEITSMITTEL/MEDIEN/LITERATURHINWEISE

Folie 1 (Das römische Weltreich), 2 Informationsblätter, 1 Arbeitsblatt

TAFELBILD/FOLIEN

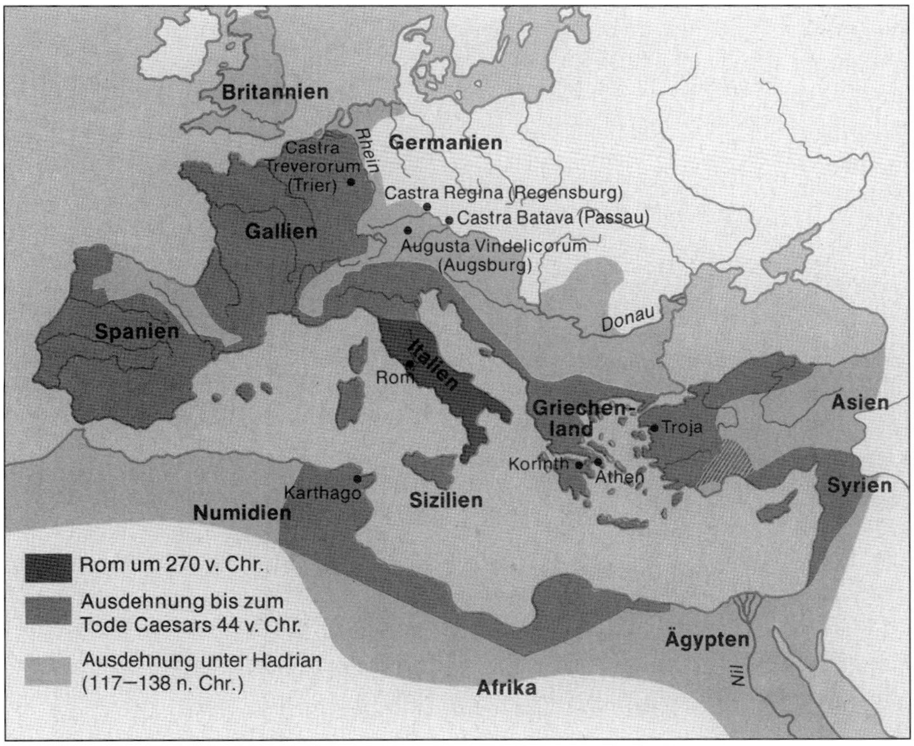

Das römische Weltreich

I.	**Hinführung:**	
	Folie 1 (Das römische Weltreich)	S. begreifen die Ausmaße des römisches Weltreichs.
	Zielangabe	TA: **Vom Stadtstaat zum Weltreich**
II.	**Erarbeitung:**	
	1. TZ: Gründung Roms	
	Informationsblatt 1/ gemeinsames Erlesen/LSG	S. geben die Sage über Romulus und Remus wieder.
	2. TZ: Entstehung des römischen Weltreiches	
	Informationsblatt 2/ EA/PA/GA – Auswertung LSG	S: 1000 v. Chr. bereits Ansiedlung an den Hügeln am Tiber – Rom wird zur Hauptstadt des Reiches – Das römische Heer erobert in vielen Kriegen ein Weltreich.
III.	**Vertiefung:**	
	Gesamtwiederholung	
	3. TZ: Zentrale Verwaltung	
	Informationsblatt 2/ gemeinsames Erlesen	S: Statthalter als Vertreter des Kaisers – Beamte verwalten die neuen Provinzen
IV.	**Sicherung:**	
	Eintrag AB	
V.	**Ausweitung:**	
	Atlasarbeit/ Heutige Länder auf dem Gebiet des ehemaligen Römischen Reiches	S: Spanien, Frankreich … (s. Lösung AB S. 170)

Romulus und Remus gründen Rom

„In Alba longa wohnte einst der friedliebende König Numitor. Seine Enkel waren Romulus und Remus, die Zwillinge. Der gewalttätige Bruder des Numitor riss aber die Macht an sich und vertrieb den König. Damit niemand aus dem Geschlechte Numitors später einmal die Herrschaft zurückgewinnen sollte, setzte er die beiden Knaben Romulus und Remus in einen Rindenkahn und ließ sie den Tiber hinabtreiben. Das zerbrechliche Boot blieb aber in einem Feigenbaum hängen. Dort fand eine Wölfin die Jungen. Sie nahm sie zu sich in ihre Höhle und säugte sie. Schließlich entdeckte ein Hirte die Zwillinge und zog sie heran. Sie wurden Hirten wie ihr Pflegevater.
Als einmal der vertriebene König Numitor einen Streit zwischen seinen Hirten und denen des Pflegevaters schlichten sollte, erkannte er seine Enkelkinder wieder. Romulus und Remus versammelten danach ihre Freunde und verjagten den gewalttätigen Bruder ihres Großvaters.
Der erlaubte nun seinen Enkeln an der Stelle, an der sie gerettet worden waren, eine Stadt zu bauen. Schon bald aber gerieten die Brüder in Streit, weil sie sich nicht einigen konnten, wer der Stadt den Namen geben dürfte. Sie fragten das Orakel des Vogelfluges. Dem Remus zeigten sich sechs Geier, dem Romulus aber zwölf. So beanspruchte Romulus das Recht der Namensgebung für sich und zog mit dem Pflug eine Furche um die viereckige Fläche der neuen Stadt. Als Remus spottend über die Furche hinwegsprang, erschlug ihn Romulus im Zorn.“

Wölfin mit Romulus und Remus

So erhielt die Stadt Rom den Namen nach ihrem Gründer Romulus. Die Geschichtsforscher zählen heute die frühen Könige von Rom zum Volk der Etrusker.

Aus einer kleinen Ansiedlung am Tiber wird die Hauptstadt des römischen Weltreiches

Archäologen fanden bei ihren Grabungen heraus, dass auf den sieben Hügeln am Tiber schon vor 3000 Jahren Menschen wohnten. Nach vielen Jahrhunderten bauten sich die Bewohner der Hügel Häuser aus Stein. Sie schützten sich durch eine Mauer und legten einen gepflasterten Versammlungs- oder Marktplatz im Tal an.
In vielen Kriegen unterwarfen die Römer die anderen Stämme Italiens und fast alle Länder und Völker am Mittelmeer. Die Stadt Rom wurde zur Hauptstadt eines großen Reiches. Hier regierte der Kaiser. Von einem goldenen Meilenstein auf dem Forum aus führten Straßen in alle Länder. Prächtige Tempel, Paläste und Gärten, riesige Sportplätze und Stadien, zahlreiche Bäder und Theater boten den Großstadtbewohnern viele Annehmlichkeiten.

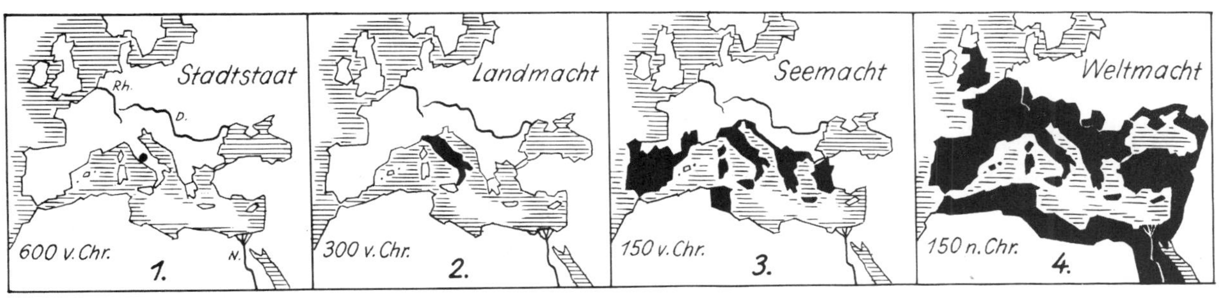

Das romische Weltreich entsteht

So entstand das römische Weltreich

Das römische Heer erobert ein Weltreich

Im dritten Jahrhundert vor Christus hatten die römischen Heere fast alle Stämme in Italien unterworfen. Dann begannen sie, ihre Herrschaft auf das ganze Mittelmeer auszudehnen.
In drei langen Kriegen besiegten und zerstörten die römischen Truppen Karthago, die mächtigste Stadt am Mittelmeer. Nun beherrschten die Römer das ganze westliche Mittelmeer.
Im Laufe des 2. Jahrhunderts v. Chr. wurden Spanien und das heutige Südfrankreich, Griechenland und Kleinasien unterworfen und zu römischen Provinzen gemacht.
Um alle diese Länder zu erobern, mussten viele Tausende von römischen Bürgern als Soldaten Dienst leisten. Auch in den Provinzen wurden die jungen Männer für den Heeresdienst angeworben. Diese Soldaten erhielten jeden Monat Lohn, sie waren Berufssoldaten. Etwa 5000 römische Soldaten und ebenso viele Hilfstruppen bildeten eine Legion. Deswegen hießen sie Legionäre. Diese Legionäre waren gut bewaffnet und ausgebildet. Beim Angriff schleuderten sie einen leichten Wurfspeer mit Eisenspitze, im Nahkampf diente ein kurzes Schwert als Waffe. Den Legionär schützten ein Panzer aus Leder, ein Helm und vor allem ein großer Schild vor den Pfeilschüssen und Schwertschlägen der Gegner.
Eigene Reitertruppen unterstützten die Fußsoldaten im Kampf. In den Häfen des Mittelmeeres war eine große römische Kriegsflotte stationiert. Die römischen Soldaten mussten etwa 20 Jahre Dienst leisten. In dieser Zeit lebten sie in Legionslagern, die in allen Provinzen errichtet waren. Nach ihrer Dienstzeit erhielten die Soldaten als Belohnung zumeist ein Stück Land in den Provinzen, das sie bebauen konnten. Hier lebten diese Veteranen dann als Landwirte.

Römische Legionäre

Römische Enterbrücke

Das Weltreich wird zentral verwaltet

Was die römischen Legionen in jahrhundertelangen Kriegen den römischen Reich hinzugewonnen hatten, das sicherten dann die Beamten des Staates. Das Reich war in Provinzen eingeteilt, denen Statthalter als Vertreter des Kaisers vorstanden. Sie sprachen im Namen des Kaisers Recht nach römischem Gesetz. Sie förderten Handel und Handwerk, Landwirtschaft und Erzgewinnung in den Provinzen.
Die steuerlichen Abgaben flossen nach Rom. Im ganzen Reich waren Straßen mit Poststationen gebaut, auf denen die Händler ihre Ware fahren konnten und die Truppen schnell vorankamen.

Vom Stadtstaat zum Weltreich

Erste Spuren menschlichen Lebens auf den sieben Hügeln findet man schon ____________ Jahre v. Chr. Aus dieser kleinen Siedlung am ________________ entstand im Laufe der Jahrhunderte das römische Reich, das unter Kaiser ____________ seine größte Ausdehnung erreichte.

Erläutere die Karte deinem Banknachbarn!

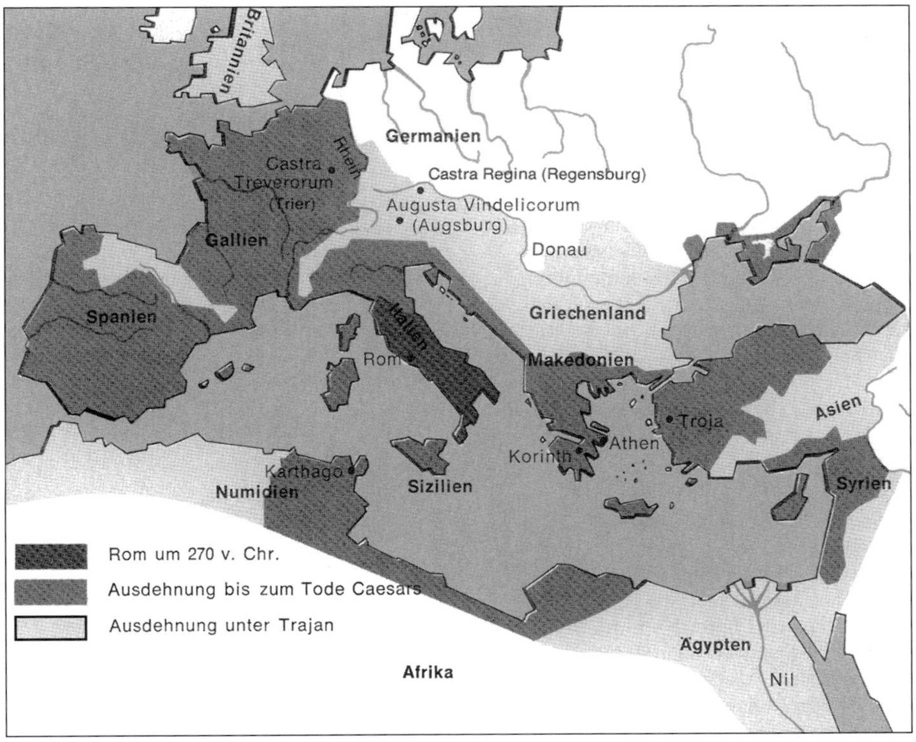

Imperium Romanum

Heutige Länder auf dem ehemaligen Gebiet des römischen Reiches:

____________	____________
____________	____________
____________	____________
____________	____________
____________	____________
____________	____________
____________	____________
____________	____________
____________	____________
____________	____________
____________	____________

GESCHICHTE	NAME: ____________	KLASSE: _____	DATUM: ________	NR. ____

Vom Stadtstaat zum Weltreich

Erste Spuren menschlichen Lebens auf den sieben Hügeln findet man schon *1000* Jahre v. Chr. Aus dieser kleinen Siedlung am *Tiber* entstand im Laufe der Jahrhunderte das römische Reich, das unter Kaiser *Trajan* seine größte Ausdehnung erreichte.

Erläutere die Karte deinem Banknachbarn!

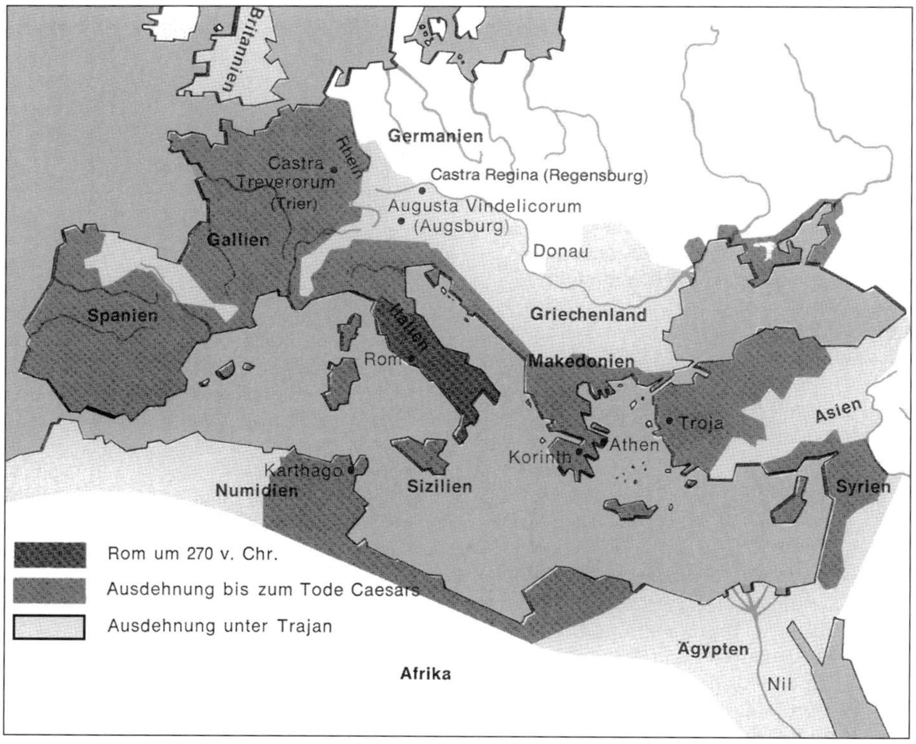

Imperium Romanum

Heutige Länder auf dem ehemaligen Gebiet des römischen Reiches:

Spanien	*Frankreich*
Großbritannien	*Deutschland*
Italien	*Österreich*
Schweiz	*Ungarn*
Rumänien	*Bulgarien*
Jugoslawien	*Kroatien*
Syrien	*Libanon*
Israel	*Jordanien*
Ägypten	*Libyen*
Algerien	*Marokko*
Türkei	*Ukraine*

THEMA

Die Alleinherrschaft Caesars

LERNZIELE

Erkennen, dass Cäsar aus einem alten römischen Patriziergeschlecht stammte.
Bewusst machen, dass er in Crassus einen großen Förderer fand.
Die Bedeutung des Triumvirats erläutern können.
Verdienste Caesars um das römische Volk nennen können.
Erläutern können, wie es zu seiner Ermordung kam.

ARBEITSMITTEL / MEDIEN / LITERATURHINWEISE

Folie 1 (Caesar), 2 Informationsblätter, 1 Arbeitsblatt

TAFELBILD / FOLIEN

Diese Statue von Caesar wurde wie die meisten Abbildungen, die wir von ihm kennen, erst nach seinem Tod gefertigt. Seine eigentlich hageren Gesichtszüge wurden stark verschönt.

I. **Hinführung:**

Folie 1 (Caesar) — S. stellen Mutmaßungen über die Person Caesars an.

Zielangabe — TA: **Die Alleinherrschaft Caesars**

II. **Erarbeitung:**

1. TZ: Rom weitet seine Herrschaft über das Mittelmeer aus.

Informationsblatt 1/ gemeinsames Erlesen

S:
- Der Sieg über Karthago sichert die Macht über das westliche Mittelmeer.
- Spanien, Südostgallien, Griechenland und Kleinasien werden römische Provinzen.

2. TZ: Caesars Aufstieg

Informationsblatt 2/ EA/PA/GA – Auswertung LSG

S: Caesar stammte aus einem alten römischen Patriziergeschlecht.
- Crassus unterstützt seine Pläne.
- 59 v. Chr. Konsul
- Triumvirat mit Crassus und Pompejus
- Sieg gegen Pompejus (49 v. Chr.)

3. TZ: TZ: Caesars Alleinherrschaft

S: Seine staatsmännischen Fähigkeiten sichern ihm die Macht in Rom.
- Ernennung vom Senat zum „Diktator auf Lebenszeit"
- Cäsar will sich den Titel „König" vom Senat antragen lassen.
- Verschwörung
- Brutus ermordet Cäsar mit 23 Dolchstößen (44 v. Chr.).

EA/PA/GA – Auswertung LSG

III. **Vertiefung:**

Gesamtwiederholung

IV. **Sicherung:**

Eintrag AB

Die Alleinherrschaft Caesars

Rom weitet seine Herrschaft über das ganze Mittelmeer aus

Im 3. Jahrhundert v. Chr. hatten die Römer ihre Herrschaft in Italien stabilisiert. Ihre Legionen sicherten ihnen mit dem Sieg über Karthago die Macht über das westliche Mittelmeer. Im Laufe des 2. Jahrhunderts wurden Spanien und Südostgallien, Griechenland und Kleinasien römische Provinzen.
Bis zum Beginn unserer Zeitrechnung herrschte Rom über ein Reich, das von Gibraltar bis nach Palästina reichte.
Aber die Macht nach außen konnte die inneren Machtkämpfe in Rom nicht verhindern. Die große Ausdehnung des Römischen Reiches war mit den Verwaltungseinrichtungen des ehemaligen Stadtstaates Rom kaum mehr zu regieren. So kam es bald zu Parteikämpfen in der Hauptstadt, die in Bürgerkriege ausarteten. Die sozialen Spannungen zwischen Arm und Reich führten zu blutigen Aufständen. Konsuln und Feldherren wollten die Macht übernehmen und brachten den römischen Staatsgedanken in Verruf.

Caesars Aufstieg

Caesar stammte aus einem alten römischen Patriziergeschlecht. Aber seine Neigungen brachten ihn bald mit der Partei der Popularen (= Volksfreunde) zusammen. Ihr Anführer, der reiche Crassus, streckte ihm das Geld vor, seine ehrgeizigen Pläne zu verwirklichen. Er übernahm verschiedene Staatsämter und stieg zum Oberhaupt der Priester auf. Seine ersten kriegerischen und staatsmännischen Erfolge erzielte er als Feldherr in Spanien. Als 41-Jähriger wurde er für das Jahr 59 v. Chr. zum Konsul gewählt, dem höchsten Staatsamt, das die Republik zu vergeben hatte. Damals schloss er mit den Feldherren Pompejus und Crassus das Triumvirat (lateinisch: Tresviri oder Triumviri: „Dreimännerbund"), der ihn zum wirklichen Herrn in Rom machte. So bekam er nach seiner Zeit als Konsul die Statthalterschaft über Gallien zugesprochen, wo er, gegen Kelten und Germanen kämpfend, die Provinz erweiterte und fest mit dem Reich verband. Der siegreiche Krieg in Gallien, die reiche Beute und die Treue seiner kampferprobten Legionen machten Caesar zum mächtigsten Mann im Römerreich.

In Rom hatte sich Pompejus nach dem Tode des Crassus gegen Caesar gewandt. Aber Caesar hatte vorgesorgt. Als es zur Auseinandersetzung mit Pompejus kam, war die Macht und der Einfluss Caesars so groß, dass er mit seinen Legionen in Italien einmarschieren und den Gegner besiegen konnte (49 v. Chr.).

Pompejus (um 50 v. Chr.)

Caesars Aufstieg und Untergang

Als Caesar nach Rom zurückkehrte, zeigte er seine staatsmännischen Fähigkeiten. Großmütig verzieh er seinen Gegnern aus dem Krieg gegen Pompejus und erließ eine allgemeine Straffreiheit. Für das Volk von Rom regelte er die Getreidespenden und ließ ihnen großartige Spiele im Circus vorführen. Die vielen Arbeitslosen beschäftigte er bei der Errichtung von öffentlichen Bauten. Eine allgemeine Regelung der Schuld- und Pachtverhältnisse führte zum Anstieg der sozialen Sicherheit der Bürger. Zudem schuf Caesar für verarmte Bürger und Veteranen Siedlerstellen in den Provinzen. Für verarmte Bürger und Veteranen ließ er Siedlerstellen in den Provinzen errichten.
Zur Sicherung seiner Alleinherrschaft ließ er sich vom Senat zum „Diktator auf Lebenszeit" ernennen. Senat und Volksversammlung mussten seinen Anweisungen Folge leisten. Rom war keine Republik mehr. Caesar gab dem Staat zwar eine neue Verfassung, aber die letzten Entscheidungen blieben ihm vorbehalten: Entscheidung über Krieg und Frieden, Gerichtsurteile, Ernennung von hohen Beamten, Statthaltern und Heerführern.
Als sich Caesar im März des Jahres 44 v. Chr. vom Senat den Titel König antragen lassen wollte, kam es zu einer Verschwörung gegen den mächtigen Emporkömmling. Obwohl Cäsar davon wusste, ging er doch in die Senatssitzung.
Mit 23 Dolchstößen töteten die Verschwörer, darunter auch Brutus, den Alleinherrscher, der zu Füßen der Statue seines ehemaligen Gegners Pompejus zusammenbrach.

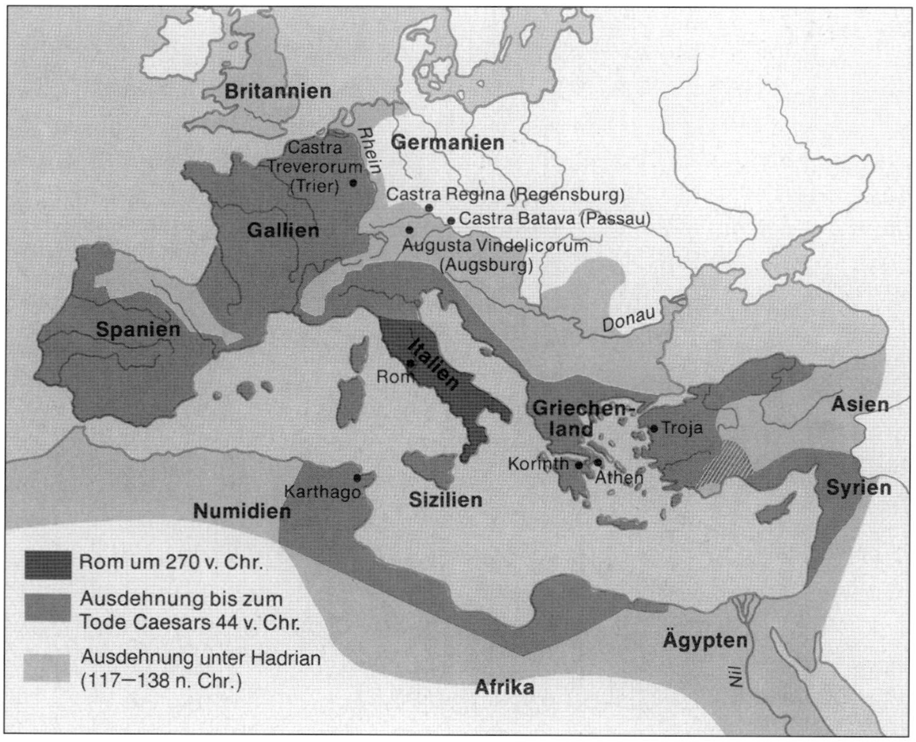

Rom erobert innerhalb von fünf Jahrhunderten ein Weltreich.

GESCHICHTE	NAME: ____________	KLASSE: ____	DATUM: ________	NR. ____

Die Alleinherrschaft Caesars

Die Ermordung Caesars: So könnte es sich zugetragen haben.

Caesar stammte aus einem alten römischen ______________________________.

Schon frühzeitig suchte Caesar Verbündete und fand sie in der Partei der ______________. Deren Anführer, der reiche ______________, half ihm mit Geld, seine Pläne zu verwirklichen. Bereits im Alter von ________ Jahren wurde er zum ______________ gewählt. Caesar schloss mit den Feldherren ______________ und ______________ das sogenannte Triumvirat (= Dreimännerbund), der ihn zum wirklichen Herrn von Rom machte. Im weiteren Verlauf stieg er durch den siegreichen Krieg in ______________ und durch die Macht seiner Legionen zum ______________ Mann im römischen Reich auf.

Nach dem Tod von Crassus hatte sich Pompejus zwar gegen Caesar gewandt, wurde aber von ihm besiegt. Als Caesar nach Rom zurückkehrte, zeigte er seine großen ______________ Fähigkeiten. Mit zahlreichen Reformen brachte er das Volk auf seine Seite. Er wollte jedoch als ______________ Herrscher regieren. Zur Sicherung dieser Alleinherrschaft ließ er sich vom Senat zum ______________ ernennen.

Als sich Caesar im März des Jahres ______________ vom Senat den Titel „König" antragen lassen wollte, kam es zu einer Verschwörung gegen ihn. In einer Senatssitzung wurde er von den ______________ mit 23 Dolchstichen ermordet.

 NAME:________ KLASSE:____ DATUM:________ NR.____

Die Alleinherrschaft Caesars

Die Ermordung Caesars: So könnte es sich zugetragen haben.

Caesar stammte aus einem alten römischen *Patriziergeschlecht*. Schon frühzeitig suchte Caesar Verbündete und fand sie in der Partei der *Popularen*. Deren Anführer, der reiche *Crassus*, half ihm mit Geld, seine Pläne zu verwirklichen. Bereits im Alter von *41* Jahren wurde er zum *Konsul* gewählt. Caesar schloss mit den Feldherren *Pompejus* und *Crassus* das sogenannte Triumvirat (= Dreimännerbund), der ihn zum wirklichen Herrn von Rom machte. Im weiteren Verlauf stieg er durch den siegreichen Krieg in *Gallien* und durch die Macht seiner Legionen zum *mächtigsten* Mann im römischen Reich auf.
Nach dem Tod von Crassus hatte sich Pompejus zwar gegen Caesar gewandt, wurde aber von ihm besiegt. Als Caesar nach Rom zurückkehrte, zeigte er seine großen *staatsmännischen* Fähigkeiten. Mit zahlreichen Reformen brachte er das Volk auf seine Seite. Er wollte jedoch als *alleiniger* Herrscher regieren. Zur Sicherung dieser Alleinherrschaft ließ er sich vom Senat zum *„Diktator auf Lebenszeit"* ernennen.
Als sich Caesar im März des Jahres *44 v. Chr.* vom Senat den Titel „König" antragen lassen wollte, kam es zu einer Verschwörung gegen ihn. In einer Senatssitzung wurde er von den *Verschwörern* mit 23 Dolchstichen ermordet.

THEMA

Kaiser Augustus

LERNZIELE

Bewusst machen, dass Gaius Octavius nach langen Jahren des Bürgerkriegs die Nachfolge Caesars antreten konnte.
Seinen Weg zur Macht nachvollziehen können.
Die Machtfülle des Gaius Octavius beschreiben können.
Den Beinamen „Augustus“ erklären können.
Erkennen, dass Augustus als Alleinherrscher das römische Reich regiert.
Bewusst machen, dass die „Pax Romana“ den Wunsch des Augustus zum Ausdruck bringt, seinem Volk Frieden zu bringen.
Die Regierungszeit des Augustus beschreiben und werten können.

ARBEITSMITTEL/MEDIEN/LITERATURHINWEISE

Folie 1 (Augustus), 2 Informationsblätter, 1 Arbeitsblatt

TAFELBILD/FOLIEN

Augustus als Kaiser dargestellt. Viele Symbole untermalen die edle Herkunft und die Tapferkeit, z. B.: Amor weist auf die Abstammung von Venus hin. Auf dem Panzer sieht man die kriegerischen Erfolge des Kaisers.

I. **Hinführung:**

Folie 1 (Augustus)	S. werten den Symbolgehalt der Statue aus.
Zielangabe	TA: **Kaiser Augustus**

II. **Erarbeitung:**

1. TZ: Die Zeit nach Caesar

Informationsblatt 1/ EA/PA/GA – Auswertung LSG	S: 15 Jahre Bürgerkrieg – Weg zur Macht gepflastert mit Schlachten, Verrat, Hinrichtungen – Alleinherrscher – Imperator

2. TZ: Pax Romana

Informationsblatt 2/ EA/PA/GA – Auswertung LSG	S: Beiname Augustus – Zeit des Friedens – Faires Verhalten dem Besiegten gegenüber – Innerer Frieden – Wirtschaft und Handel nehmen einen großen Aufschwung.

III. **Vertiefung:**

Impuls	L: Die Bezeichnung „Friedenskaiser“ trifft nicht umfassend zu! S: Den Weg zur Macht kann man nicht mit „Frieden“ umschreiben – sein Bemühen als Alleinherrscher schon

IV. **Sicherung:**

Eintrag AB

V. **Ausweitung:**

Folie 2 (Geburt Jesu)/Impuls	L: In die Regierungszeit des Augustus fällt ein bedeutsames Ereignis …

Das römische Imperium im Zeitalter des Augustus

Die Zeit nach Caesar

Nach der Ermordung Caesars tobte 15 Jahre lang ein Bürgerkrieg im Römischen Reich um das Erbe der Macht. Das Privatvermögen Caesars hatte Gaius Octavius, sein Großneffe und Adoptivsohn, geerbt. Dieser junge Mann wollte auch das politische Erbe seines Adoptivvaters antreten. Aber erst im Sommer des Jahres 29 v. Chr. konnte er den Bürgerkrieg für beendet erklären.
Der Weg des Gaius Octavius zur Macht in Rom war gepflastert mit Schlachten, Verrat und Hinrichtungen: persönliche Feinde, politische Gegner und vor allem reiche Leute ließ er zu Hunderten umbringen; auch seine Bundesgenossen wurden nicht verschont.
Auf diese Weise machte er sich schließlich zum Alleinherrscher. Obwohl Gaius Octavius die „Gefährlichkeit einer Klapperschlange“ nachgesagt wurde, war das Volk von Rom bereit, die Herrschaft eines einzelnen hinzunehmen.

Octavius war nach Ansicht von Volk und Senat von Rom der einzige, der dem Reich den Frieden bringen konnte. Er hielt zwar äußerlich an der Staatsform der Republik fest, aber die Vielzahl der Ämter, die er innehatte, machte ihn zum Alleinherrscher.
Als „Imperator“, d. h. oberster Befehlshaber, hatte er auch die alleinige Militärgewalt. Seine Macht kannte keine Grenzen, niemand konnte etwas gegen den kaiserlichen Willen durchsetzen: Ihm unterstand das gesamte römische Heer, er bestimmte, wer dem Senat angehörte, welche Gesetze vom Senat beschlossen und welche Männer zu Beamten gewählt wurden.

Kaiser Augustus, 63 v. Chr.–14 n. Chr.

Kaiser Augustus ruft die „Pax Romana" aus

Seine Regierungszeit war ganz der Arbeit für den Frieden im Reich und dem Wohlstand seiner Bürger gewidmet. So erhielt er schon bald vom Senat der Stadt Rom den Beinamen „Augustus" (= der Erhabene) verliehen.

Vor dem Senat hatte Augustus die „Pax Romana", d. h. „Zeit des Friedens" im Römischen Reich verkündet. Und er setzte sein Vorhaben in die Tat um: Es gelang Augustus, in seinem Reich für lange Jahre den Frieden zu sichern. Dies bedeutete zwar nicht, dass in seiner Regierungszeit überhaupt keine Kriege geführt worden wären. Meist handelte es sich aber um kleinere militärische Auseinandersetzungen an den Grenzen des Reiches, wovon aber die Hauptstadt Rom nicht betroffen war.
Er führte jedoch mit keinem Volk einen Krieg ohne einen zu rechtfertigenden Grund. Als Sieger schonte er so weit wie irgend möglich den besiegten Gegner. Der Wunsch nach Erweiterung des Reichsgebiets lag ihm fern.

Den inneren Frieden sicherte er durch verschärfte Strafgesetze, durch ein gut besoldetes Berufsbeamtentum, durch aufwendige Spiele für die Römer und durch regelmäßige Getreidespenden für die Armen der Hauptstadt.
Wirtschaft und Handel nahmen einen ungeahnten Aufschwung, der vor allem der Hauptstadt Rom zugute kam, die damals zu einer Weltstadt von beinahe zwei Millionen Einwohnern heranwuchs.

Auf einer Erholungsreise starb Augustus im Jahre 14 n. Chr. nach über 40-jähriger Herrschaft im Alter von 75 Jahren.

Schwert- und Netzkämpfer in der Arena

GESCHICHTE	NAME:	KLASSE:	DATUM:	NR.

Kaiser Augustus

Überlege, was du über Kaiser Augustus erfahren hast! Fertige eine Mind-Map an!

Kaiser Augustus

GESCHICHTE	NAME:__________	KLASSE:____	DATUM:________	NR.___

Kaiser Augustus

Überlege, was du über Kaiser Augustus erfahren hast! Fertige eine Mind-Map an!

Alleinherrscher

Römischer Kaiser zur Zeit der Geburt Jesu

15 Jahre Bürgerkrieg

Kaiser Augustus

Berufsbeamtentum

verschärfte Strafgesetze

Augustus („der Erhabene“)

Schonung des besiegten Gegners

oberster Befehlshaber des Heeres

Rom wird Weltstadt

Kaiser Augustus

Aufschwung von Wirtschaft und Handel

keine Erweiterung des Reichsgebietes

Pax Romana

Friedenssicherung über ca. 40 Jahre

Getreidespenden für die Armen Roms

aufwendige Spiele für die Römer

THEMA

Sicherung und Verwaltung des Weltreiches

LERNZIELE

Erkennen, mit welchen Mitteln die Römer ihr Weltreich verwalteten.
Bewusst machen, dass Rom der Mittelpunkt der damaligen Welt darstellte.
Bewusst machen, dass die Römer gute Techniker und Baumeister waren.
Technische Leistungen der Römer nennen können.
Bewusst machen, dass diese technischen Leistungen zur Sicherung und Verwaltung des Weltreiches eingesetzt wurden.

ARBEITSMITTEL / MEDIEN / LITERATURHINWEISE

Folie 1 (Technische Errungenschaften der Römer), 2 Informationsblätter, 1 Arbeitsblatt

TAFELBILD / FOLIEN

Technische Errungenschaften der Römer: Aquädukte versorgten die römischen Städte mit Wasser. (Abgebildet ist das Aquädukt von Pont du Gard bei Nîmes in Südfrankreich.)

I. **Hinführung:**

Folie 1 (Technische Errungenschaften der Römer)	S. erkennen die Großartigkeit des Aquädukts.
Zielangabe	TA: **Sicherung und Verwaltung des Weltreiches**

II. **Erarbeitung:**

1. TZ: Verwaltung

Informationsblatt 1/ EA/PA/GA – Auswertung LSG	S: Rom = Mittelpunkt der damaligen Welt – Länder in Provinzen eingeteilt – Statthalter regieren – Vermessung des Reiches – Militär sorgt für Frieden

2. TZ: Techniker und Baumeister

Informationsblatt 2/ EA/PA/GA – Auswertung LSG	S: Pflug und Wagen – Mühlen und Keltereien – Bewässerungsanlagen – Straßenbau – Schiffbau – Kran und Flaschenzug – Wasserleitungen – Badehallen – Fußbodenheizungen

III. **Vertiefung:**

Gesamtwiederholung

IV. **Sicherung:**

Eintrag AB

V. **Ausweitung:**

Impuls	L: Die technischen Leistungen haben für die römischen Herrscher eine wichtige Aufgabe! S: Sie erleichtern die Verwaltung des römischen Reiches …

Wie die Römer ihr Reich verwalteten

„Alle Wege führen nach Rom“ – dieses Sprichwort konnte man vor 2000 Jahren ganz wörtlich nehmen. Alle wichtigen Land- und Seewege hatten nur ein Ziel: Rom, die Hauptstadt des Weltreiches, den Mittelpunkt der Regierung, Verwaltung und Wirtschaft.
„Rom, das Haupt der Welt“ nannten die Römer stolz ihre Hauptstadt. Auf dem Forum (= Marktplatz) ließ Augustus einen goldenen Meilenstein errichten, wo alle Heerstraßen des Reiches mündeten. So war Rom tatsächlich der Mittelpunkt der damaligen Welt. Das Mittelmeer nannten die römischen Weltbürger „mare nostrum“, d. h. „unser Meer“.
Die Länder, die die römischen Legionäre in harten Kämpfen erobert hatten, sicherten die Beamten des Staates. Das Reich wurde in Provinzen eingeteilt, wo Statthalter als Vertreter des Kaisers regierten. Sie sprachen in seinem Namen Recht nach römischen Gesetzen. Sie förderten Handwerk und Handel, Ländwirtschaft und Erzgewinnung. Zwischen den einzelnen Teilen des Weltreiches entwickelten sich intensive wirtschaftliche Beziehungen und die römischen Händler verkauften ihre Waren an die Nachbarvölker. Die Statthalter sorgten auch dafür, dass die Steuern regelmäßig an Rom entrichtet wurden. Ihre Legionäre sorgten für Ruhe und Sicherheit im Lande. Die Sprache der Römer, das Latein, wurde im ganzen Imperium gesprochen.
Hervorragende Straßen wurden gebaut, die in alle Teile des Weltreiches führten; römische Schiffe sorgten für die Sicherheit der Seewege. Regelmäßiger Postdienst mit Pferdewechselstationen ermöglichte eine schnelle Nachrichtenübermittlung.
Augustus ließ das ganze Reich vermessen. Eine Landkarte gab genaue Auskunft über die Lage von Städten und Lagerorten des römischen Heeres und über Wege und Straßen im weiten Imperium.
Entlassene Legionäre wurden in den eroberten Provinzen als Bauern angesiedelt. Das römische Militär sorgte für Frieden im ganzen Reich. Einheitliche Münzen erleichterten den Handel. Die Wirtschaft blühte auf. Aus allen Teilen des Reiches floss der Reichtum gut verwalteter Provinzen in die Hauptstadt Rom.

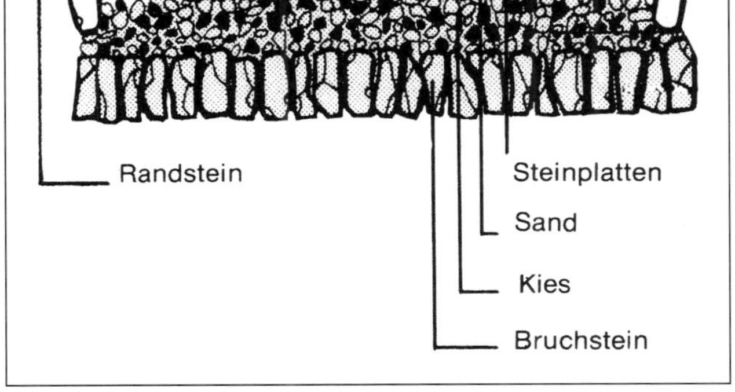

Querschnitt durch eine Römerstraße

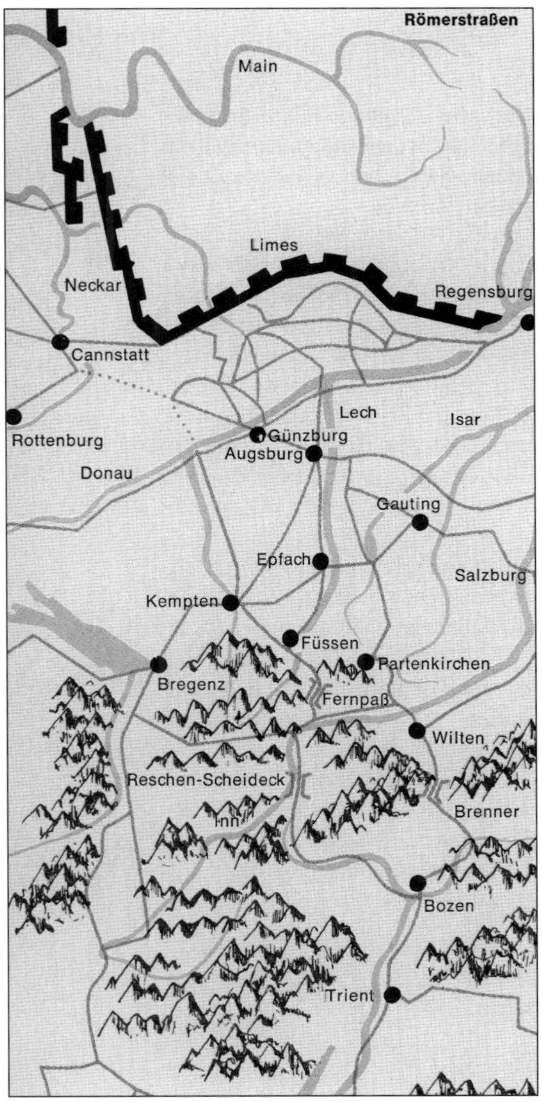

Römerstraßen entstehen

Die Römer waren gute Techniker und Baumeister

Hilfsmaschinen auf einer römischen Baustelle (Modell)

Römisches Mietshaus

Schon früher waren die Römer darum bemüht, durch technische Hilfsmittel ihre Arbeit und ihr Leben zu erleichtern. Manches Wissen übernahmen sie dabei von anderen Völkern, z. B. den Etruskern.
Den römischen Bauern halfen Pflug und Wagen bei der Arbeit, in Mühlen wurde Getreide verarbeitet, in Keltereien Wein gewonnen. Gut ausgedachte Bewässerungsanlagen machten trockene Felder fruchtbar.
Von ihrer Hauptstadt aus bauten die Römer in alle Provinzen des Weltreiches feste, gepflasterte Straßen. Dabei wurden Steigungen ausgeglichen, Tunnels gegraben und Brücken aus Stein errichtet.
Den Bau von Schiffen hatten die Römer erst in den Kriegen gegen Karthago erlernt. Bald aber beherrschten sie mit ihren Kriegsschiffen das ganze Mittelmeer. Ein reger Handel entstand zwischen den einzelnen Teilen des Weltreiches und die römischen Händler verkauften ihre Waren an die Nachbarvölker.
In Rom und den anderen großen Städten errichteten die Baumeister neben den mächtigen Tempeln und öffentlichen Gebäuden auch mehrstöckige Wohnhäuser, um für die vielen Menschen genügend Wohnraum zu schaffen. Kran und Flaschenzug halfen, das Baumaterial in große Höhen zu transportieren.
Riesige Wasserleitungen aus Stein, die Aquädukte, brachten das Wasser von weit her in die Städte. Die überdachten Wasserrinnen wurden auf hohen Brückenbogen geleitetet, damit das Wasser in die oberen Stockwerke der Häuser gelangen konnte.
Brunnenhäuser verteilten das Wasser. In großen und prächtig ausgestatteten Badehallen konnten sich die Menschen erholen. Fußbodenheizungen sorgten hier auch im Winter für angenehme Wärme.
Noch heute zeigen uns erhaltene römische Bauten, welch gute Techniker und Baumeister es bei den Römern gegeben hat.

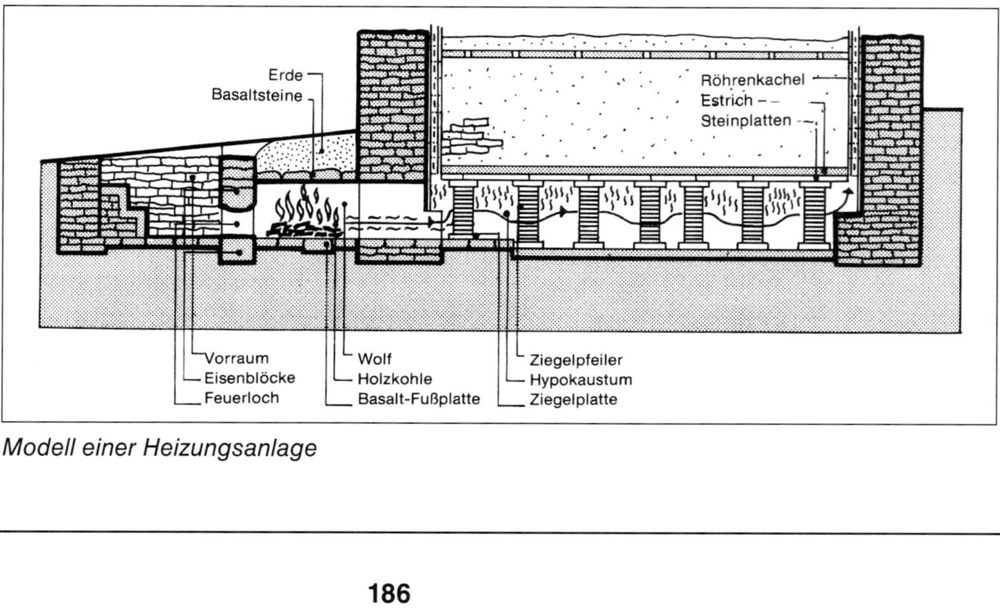

Modell einer Heizungsanlage

GESCHICHTE	NAME: ____________	KLASSE: ____	DATUM: ________	NR. ____

Die Römer verwalten ihr Weltreich

Römisches Kriegsschiff

Die eroberten Länder wurden in ______________________ eingeteilt, wo ______________________ als Vertreter des Kaisers regierten.

Sie sprachen ______________________ nach römischen Gesetzen und förderten ____ .

Die Statthalter sorgten auch dafür, dass die ______________________ an Rom entrichtet wurden.

Römische Schiffe kümmerten sich um die Sicherheit der ______________________ .

Das römische Militär sorgte für ______________________ im ganzen Reich.

Die Römer waren gute Techniker und Baumeister. Trockene Felder wurden durch ______________________________ fruchtbar gemacht. Von der Hauptstadt aus errichteten die Römer ______________________________ .

Dabei wurden ______________________ ausgeglichen, ______________________ gegraben und ______________________ errichtet.

______________________ und ______________________ halfen, Baumaterial für Tempel und Gebäude in große Höhen zu transportieren.

Riesige ______________________ brachten Wasser in die Städte.

In prächtig ausgestatteten ______________________ konnten sich die Menschen erholen. ______________________ sorgten auch im Winter für angenehme Wärme.

GESCHICHTE	NAME: ______	KLASSE: ____	DATUM: ______	NR. ____

Die Römer verwalten ihr Weltreich

Römisches Kriegsschiff

Die eroberten Länder wurden in *Provinzen* eingeteilt, wo *Statthalter* als Vertreter des Kaisers regierten.
Sie sprachen *Recht* nach römischen Gesetzen und förderten *Handwerk und Handel, Landwirtschaft und Erzgewinnung*.
Die Statthalter sorgten auch dafür, dass die *Steuern* an Rom entrichtet wurden.
Römische Schiffe kümmerten sich um die Sicherheit der *Seewege*.
Das römische Militär sorgte für *Frieden* im ganzen Reich.

Die Römer waren gute Techniker und Baumeister. Trockene Felder wurden durch *Bewässerungsanlagen* fruchtbar gemacht. Von der Hauptstadt aus errichteten die Römer *gepflasterte Straßen*.
Dabei wurden *Steigungen* ausgeglichen, *Tunnels* gegraben und *Brücken aus Stein* errichtet.
Kran und *Flaschenzug* halfen, Baumaterial für Tempel und Gebäude in große Höhen zu transportieren.
Riesige *Wasserleitungen* brachten Wasser in die Städte.
In prächtig ausgestatteten *Badehallen* konnten sich die Menschen erholen. *Fußbodenheizungen* sorgten auch im Winter für angenehme Wärme.

THEMA

Ausbeutung und Unfreiheit

LERNZIELE

Bewusst machen, dass die Ausweitung des römischen Weltreiches vielen Menschen Tod und Verderben brachte.
Karthago und Korinth als Beispiele hierfür anführen können.
Erkennen, dass die Sklaven eine Grundlage für die römische Wirtschaft darstellten.
Erkennen, dass der Reichtum Roms darauf basierte, dass aus den eroberten Ländern reiche Beute in die Hauptstadt kam.

ARBEITSMITTEL/MEDIEN/LITERATURHINWEISE

Folie 1 (Sklaven verschnüren einen Warenballen), 2 Informationsblätter, 1 Arbeitsblatt

TAFELBILD/FOLIEN

Sklaven verschnüren einen Warenballen

I. **Hinführung:**

Folie 1 (Sklaven verschnüren einen Warenballen)	S: Die Abbildung zeigt Sklaven.
Zielangabe	TA: **Ausbeutung und Unfreiheit**

II. **Erarbeitung:**

1. TZ: Sklaverei

Informationsblatt 1/ EA/PA/GA – Auswertung LSG	S: Sklaverei ist eine Säule der römischen Wirtschaft: – Je mehr Sklaven ein Römer besaß, desto höher sein Ansehen – Die Sklaven arbeiteten als Lehrer, Schreiber, Architekten, Bildhauer, auf Feldern und in Steinbrüchen usw.

2. TZ: Eroberte Länder – Roms Reichtum

Informationsblatt 2/ EA/PA/GA – Auswertung LSG	S: Der Reichtums Roms war nur denkbar durch die Ausbeutung der eroberten Länder.

III. **Vertiefung:**

Gesamtwiederholung

IV. **Sicherung:**

Eintrag AB

V. **Ausweitung:**

Impuls	L: Eine neue Religion brachte für die Sklaven eine wichtige Veränderung. S: Das Christentum erklärte alle Menschen zu Kindern Gottes …

Ausbeutung und Unfreiheit

Die Ausweitung des römischen Weltreiches bringt vielen Menschen Tod und Verderben

Beim Aufbau des Weltreiches unterwarfen die Römer mit Gewalt sehr viele Stämme und Völker. Allein gegen die Stadt Karthago führten sie dreimal langjährige Kriege. Im letzten dieser Kriege wurde die Stadt im Jahr 146 v. Chr. völlig zerstört. Von den etwa 500 000 Einwohnern Karthagos überlebte nur ein Zehntel die Eroberung durch die Römer. Im selben Jahr vernichteten die römischen Truppen auch die griechische Stadt Korinth. Die römischen Soldaten erschlugen die meisten gefangenen Männer, Frauen und Kinder wurden als Sklaven verkauft.

Sklaverei, eine Grundlage der römischen Wirtschaft

Großen Anteil an der wirtschaftlichen Blüte Roms hatten die zahlreichen Sklaven. Sie besaßen keinerlei Rechte und galten als persönliches Eigentum eines Herren. Der Besitzer konnte sie wie eine Sache behandeln, wie einen Pflug oder einen Esel.
Auf Märkten wurden die Sklaven – Männer, Frauen und Kinder – verkauft: Es waren meist verschleppte Kriegsgefangene aus Kleinasien, Nordafrika, Gallien und Germanien.
Je mehr Sklaven ein Römer besaß, umso größer war sein Ansehen. Gute Sklaven waren so teuer wie ein Pferd. Reiche Römer verfügten über 400 bis 500 Sklaven, die Kaiser hielten sich Tausende. Je nach ihrem Können wurden die Sklaven in allen Bereichen des wirtschaftlichen Lebens eingesetzt: Sie waren Lehrer und Schreiber, Architekten und Bildhauer, Gladiatoren und Aufseher; sie arbeiteten auf Feldern, in Steinbrüchen und Bergwerken, beim Straßen- und Brückenbau oder als Ruderer auf den Schiffen.
Während die sogenannten Haussklaven ein verhältnismäßig gutes Leben hatten, mussten die Arbeitssklaven meist schwere Arbeiten verrichten. Wenn diese Sklaven zu körperlicher Arbeit nicht mehr taugten, waren sie für den Besitzer nichts mehr wert. Oft wurden sie dann freigelassen und vermehrten die große Anzahl der Armen in Rom.

In Rom gab es auch kritische Stimmen gegen Sklavenhaltung. So schreibt der Philosoph Seneca: „Nein, wir haben an ihnen keine Feinde, wir machen sie erst dazu. Ich will gar nicht reden von anderen unmenschlichen Grausamkeiten, dass wir sie nicht wie Menschen, sondern wie Lasttiere behandeln … Willst du nicht einmal bedenken, dass der Mensch, den du deinen Sklaven nennst, den gleichen Ursprung hat wie du, dass sich über ihn derselbe Himmel wölbt, dass er die gleiche Luft atmet, dass ihm das gleiche Leben, der gleiche Tod beschieden ist!"

Weiter wurde von einem römischen Schriftsteller berichtet:
„Die Sklaven, die im Bergbau beschäftigt sind, bringen ihren Besitzern unglaubliche Einkünfte; sie selber aber müssen unterirdisch graben, bei Tag wie bei Nacht, gehen körperlich zugrunde und viele sterben infolge der übermäßigen Anstrengung; denn Erholung oder Pausen in der Arbeit gibt es nicht; Aufseher zwingen sie mit Schlägen, die furchtbaren Leiden zu ertragen, bis sie elend ihr Leben aushauchen; wenige nur, die Körperkraft und seelische Widerstandsfähigkeit genug haben, halten durch und verlängern damit nur ihre Qual."

Eroberte Länder – Roms Reichtum

Der Reichtum Roms war nur denkbar, weil aus den eroberten Ländern unvorstellbar reiche Beute in die Hauptstadt kam. Darüber hinaus mussten regelmäßige Abgaben geleistet werden. Auch die natürlichen Reichtümer der Provinzen – Bodenschätze und landwirtschaftliche Erzeugnisse – wurden als billige Ware nach Rom gebracht.

Der römische Schriftsteller Cicero berichtet von der Provinz Sizilien, die durch den Statthalter Verres ausgeplündert wurde:

„Die Provinz ist drei Jahre lang dermaßen gequält und heimgesucht worden, dass wir sie auch in vielen Jahren, mit noch so vielen tüchtigen und verständigen Beamten nicht wieder beleben können.
Welcher Landwirt hat wohl während der Regierungszeit von Verres nur den einfachen Zehnten abgeliefert? Oder auch nur den doppelten Zehnten? Wer glaubt nicht, besonders bevorzugt zu sein, wenn er mit dem dreifachen Zehnten davonkam? [...] Als ich nach vier Jahren wieder nach Sizilien kam, sah diese Provinz aus wie ein Land, das der Schauplatz eines erbitterten und lang andauernden Krieges gewesen ist. Die Felder und Hügel, die ich vordem im üppigsten Grün hatte prangen sehen, lagen jetzt wüst und verödet vor meinen Augen [...]"

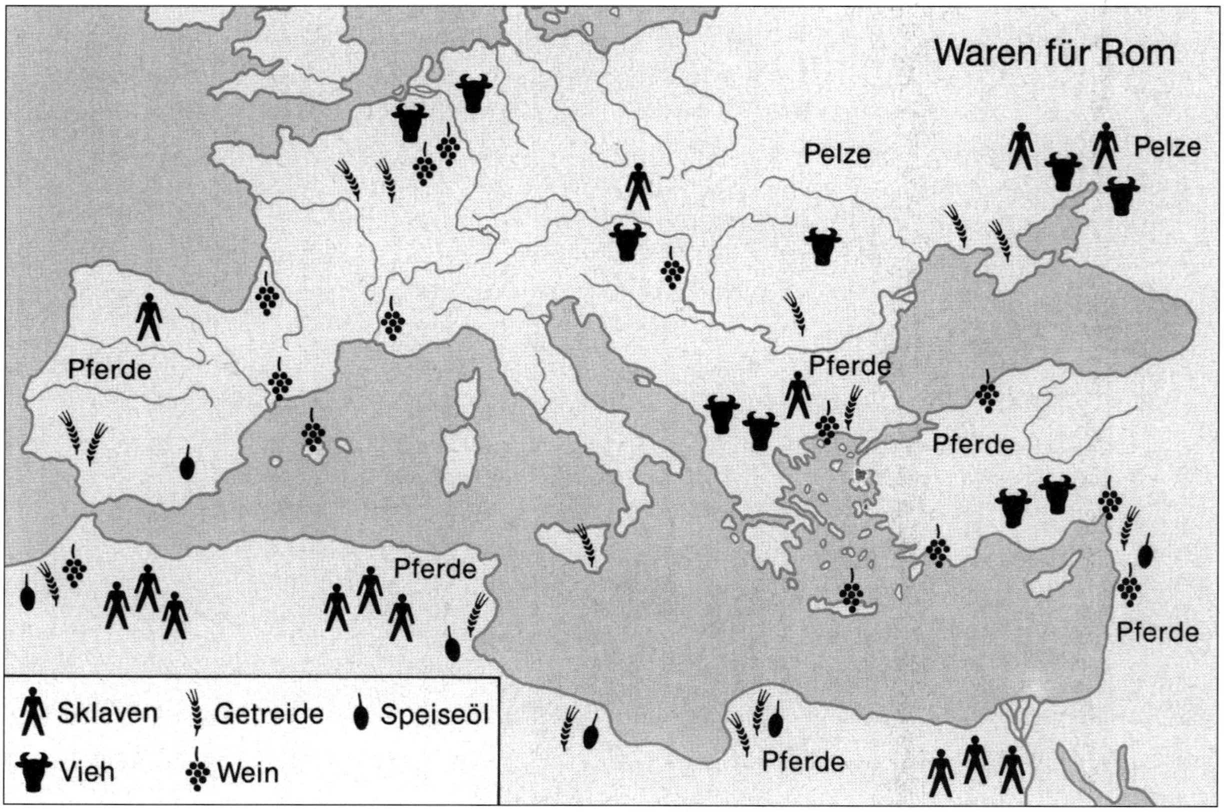

Das Warennetz

GESCHICHTE	NAME: ____________	KLASSE: ____	DATUM: ________	NR. ____

Der Reichtum Roms

Gladiatoren im Kampf

Unfreiheit

Großen Anteil an der wirtschaftlichen Macht und Größe Roms hatten die zahlreichen ____________________. Sie besaßen keinerlei ____________________ und galten als persönliches Eigentum eines Herren.

Gute Sklaven waren so teuer wie ____________________. Reiche Römer verfügten über ____________________ Sklaven.

Ohne die Sklaven hätten die Römer keine solch bedeutende wirtschaftliche Macht aufbauen können. Die Sklaven arbeiteten in vielerlei Weise als

____

____

____.

Während die sogenannten ____________________ ein verhältnismäßig gutes Leben führten, mussten die ____________________ meist schwere Arbeiten verrichten.

GESCHICHTE	NAME:	KLASSE:	DATUM:	NR.

Der Reichtum Roms

Gladiatoren im Kampf

Unfreiheit

Großen Anteil an der wirtschaftlichen Macht und Größe Roms hatten die zahlreichen *Sklaven*. Sie besaßen keinerlei *Rechte* und galten als persönliches Eigentum eines Herren.

Gute Sklaven waren so teuer wie *ein Pferd*. Reiche Römer verfügten über *400 bis 500* Sklaven.

Ohne die Sklaven hätten die Römer keine solch bedeutende wirtschaftliche Macht aufbauen können. Die Sklaven arbeiteten in vielerlei Weise als *Lehrer, Schreiber, Architekten, Bildhauer, Gladiatoren, Aufseher, auf Feldern, in Steinbrüchen und Bergwerken, beim Straßen- und Brückenbau oder als Ruderer auf den Schiffen*.

Während die sogenannten *Haussklaven* ein verhältnismäßig gutes Leben führten, mussten die *Arbeitssklaven* meist schwere Arbeiten verrichten.

THEMA

Römische Herrschaft im heutigen süddeutschen Raum

LERNZIELE

Erkennen, dass die Römer im Jahr 15 v. Chr. den gesamten heutigen süddeutschen Raum eroberten, um die Nordgrenze des Römischen Reiches zu sichern.
Erkennen, dass die neue Provinz den Namen „Rätien“ erhielt.
Erkennen, dass die neue Provinz durch Kastelle gesichert wurde.
Den Limes als Grenze zwischen dem Römischen Reich und den Germanen kennenlernen.
Bewusst machen, dass im Schutz der Kastelle Dörfer und Städte entstanden.
Wichtige ehemals römische Städte im süddeutschen Raum kennenlernen.

ARBEITSMITTEL/MEDIEN/LITERATURHINWEISE

Folie 1 (Der Limes), 2 Informationsblätter, 1 Arbeitsblatt

Zusatz: 42 04957 „Das römische Erbe: 50 v. Chr.–375 n. Chr. (1988 – 30 min)
42 06917 „Der Römische Limes in Süddeutschland“ (2003 – 80 min)
46 02280 „Die Römer nördlich der Alpen“ (2003 – 105 min)

TAFELBILD/FOLIEN

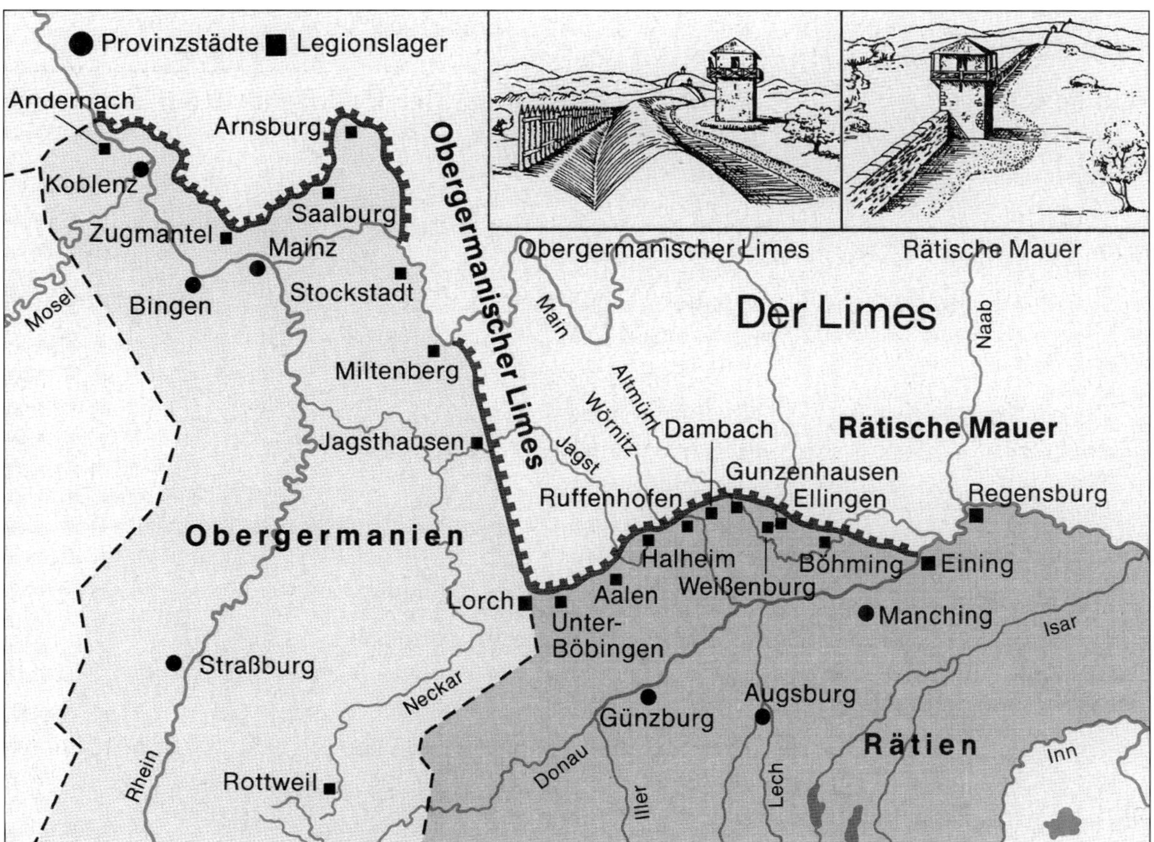

Der Limes

I. **Hinführung:**

Folie 1 (Der Limes)

S. betrachten die Karte.

Zielangabe

TA: **Römische Herrschaft im heutigen süddeutschen Raum**

II. **Erarbeitung:**

1. TZ: Entstehung der römischen Herrschaft

Informationsblatt 1/
EA/PA/GA – Auswertung LSG

S: Drusus und Tiberius erobern 15. v. Chr. den Alpenraum und Süddeutschland, um die Grenzen des römischen Reiches nach Norden zu sichern.
- Errichtung des Limes

2. TZ: Im Schutz der Kastelle entstehen Dörfer und Städte.

Informationsblatt 2/
EA/PA/GA – Auswertung LSG

S: Kastelle sicherten den Limes:
- Um die Kastelle entstanden Lagervorstädte, aus denen sich Dörfer und Städte entwickelten: Weißenburg, Günzburg usw.

III. **Vertiefung:**

Gesamtwiederholung

IV. **Sicherung:**

Eintrag AB

V. **Ausweitung:**

S: Das Römische Reich erstreckte sich bis in den Norden Deutschlands …

Römische Herrschaft im süddeutschen Raum

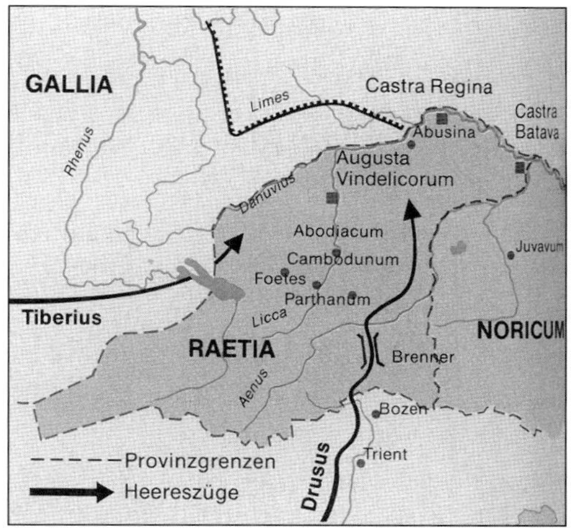

Der wahrscheinliche Weg der Römerheere

Die zwei Stiefsöhne des Kaisers Augustus, Drusus und Tiberius, erhielten im Jahre 15 v. Chr. den Auftrag, die Nordgrenze des Römischen Reiches gegen Germaneneinfälle zu sichern. Zuerst sollten deshalb die Stämme in den Alpen und nördlich davon bis zur Donau unter römische Herrschaft gebracht werden.

So führten Drusus und Tiberius ihre Heere auf getrennten Wegen über die Alpen und eroberten in einem Sommer den ganzen Alpenraum und das heutige Süddeutschland, das Land der Kelten. Die neue Provinz wurde nach dem Stamm der Räter benannt. Augsburg (Augusta Vindelicorum) wurde die Provinzhauptstadt von Rätien.

Etwa 60 Jahre später entstand östlich von Rätien die Provinz Noricum – und somit war der gesamte Donauraum Teil des Römischen Reiches.

Nach und nach sicherten die Römer die neuen Provinzen durch zahlreiche Kastelle und erschlossen das Land durch ein dichtes Straßennetz. Die Kastelle wurden zum Schutz der Provinz vor allem entlang der Donau errichtet. Um Rätien zusätzlich zu sichern, wurde im 2. Jahrhundert n. Chr. der Rätische Limes errichtet und mit dem Obergermanischen Limes verbunden.

Der Obergermanische Limes hatte bis zur heutigen Stadt Lorch eine Länge von 382 km. Eine lange Strecke bildete der Main als „nasser Limes" einen guten Schutz. Der Rätische Limes maß bis Eining an der Donau 166 km. Der Limes war zum einen als Schutzwall gegen die Germanen gedacht, zum anderen sollte er als Kontrollmöglichkeit für Händler und weitere Personen dienen, die die Grenze überqueren wollten.

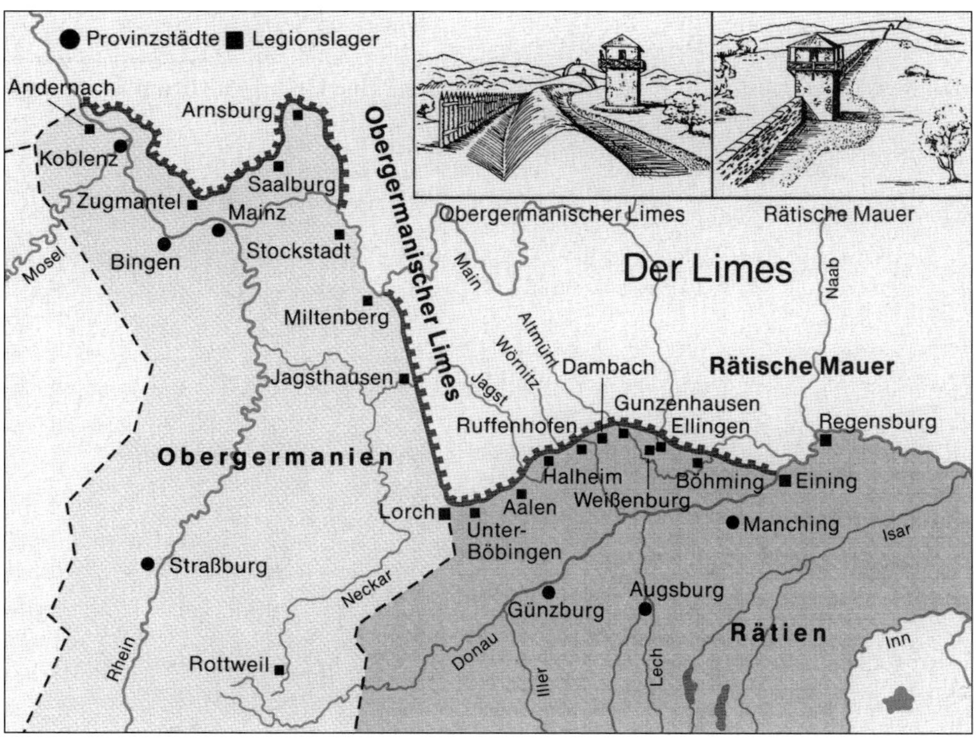

Der Limes

Im Schutz der Kastelle entstehen Dörfer und Städte

Im heutigen Süddeutschland war das größte Militärlager Castra Regina (Regensburg). Die rechteckige Festung hatte eine Länge von 580 m und eine Breite von 450 m. Mächtige Mauern von 7 m Höhe und 2 m Stärke schützten das Lager. Die Lagerstraßen waren gepflastert, die meisten Häuser aus Ziegeln erbaut und mit einer Fußbodenheizung ausgestattet. Die „Porta Prätoria", eines der vier Tore des Kastells, ist heute noch in Regensburg zu sehen. Um diese Kastelle entstanden Lagervorstädte. Dort wohnten die Frauen und Kinder der Soldaten, denen der Aufenthalt im Lagerbezirk verboten war. Die Händler boten Waren an, und Handwerker aller Art zogen aus der Anwesenheit der Soldaten ihren Gewinn. Veteranen siedelten sich an. Diese Lagervorstädte wurden zu Urzellen heutiger Dörfer und Städte. Günzburg, Passau und Weißenburg entwickelten sich beispielsweise aus Römersiedlungen.

Auch im Vorland der Alpen, entfernt von der eigentlichen Verteidigungslinie, entstanden an Straßenkreuzungen und Flussübergängen bedeutende Siedlungen; denn die Römer hatten sehr bald nach der Eroberung des Keltenlandes damit begonnen, befestigte Straßen zu bauen.

Cambodunum (Kempten) entstand an der Straße vom Bodensee her. Abodiacum (Epfach in Schwaben) an einem Lechübergang der Straße von Kempten nach Iuvavum (Salzburg), Foetes (Füssen) an der Via Claudia, die über die Alpen her zur Provinzhauptstadt Augusta Vindelicorum führte.

Dieses römische Augsburg war ein wichtiger Handelsplatz. Güter aus dem niedergermanischen Köln, aus dem gallischen Lyon, aus den italienischen Städten wurden hier verladen. Tempel, Paläste, Säulenhallen und Thermen schmückten die Stadt, Fußbodenheizungen, Wasserleitungen und Abwasserkanäle machten das Leben der Bewohner angenehm. Vor allem die Reichen unter ihnen genossen also durchaus einen ähnlichen Luxus wie die Bewohner der Hauptstadt Rom.

In Weißenburg wurden römische Thermen ausgegraben und zum Schutz überdacht. Das 42,5 m mal 65 m große Bad diente der römischen Bevölkerung.

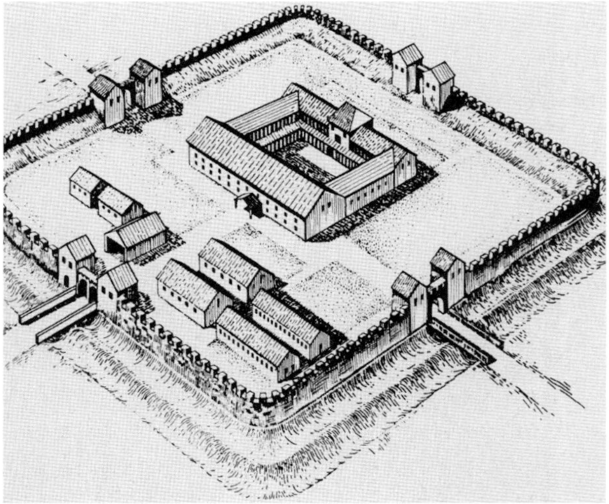

Militärischer Stützpunkt (Kastell Saalburg) der Römer. Neben Lebensmittelspeichern, Waffenkammern und Unterkünften für die Soldaten befand sich auch ein kleiner Tempel in dem Kastell.

GESCHICHTE	NAME: ____________	KLASSE: ______	DATUM: ____________	NR. ______

Römische Herrschaft im süddeutschen Raum

Im Jahre ________________ eroberten die zwei Stiefsöhne des Kaisers Augustus, ________________ und ________________, den ganzen Alpenraum und das heutige ________________, um die Nordgrenze des Römischen Reiches zu sichern.

Die neue Provinz erhielt den Namen ________________. Nach und nach sicherten die Römer die neue Provinz durch zahlreiche ________________ und erschlossen das Land durch ein dichtes ________________ .

Um die Provinz zusätzlich zu sichern, wurde im 2. Jahrhundert n. Chr. der ________________ ________________ errichtet und mit dem Obergermanischen Limes verbunden.

In der Folgezeit entstanden im Schutz der Kastelle Dörfer und Städte. Süddeutsche Städte wie ________________________________ entwickelten sich aus Römersiedlungen.

Zeichne in die folgende Karte den Verlauf des Limes und die Städte Günzburg, Weißenburg, Saalburg, Augusta Vindelicorum und Castra Regina ein! Nenne auch bei den lateinischen Städtenamen die heutigen deutschen Namen!

Augusta Vindelicorum = ________________

Castra Regina = ________________

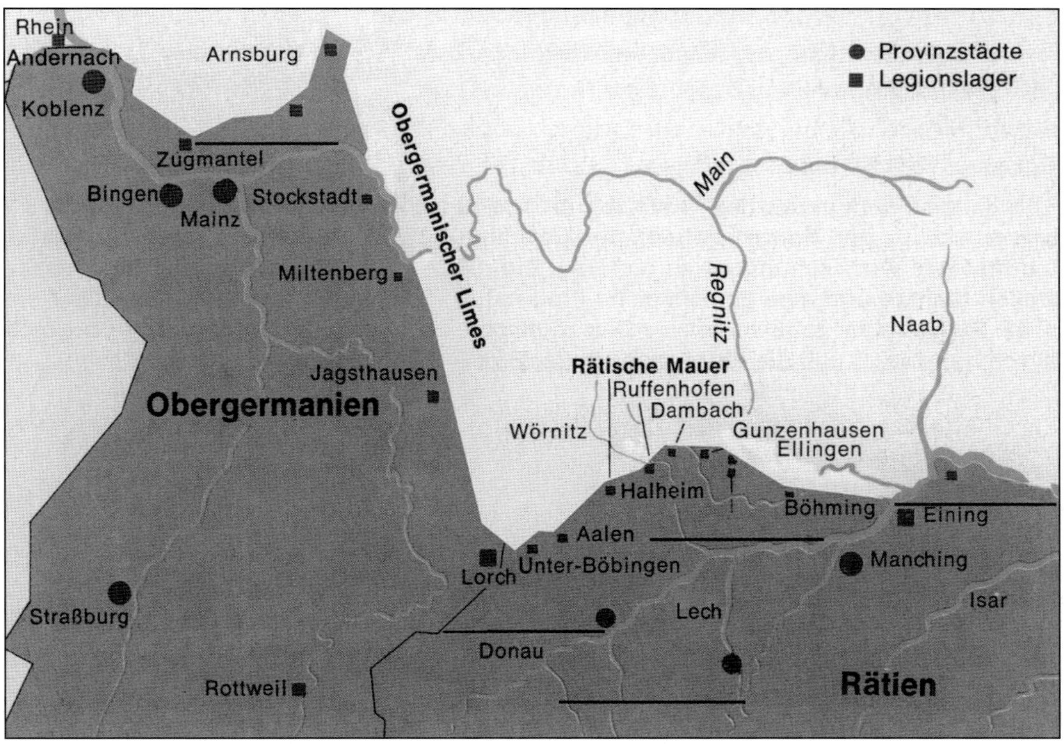

Der Limes

GESCHICHTE	NAME:________________	KLASSE:______	DATUM:__________	NR.____

Römische Herrschaft im süddeutschen Raum

Im Jahre ___*15 v. Chr.*___ eroberten die zwei Stiefsöhne des Kaisers Augustus, ___*Drusus*___ und ___*Tiberius*___, den ganzen Alpenraum und das heutige ___*Süddeutschland*___, um die Nordgrenze des Römischen Reiches zu sichern.

Die neue Provinz erhielt den Namen ___*Rätien*___. Nach und nach sicherten die Römer die neue Provinz durch zahlreiche ___*Kastelle*___ und erschlossen das Land durch ein dichtes ___*Straßennetz*___ .

Um die Provinz zusätzlich zu sichern, wurde im 2. Jahrhundert n. Chr. der ___*Rätische Limes*___ errichtet und mit dem Obergermanischen Limes verbunden.

In der Folgezeit entstanden im Schutz der Kastelle Dörfer und Städte. Süddeutsche Städte wie ___*Günzburg, Weißenburg und Passau*___ entwickelten sich aus Römersiedlungen.

Zeichne in die folgende Karte den Verlauf des Limes und die Städte Günzburg, Weißenburg, Saalburg, Augusta Vindelicorum und Castra Regina ein! Nenne auch bei den lateinischen Städtenamen die heutigen deutschen Namen!

Augusta Vindelicorum = ___*Augsburg*___

Castra Regina = ___*Regensburg*___

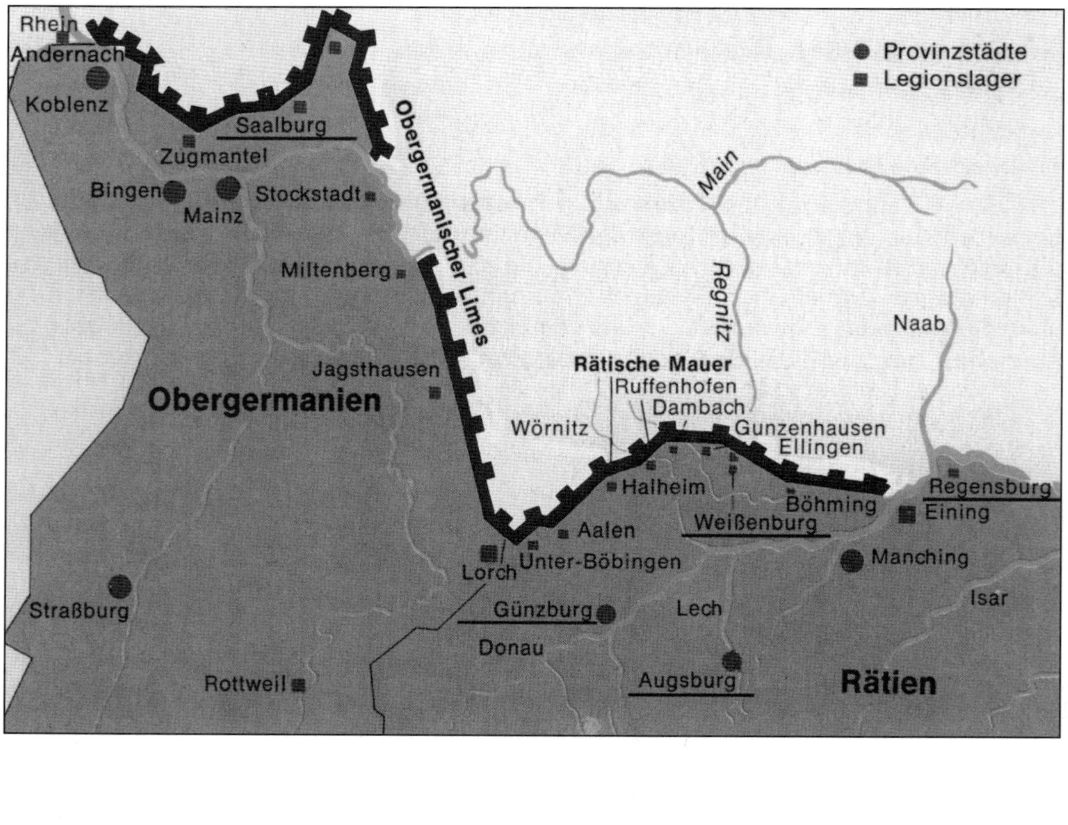

Der Limes

THEMA

Ausbreitung des Christentums

LERNZIELE

Erkennen, dass Petrus und Paulus nach Rom gingen, um die christliche Lehre zu verkünden.
Bewusst machen, warum die christliche Lehre in Rom nur schwer Fuß fassen konnte.
Über die Christenverfolgungen berichten können.
Die Bedeutung der Katakomben klären.
Erkennen, dass Kaiser Konstantin erstmals das Christentum gleichberechtigt mit anderen Religionen bezeichnete.
Erfahren, dass Kaiser Theodosius das Christentum zur Staatsreligion erhob.
Bewusst machen, auf welchen Wegen das Christentum in unsere Heimat kam.

ARBEITSMITTEL/MEDIEN/LITERATURHINWEISE

Folie 1 (Katakombe), 2 Informationsblätter, 1 Arbeitsblatt

TAFELBILD/FOLIEN

Katakombe: Während der Christenverfolgungen wurden die Katakomben (eigentlich unterirdische Begräbnisstätten der Christen) auch für Versammlungen genutzt. Es entstanden sogar unterirdische Kapellen.

I. **Hinführung:**

Folie 1 (Katakombe)	S. schildern die Eindrücke zur Abbildung.
Zielangabe	TA: **Ausbreitung des Christentums**

II. **Erarbeitung:**

Informationsblatt 1/
EA/PA/GA – Auswertung LSG

1. TZ: Ausbreitung des Christentums	S: – Apostel Petrus und Paulus gehen nach Rom, um die Lehre zu verkünden. – Christen werden als Staatsfeinde behandelt. – Immer mehr Menschen bekennen sich zum christlichen Glauben.
2. TZ: Christenverfolgung	S: – Grausame Verfolgungen in den ersten beiden Jahrhunderten – Unterirdische Versammlungsräume (Katakomben) – Grausame Verfolgungen unter Kaiser Diokletian
3. TZ: Das Christentum wird Staatsreligion.	S: – Kaiser Konstantin der Große verfügt, dass das Christentum gleichberechtigt mit anderen Religionen sei. – Unter Kaiser Theodosius wird das Christentum Staatsreligion.
4. TZ: Anfänge des Christentums in unserer Heimat	S: – Römische Legionäre und Kaufleute bringen das Christentum in unsere Heimat.

III. **Vertiefung:**

Gesamtwiederholung

IV. **Sicherung:**

Eintrag AB

V. **Ausweitung:**

S. recherchieren, wie viele Christen es in Deutschland gibt bzw. wie viel Christen weltweit leben.

Das Christentum im Römerreich

Das Christentum breitet sich im Römerreich aus

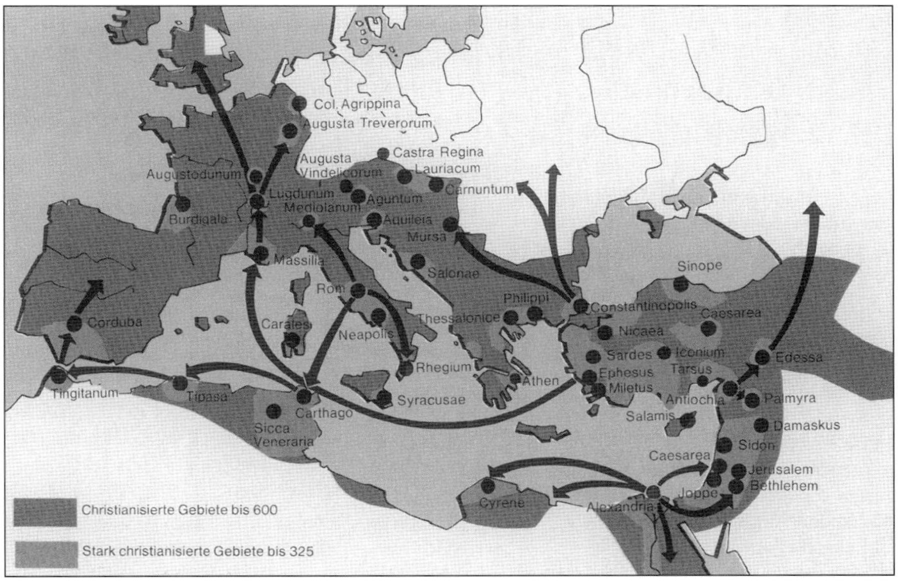

Ausbreitung des Christentums im Römischen Weltreich

Nach dem ersten Pfingstfest verließen die Apostel Jerusalem, um der ganzen damaligen Welt die Lehre Jesu zu verkünden. In Palästina, in Kleinasien, auf den Inseln des Mittelmeeres traten sie auf und bildeten erste Christengemeinden. Die Apostel Petrus und Paulus gingen nach Rom, um im Mittelpunkt der damaligen Welt die christliche Botschaft zu predigen. Dort aber trafen die christlichen Lehrer auf eine schwierige Situation: Zum einen wurden in Rom schon lange viel Götter verehrt, zum anderen war der Kaiser selbst eine gottähnliche Person und schließlich widersprach das Christentum der Lebensweise der römischen Oberschicht. Deshalb wurden die Christen als Staatsfeinde angesehen. Sie wurden vor Gericht gestellt und oft zum Tod verurteilt, wenn sie ihren Glauben nicht aufgeben wollten. Dennoch bekannten sich immer mehr Menschen zum neuen Glauben.

Die Christen werden verfolgt

In den ersten Jahrhunderten wurden die Christen oft hart und grausam von den römischen Kaisern verfolgt. Um der Verfolgung zu entgehen, bauten sie unterirdische Kirchen und Versammlungsräume. Auch ihre Toten bestatteten sie in Begräbnisstätten unter der Erde, in sog. Katakomben. Über diese geheimen Treffen entstanden wiederum böse Gerüchte – und immer wenn es Seuchen, Erdbeben, Brände oder Überschwemmungen gab, wurden die Christen zu den Schuldigen erklärt. Sie wurden massenweise hingerichtet, zu Tode gefoltert oder im Colosseum den wilden Tieren vorgeworfen.
Im 2. und 3. Jahrhundert gab es Zeiten, in denen man die Christen ziemlich in Ruhe ließ, aber auch wieder Jahrzehnte der schlimmen Verfolgung. Zum letzten Mal versuchte Kaiser Diokletian (Regierungszeit von 284–305), den alten Göttern Roms Anerkennung zu verschaffen.
Diese 20 Jahre zählen zu den grausamsten der Christenverfolgung. Aber auch sie konnten die Lehre nicht ausrotten.

Christen beerdigten ihre Toten unter der Erde in sogenannten Katakomben. Eine der berühmtesten ist die Callistus-Katakombe in Rom. Diese Grabstellen dienten auch als Versammlungsstätten und Fluchtorte.

Der christliche Glaube setzt sich durch

Das Christentum wird Staatsreligion

Kaiser Konstantin der Große (Regierungszeit von 306–337), dessen Mutter selbst Christin geworden war, verfügte im Jahre 313, dass das Christentum im Vergleich zu anderen Religionen gleichberechtigt sei. Kaiser Theodosius I. (Regierungszeit von 379–395) erhob das Christentum zur alleinigen Staatsreligion und verbot viele heidnische Bräuche. Damit hatte sich die Lehre Christi durchgesetzt.

Kaiser Konstantin der Große

Kaiser Konstantin der Große wurde an einem 29. Februar zwischen 272 und 285 in Naissus geboren. Gestorben ist der bei Nikomedia im Jahre 337. In die Geschichte ging er vor allem durch seine sogenannte Konstantinische Wende ein, mit der die Ausbreitung des Christentums begann. So verabschiedete er z. B. 313 das Toleranzedikt von Mailand, das im ganzen Land Religionsfreiheit erlaubte. Im Jahre 324/326 verlegte er den Kaisersitz nach „Nova Roma“ (neues Rom im Osten des Reiches), das nach seinem Tod in Konstantinopel umgetauft wurde.

Kaiser Theodosius I.

Die Christen nannten ihn auch Kaiser Theodosius den Großen. Er regierte von 379–394 im Osten des Reiches und gilt ab 394 als letzter Herrscher des Gesamtreiches. Unter seiner Herrschaft wurde das Christentum zur Staatsreligion. Er erließ Gesetze gegen das Heidentum. Nach seinem Tod wurde das Reich unter seinen Söhnen entgültig in ein Weströmisches und ein Oströmisches Reich geteilt.

Die Anfänge des Christentums in unserer Heimat

Römische Legionäre und Kaufleute hatten das Christentum auch in die nördlichen Provinzen des Reiches, in unsere Heimat, gebracht. Auch diese Christen in der Provinz waren zunächst verfolgt worden. So wird die heilige Afra aus Augsburg als die erste Märtyrerin Bayerns verehrt.
Erst nach der Anerkennung als Staatsreligion konnte sich das Christentum in unserer Gegend festigen und weiter ausbreiten. Um 475 wirkte in Passau Bischof Severin. Er betreute die dortige Christengemeinde und konnte durch geschickte Verhandlungen lange Zeit germanische Fürsten davon abhalten, ins Römerreich einzufallen.

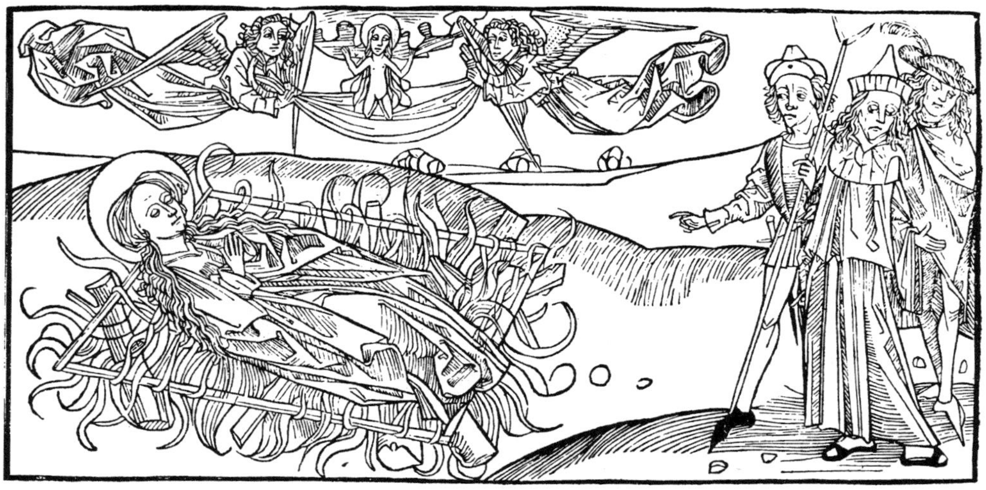

Die heilige Afra auf dem Scheiterhaufen

GESCHICHTE	NAME: __________	KLASSE: ____	DATUM: ________	NR. ____

Die Ausbreitung des Christentums

Darstellung einer Betenden in der Callistus-Katakombe

Nach dem ersten Pfingstfest verließen die Apostel Jerusalem, um der ganzen damaligen Welt die Lehre Jesu zu verkünden. Wollten sie aber ihren Missionsauftrag erfüllen, mussten sie nach ______________. Eine Religion, die sich dort durchsetzen konnte, würde im ganzen Reich ______________ finden.

In Rom wurden die Christen jedoch als ______________ angesehen.

Trotzdem bekannten sich immer mehr Menschen zum christlichen Glauben.

In den ersten Jahrhunderten waren die Christen grausamen ______________ ausgesetzt. Als Zufluchtort wählten sie unterirdische Versammlungsräume, die sogenannten „______________".

Mit Kaiser ______________ begann eine neue Zeit. Er ordnete im Jahr ________ an, dass das Christentum mit anderen Religionen ______________ sei. Kaiser Theodosius erhob das Christentum zur alleinigen ______________.

Römische ______________ und ______________ brachten das Christentum auch in unsere Heimat.

GESCHICHTE	NAME: ____________	KLASSE: ____	DATUM: ________	NR. ____

Die Ausbreitung des Christentums

Darstellung einer Betenden in der Callistus-Katakombe

Nach dem ersten Pfingstfest verließen die Apostel Jerusalem, um der ganzen damaligen Welt die Lehre Jesu zu verkünden. Wollten sie aber ihren Missionsauftrag erfüllen, mussten sie nach ___*Rom*___. Eine Religion, die sich dort durchsetzen konnte, würde im ganzen Reich ___*Anerkennung*___ finden.
In Rom wurden die Christen jedoch als ___*Staatsfeinde*___ angesehen.
Trotzdem bekannten sich immer mehr Menschen zum christlichen Glauben.
In den ersten Jahrhunderten waren die Christen grausamen ___*Verfolgungen*___ ausgesetzt. Als Zufluchtort wählten sie unterirdische Versammlungsräume, die sogenannten „___*Katabomben*___“.
Mit Kaiser ___*Konstantin*___ begann eine neue Zeit. Er ordnete im Jahr ___*313*___ an, dass das Christentum mit anderen Religionen ___*gleichberechtigt*___ sei. Kaiser Theodosius erhob das Christentum zur alleinigen ___*Staatsreligion*___.
Römische ___*Legionäre*___ und ___*Kaufleute*___ brachten das Christentum auch in unsere Heimat.

THEMA

Die Völkerwanderung

LERNZIELE

Bewusst machen, dass germanische Stämme über lange Jahre die römische Grenze bedrängten.
Die Gründe für dieses Vorgehen nennen können.
Die germanischen Stämme der Völkerwanderung nennen können.
Die Gründe für diese Völkerwanderung darlegen können.
Erkennen, dass die Alamannen den Limes stürmten.
Den Einfluss der Hunnen auf das Volk der Goten beschreiben können.

ARBEITSMITTEL/MEDIEN/LITERATURHINWEISE

Folie 1 (Wanderzüge germanischer Stämme), 2 Informationsblätter, 1 Arbeitsblatt

Zusatz: 42 02793 „Kimbern, Varusschlacht und Angelsachsen“ (2002 – 22 min)
42 02794 „Der Zug der Goten und das Ende des Römischen Reiches“ (2002 – 24 min)
42 47321 „Die Hunnen – ein Steppenvolk erobert Europa“ (2000 – 15 min)

TAFELBILD/FOLIEN

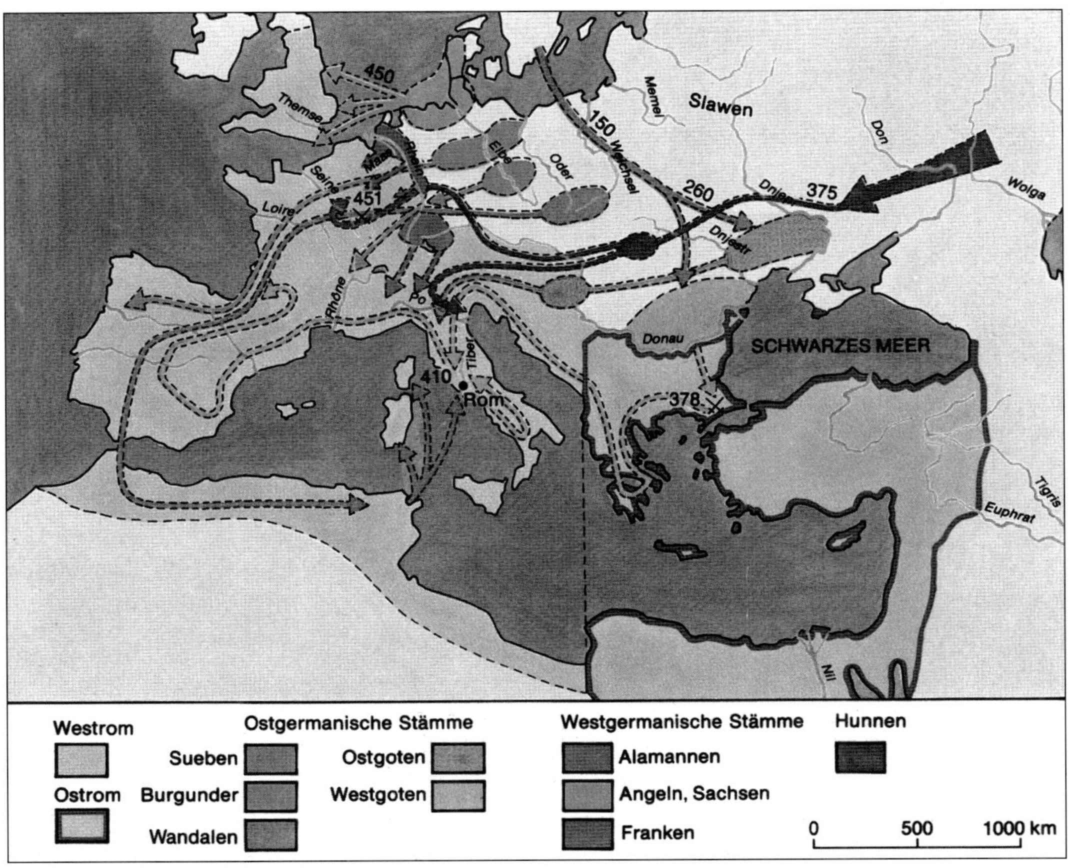

Wanderzüge germanischer Stämme

I. **Hinführung:**

Folie 1 (Wanderzüge germanischer Stämme)	S. machen sich mit der Karte vertraut.
Zielangabe	TA: **Die Völkerwanderung**

II. **Erarbeitung:**

Informationsblätter 1/2 EA/PA/GA – Auswertung LSG	
1. TZ: Germanische Stämme bedrängen die römische Grenze.	S: Fruchtbare Äcker, reiche Landgüter und Bauernhöfe lockten. – Die Römer zeigten Schwäche.
2. TZ: Die Völkerwanderung	S: Gründe: Landnot, Klimawechsel und Eroberungslust – Völker: Sueben, Burgunder, Wandalen, Goten, Alamannen, Angeln, Sachsen, Franken
3. TZ: Die Alamannen stürmen den Limes.	S: Alamannen greifen im 3. Jahrhundert an, stürmen den Limes und dringen über die Donau ins Alpenvorland und bis nach Oberitalien vor.
4. TZ: Die Hunnen	S: – Die Ostgoten geraten unter die Herrschaft der Hunnen. – Die Westgoten fliehen ins Römische Reich.

III. **Vertiefung:**

Gesamtwiederholung

IV. **Sicherung:**

Eintrag AB

V. **Ausweitung:**

Info-Blatt 2/letzter Absatz/ gemeinsames Erlesen	S: Die Westgoten ziehen nach Rom, später nach Frankreich und Spanien.
Sehenswürdigkeiten Roms	S: ...

Germanische Stämme auf dem Vormarsch

Germanische Stämme bedrängen die römische Grenze

Der Limes trennte die Siedlungsbereiche der Römer von denen der Germanen. Diesseits des Grenzwalls hatten die Römer in Jahrhunderten dem Land ein neues Gesicht gegeben. Straßen, Lager und Gutshöfe zeugten von einem reichen Leben. Jenseits der Grenze wohnten die Germanen, meist als Bauern in verstreut liegenden Höfen. Fruchtbare Äcker, reiche Landgüter und die Bauernhöfe der römischen Veteranen waren daher den Germanen schon lange als eine begehrenswerte Beute erschienen. Die Römer wiederum waren zu dieser Zeit nicht mehr die Krieger, die einmal das Land erobert hatten. In der langen Zeit der Herrschaft waren aus mutigen Soldaten unternehmungslustige Händler, Großunternehmer und zum Teil auch bequeme Bürger geworden.

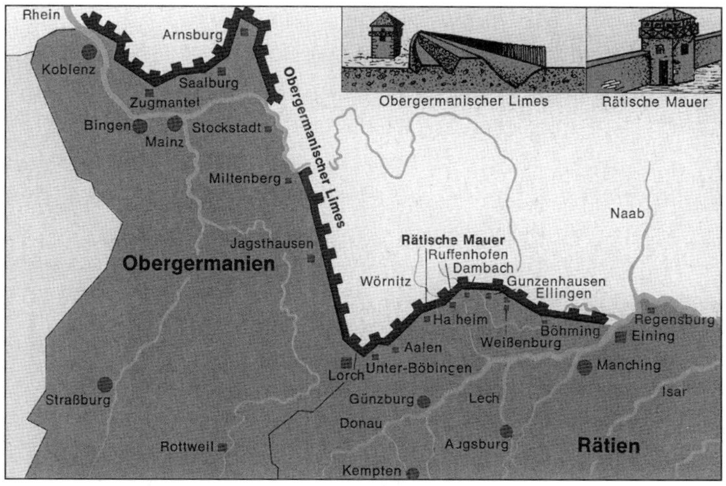

Der Römische Limes

Die Völkerwanderung

Landnot, Klimawechsel und auch reine Eroberungslust brachten im 2. und 3. Jahrhundert viele Germanenstämme dazu, ihre Wohnsitze im Norden und Osten zu verlassen und nach Süden und Westen vorzudringen. Alamannen, Franken, Angeln, Sachsen, Burgunder, Sueben und Wandalen verließen ihr Land. Im Gebiet der Weichselmündung und in Südschweden lebten damals die Goten. Große Sturmfluten hatte ihre Anbaugebiete stark verkleinert, sodass sie für die Ernährung nicht mehr ausreichten. Deshalb wanderten sie aus und zogen weichselaufwärts.

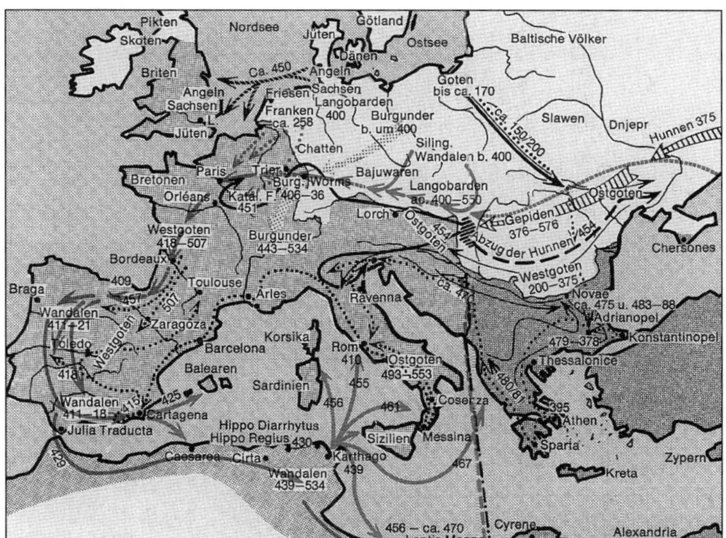

Germanische Völkerwanderung

Nach langen Wanderjahren erreichten sie die fruchtbaren, kaum besiedelten Niederungen am Schwarzen Meer. Hier fanden sie, was ihnen in der alten Heimat fehlte: ergiebigen Boden, Raum für viele Menschen, Schutz vor der See und ein günstiges Klima. In zwei großen Gebieten siedelten sie hier, östlich und westlich des Flusses Dnjestr. Nach diesen Wohnsitzen nennen wir sie Ostgoten und Westgoten.

Alamannen, Hunnen und Goten

Die Alamannen stürmen den Limes

Die zunehmende Schwäche des Römischen Reiches war den Führern der germanischen Stämme nicht verborgen geblieben. (Die Schwäche des Römische Reiches lag zum einen in der Schwäche der Armee. Zum anderen an den römischen Bürgern selbst, die sich durch ihren großen Reichtum in Sicherheit wogen und das Interesse an den Belangen des Reiches verloren hatten.) So kam es immer häufiger zu Kämpfen am Limes und zu Einfällen ins Reich. Die Römer konnten aber die Limesgrenze immer wieder herstellen. Eines Tages jedoch war es soweit: Die Alamannen griffen an vielen Stellen gleichzeitig an, überrannten den Limes, überfluteten das Zehntland und stießen über den Rhein vor. Auch nach Süden drangen ihre Scharen über die Donau, stürmten auf den römischen Straßen durch das Alpenvorland, überwanden das Gebirge und brachen in Oberitalien ein.

Hunnischer Reiter (Münze)

Die Westgoten fliehen vor den Hunnen

Die Goten konnten sich nicht lange über ihr neues Land freuen. Aus dem Inneren Asiens stürmten im Jahr 375 die Reiterhorden der Hunnen heran und trieben die gotischen Bauern aus ihren Siedlungsgebieten. Das Ostgotenreich geriet unter die Herrschaft des Hunnenkönigs Attila (Etzel). Die Westgoten flüchteten vor den Hunnen und baten im Römischen Reich um Aufnahme und Land. Beides sagten die Römer zu, wenn sie ihnen helfen wollten, das Reich gegen die Fremden zu verteidigen.
Als die Römer die geschlossenen Verträge brachen, zogen die Westgoten durch Griechenland weiter bis nach Rom. Die Stadt wurde 410 n. Chr. erobert und geplündert. Erst viele Jahrzehnte später fanden die Westgoten in Frankreich und in Spanien sichere Wohngebiete. Hier gründeten sie ein mächtiges Reich.

GESCHICHTE	NAME: ____________	KLASSE: ____	DATUM: ________	NR. ____

Die Völkerwanderung

Ostgotische Münze mit dem Bildnis Theoderichs des Großen

Viele germanische Stämme verließen im 2. und 3. Jahrhundert ihr Land, z. B.:

____

Die Gründe: ____.

Die ____________________ wanderten die Weichsel flussaufwärts bis ans Schwarze Meer und ließen sich hier nieder. Sie siedelten östlich und westlich des Flusses Dnjestr. Nach diesen Siedlungsräumen nennen wir sie auch ____________________ und ____________________.

Die zunehmende Schwäche der römischen Besatzer blieb den Germanenstämmen nicht verborgen und so kam es immer wieder zu Einfällen in das Römische Reich, die zunächst von den Römern wieder gestoppt werden konnten. Eines Tages jedoch war es soweit: Die ____________________ überrannten den Limes und stießen nach ____________________ vor.

Die Ostgoten gerieten unter die Herrschaft der ________________, die Westgoten flüchteten ins Römische Reich. Später zogen die Westgoten weiter bis nach ________________, ehe sie Jahrzehnte später in ____________________ und ____________________ sichere Wohngebiete fanden.

Die Völkerwanderung

Ostgotische Münze mit dem Bildnis Theoderichs des Großen

Viele germanische Stämme verließen im 2. und 3. Jahrhundert ihr Land, z. B.:
Sueben, Burgunder, Wandalen, Goten, Alamannen, Angeln, Sachsen, Franken.
Die Gründe: *Landnot, Klimawechsel, Eroberungslust* .
Die *Goten* wanderten die Weichsel flussaufwärts bis ans Schwarze Meer und ließen sich hier nieder. Sie siedelten östlich und westlich des Flusses Dnjestr. Nach diesen Siedlungsräumen nennen wir sie auch *Ostgoten* und *Westgoten* .

Die zunehmende Schwäche der römischen Besatzer blieb den Germanenstämmen nicht verborgen und so kam es immer wieder zu Einfällen in das Römische Reich, die zunächst von den Römern wieder gestoppt werden konnten. Eines Tages jedoch war es soweit: Die *Alamannen* überrannten den Limes und stießen nach *Süden* vor.

Die Ostgoten gerieten unter die Herrschaft der *Hunnen* , die Westgoten flüchteten ins Römische Reich. Später zogen die Westgoten weiter bis nach *Rom* , ehe sie Jahrzehnte später in *Frankreich* und *Spanien* sichere Wohngebiete fanden.

THEMA

Das Römische Reich zerfällt

LERNZIELE

Erkennen, dass das Römische Reich im Jahr 395 in eine westliche und eine östliche Hälfte aufgeteilt wurde.
Bewusst machen, dass die Franken ein großes Reich auf dem Gebiet des ehemaligen weströmischen Reiches schufen.
Erkennen, dass Kaiser Justinian das Römische Reich wieder herstellen wollte.
Erkennen, dass er Ostgoten und Wandalen besiegen konnte, sein Ziel aber nicht erreichte.
Die Bedeutung der Stadt Konstantinopel erläutern können.
Bewusst machen, dass mit Karl dem Großen ein Frankenkönig die Nachfolge der römischen Kaiser antritt.

ARBEITSMITTEL/MEDIEN/LITERATURHINWEISE

Folie 1 (Hagia Sophia), 2 Informationsblätter, 1 Arbeitsblatt, 2 Trainingsblätter

TAFELBILD/FOLIEN

Die Hagia Sophia in Konstantinopel war die bedeutendste Kirche Ostroms. Kaiser Justinian erbaute sie 532–537. Ab 1453 diente sie den Türken als Moschee. Heute beherbergt sie ein Museum.

I. **Hinführung:**

Folie 1 (Hagia Sophia)	S.	finden heraus, dass die Hagia Sophia in der heutigen Türkei liegt.
Zielangabe	TA:	**Das Römische Reich zerfällt**

II. **Erarbeitung:**

Informationsblätter 1/2
EA/PA/GA – Auswertung LSG

1. TZ: Das römische Reich zerfällt	S:	Im Jahr 395 Teilung des Römischen Reiches in ein Ostreich (Konstantinopel) und ein Westreich (Rom)
2. TZ: Die Franken	S:	Der fränkische König Chlodwig erobert ein großes Reich auf dem Gebiet des heutigen Frankreich und des heutigen Franken.
3. TZ: Kaiser Justinian	S:	Kaiser Justinian will das Römische Reich wieder herstellen. – Konstantinopel wird das „neue Rom“.
4. TZ: Ostgoten/Wandalen	S:	Ostgoten und Wandalen werden besiegt – Ostreich durch diesen Krieg sehr geschwächt – Die Langobarden erobern das Land. – Ende des weströmischen Reiches – Oströmisches Reich bis 1453

III. **Vertiefung:**

Gesamtwiederholung

IV. **Sicherung:**

Eintrag AB

V. **Ausweitung:**

5. TZ: Eine neue Epoche	S:	Nur das Reich der Franken bleibt erhalten. – Karl der Große tritt die Nachfolge der römischen Kaiser an.

Der Untergang des Römischen Reiches

Das Römische Reich zerfällt

Im Verlauf von mehr als 900 Jahren war aus der Stadt Rom ein Weltreich geworden. Je größer aber das Reich wurde, desto schwieriger wurde es, das gewaltige Gebiet zu regieren. Darum hatte schon Kaiser Diokletian 293 das Reich in vier Verwaltungsbezirke aufgegliedert, die von je einem Mitregenten geführt wurden. Im Jahr 395 teilten die römischen Kaiser dann ihr Reich in eine westliche und eine östliche Hälfte. Die Hauptstadt des Ostreiches war Konstantinopel. Rom blieb Hauptstadt des Westreiches.
Auf dem Boden des Westreiches entstanden in der Zeit der Völkerwanderung mehrere germanische Reiche, die jedoch keinen langen Bestand hatten. Im Jahr 476 setzte der germanische Heerführer Odoaker den letzten weströmischen Kaiser Romulus Augustulus ab und gab so dem weströmischen Reich den Todesstoß.
Ab dem Jahr 493 erlebte Italien unter dem Ostgotenkönig Theoderich eine 30 Jahre lang dauernde Zeit der Ruhe und des inneres Friedens. Sein Traum vom großen germanischen Reich auf weströmischem Boden erfüllte sich jedoch nicht.

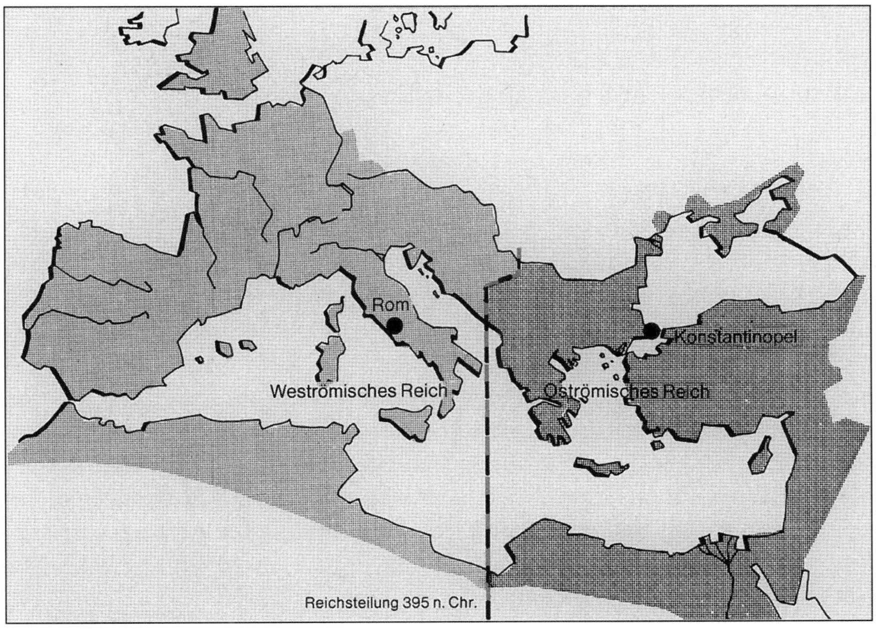

Die Teilung des Römerreiches unter Theodosius

Die Franken gründen ein großes Reich

Die Franken konnten ihre Siedlungsgebiete am Niederrhein nach Süden erweitern, nachdem die römischen Heere sich seit 406 zurückgezogen hatten. Bald schon gehörte ihnen das Land von der Nordsee bis weit ins heutige Frankreich hinein. Dem fränkischen König Chlodwig gelang es 486, viele fränkische Stämme zu einem starken Reich zusammenzuschließen. Er eroberte auch noch weitere Gebiete östlich des Rheins und Main aufwärts, im heutigen Franken. 496 besiegte er auch die Alamannen und ließ sich christlich taufen. Damit war er Herr eines großen Reiches auf dem Gebiet des ehemaligen Weströmischen Reiches.

Ausblick

Kaiser Justinian I. will das Römische Reich wieder herstellen

Als Kaiser Justinian I. (Kaiser von 527–565) in Konstantinopel regierte, war die Hauptstadt des Oströmischen Reiches bereits 200 alt und zur prächtigsten Stadt der Erde geworden. An die Stelle der Tempel des alten Rom hatten die Baumeister christliche Kirchen gesetzt. Kaiserliche Paläste, Wasserleitungen, Theater und Bäder schmückten die Stadt. Die zahlreichen neuen Bauwerke sollten die Kraft des Reiches sichtbar machen. Die Hagia Sophia war die bedeutendste Kirche Ostroms und ist noch heute eine große Touristenattraktion.
Kaiser Justinian war daran gelegen, das Römische Reich in seiner alten Größe wieder herzustellen. Ihm ist es zu verdanken, dass man Konstantinopel bald „das neue Rom“ nannte. Die Stadt wurde zum Mittelpunkt eines tausendjährigen Reiches und zur Geburtsstätte einer glanzvollen Kultur.

Das Mosaik zeigt Kaiser Justinian. Es stammt aus der im Jahre 547 geweihten Kirche S. Vitale in Ravenna. Der Kaiser ist dort im Kreis der Großen seines Reiches dargestellt.

Ostgoten und Wandalen werden besiegt

Justinian wollte verloren gegangene Gebiete des Römischen Reiches zurückgewinnen. Der germanische Stamm der Wandalen hatte Nordafrika, Sardinien und Korsika erobert. Diese Gebiete konnte Justinian schnell zurückgewinnen.
Italien war in der Hand der Ostgoten. Zwanzig Jahre dauerte der Krieg, bis auch er zum Erfolg führte.
Dieser lang anhaltende Krieg hatte das Ostreich aber sehr geschwächt. So konnten die kaiserlichen Heere die Grenzen bald nicht mehr ausreichend sichern. Von Norden und Osten drangen fremde Völker ins Reich ein.
Wenige Jahre nach dem Tod Justinians besetzten die Langobarden das Land. Nun versanken die Reste des Weströmischen Reiches in der Bedeutungslosigkeit. Konstantinopel aber blieb eine Brücke zwischen Ost und West. Bis 1453 gelang es dem Oströmischen Reich, den anstürmenden Heeren der Perser, Araber und Türken zu widerstehen.

Eine neue Epoche kündigt sich an

Die germanischen Reiche auf dem Boden des Weströmischen Reiches hatten keine lange Dauer. Das lag daran, dass die Germanen in der Minderzahl blieben. Das ungewohnte Klima ließ bisher unbekannte Krankheiten aufkommen. Aus der alten Heimat zogen keine neuen Einwanderer nach. Auch duldeten die Germanen nicht gerne starke Könige als ihre Herren.
Zumeist vermischten sie sich mit den Einwohnern des eroberten Landes. So entstanden neue Völker. Daraus wurde später die Vielfalt der europäischen Staaten.
Nur das Reich der Franken blieb erhalten und wurde zum Grundstock eines neuen Reiches. Der Frankenkönig Karl der Große trat im Jahr 800 die Nachfolge der weströmischen Kaiser an. Eine neue Epoche für Europa begann.

GESCHICHTE	NAME: ______	KLASSE: ____	DATUM: ______	NR. ____

Das Römische Reich zerfällt

Markiere in der Karte die Teilung des Römischen Reiches!

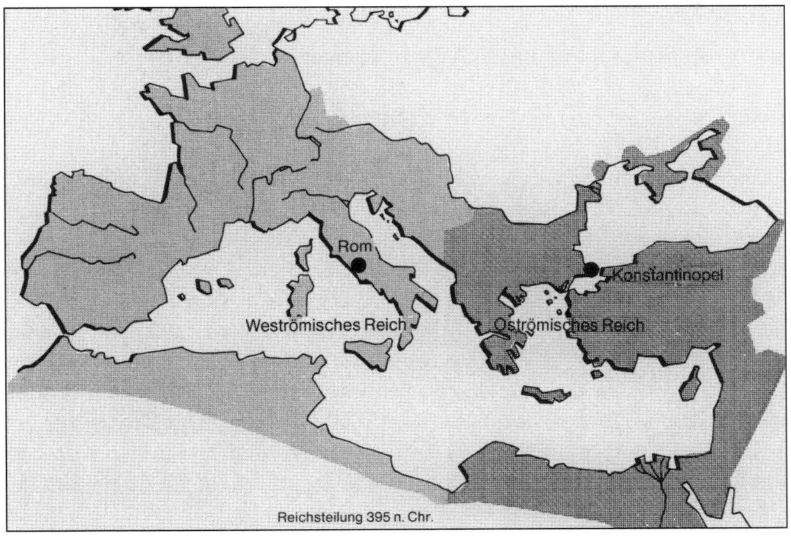

Die Teilung des Römerreiches unter Theodosius

Teilung des römischen Reiches

Im Verlauf von ______________ Jahren war aus der Stadt Rom ein Weltreich geworden. Um das gewaltige Staatsgebiet noch regieren zu können, teilten die römischen Kaiser im Jahr ______________ dann das Römische Reich in eine ______________________ und eine ______________________ Hälfte.

Die Hauptstadt des Ostreiches wurde ____________________________ , die Hauptstadt des Westreiches ______________ .

Auf dem Boden des Weströmischen Reiches entstanden in der Zeit der ____________________________ mehrere germanische Reiche, die jedoch keinen langen Bestand hatten. Nur den ______________________ gelang der Aufbau eines großen Reiches auf dem Gebiet des ehemaligen Weströmischen Reiches.

Unter Kaiser ______________________ war Konstantinopel zur prächtigsten Stadt in Europa geworden. Justinian wollte verloren gegangene Gebiete des Römischen Reiches zurückgewinnen. Er konnte die ______________________ und die ______________________ besiegen. Diese Kriege schwächten jedoch Ostrom so stark, dass wenige Jahre nach seinem Tod die ______________________ das Land besetzen konnten. Das war das Ende des Weströmischen Reiches.

Das Oströmische Reich blieb noch bis zum Jahr ______________ bestehen.

Letztlich blieb nur das Reich der ______________________ erhalten. Der Frankenkönig ____________________________ trat im Jahr ______________ die Nachfolge der weströmischen Kaiser an. Eine neue Epoche für Europa begann.

GESCHICHTE	NAME:	KLASSE:	DATUM:	NR.

Das Römische Reich zerfällt

Markiere in der Karte die Teilung des Römischen Reiches!

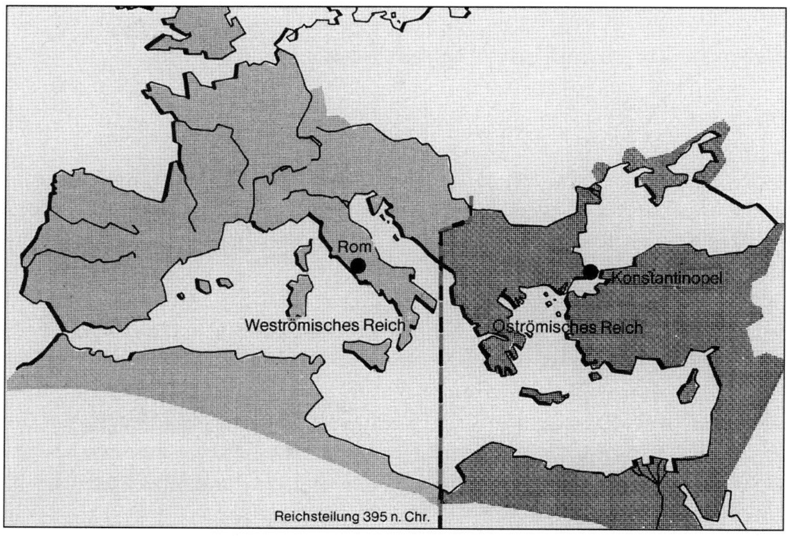

Die Teilung des Römerreiches unter Theodosius

Teilung des römischen Reiches

Im Verlauf von *900* Jahren war aus der Stadt Rom ein Weltreich geworden. Um das gewaltige Staatsgebiet noch regieren zu können, teilten die römischen Kaiser im Jahr *395* dann das Römische Reich in eine *östliche* und eine *westliche* Hälfte.

Die Hauptstadt des Ostreiches wurde *Konstantinopel*, die Hauptstadt des Westreiches *Rom*.

Auf dem Boden des Weströmischen Reiches entstanden in der Zeit der *Völkerwanderung* mehrere germanische Reiche, die jedoch keinen langen Bestand hatten. Nur den *Franken* gelang der Aufbau eines großen Reiches auf dem Gebiet des ehemaligen Weströmischen Reiches.

Unter Kaiser *Justinian* war Konstantinopel zur prächtigsten Stadt in Europa geworden. Justinian wollte verloren gegangene Gebiete des Römischen Reiches zurückgewinnen. Er konnte die *Wandalen* und die *Ostgoten* besiegen. Diese Kriege schwächten jedoch Ostrom so stark, dass wenige Jahre nach seinem Tod die *Langobarden* das Land besetzen konnten. Das war das Ende des Weströmischen Reiches.

Das Oströmische Reich blieb noch bis zum Jahr *1453* bestehen.

Letztlich blieb nur das Reich der *Franken* erhalten. Der Frankenkönig *Karl der Große* trat im Jahr *800* die Nachfolge der weströmischen Kaiser an. Eine neue Epoche für Europa begann.

GESCHICHTE	NAME:________________	KLASSE:____	DATUM:________	NR.____

Training „Römisches Weltreich"

1. Ergänze den Lückentext und setze folgende Wörter ein:

Süddeutschland – 270 v. Chr. – 753 v. Chr. – 100 bis 44 v. Chr. – Hunnen – Rätien – Augustus – Noricum – Christengemeinden – germanische – Franken – Stämme – Reformen – Staatsfeinde – Konstantinopel – 313 – Staatsreligion

Das Römische Weltreich

Rom bestand Jahrhunderte lang nur aus wenigen ärmlichen Hütten. Als eigentliches Gründungsdatum gilt das Jahr __________________ Das kriegerische Bauernvolk der Römer besiegte die umliegenden ______________________ und beherrschte schließlich um __________________ ganz Italien. Nach weiteren 250 Jahren hatte Rom ein Reich erobert, zu dem fast alle Länder der damals bekannten Welt gehörten.
Unter ______________________ wurde aus der römischen Republik ein Kaiserreich. Der Kaiser hatte sich als politischer Erbe Caesars (______________________) durchgesetzt. Er ordnete, sicherte und verwaltete das Reich durch viele __________________.
In seiner Regierungszeit eroberten die Römer auch das Land nördlich der Alpen und gründeten hier die Provinzen ____________________ und ____________________.
Als die Apostel die ersten _________________________ gründeten, kam es zum Konflikt mit dem römischen Kaiserreich. Etwa drei Jahrhunderte lang wurden die Christen als ___________________________ immer wieder grausam verfolgt. Erst Kaiser _______________________ erlaubte den Christen die freie Religionsausübung (______________). Schließlich wurde das Christentum sogar _______________________ *(392)*. Mit römischen Händlern, Beamten und Soldaten kam die neue Lehre auch nach ___________________________.

In der Zeit zwischen dem 3. und 6. Jahrhundert suchten viele _______________________ Stämme neue Wohnsitze. Hungersnöte, Überbevölkerung und der Einbruch der ___________________ waren Ursachen dafür. Wandernde Stämme drangen auch in das schwächer werdende Römerreich ein. Sie bildeten meist kurzlebige Reiche. Lediglich das Reich der _______________________ hatte Bestand. Der westliche Teil des Römischen Reiches zerfiel. Ostrom mit der Hauptstadt _______________________ bestand noch fast 1000 Jahre lang weiter.

Training „Römisches Weltreich“

1. Ergänze den Lückentext und setze folgende Wörter ein:

Süddeutschland – 270 v. Chr. – 753 v. Chr. – 100 bis 44 v. Chr. – Hunnen – Rätien – Augustus – Noricum – Christengemeinden – germanische – Franken – Stämme – Reformen – Staatsfeinde – Konstantinopel – 313 – Staatsreligion

Das Römische Weltreich

Rom bestand Jahrhunderte lang nur aus wenigen ärmlichen Hütten. Als eigentliches Gründungsdatum gilt das Jahr *753 v. Chr.* Das kriegerische Bauernvolk der Römer besiegte die umliegenden *Stämme* und beherrschte schließlich um *270 v. Chr.* ganz Italien. Nach weiteren 250 Jahren hatte Rom ein Reich erobert, zu dem fast alle Länder der damals bekannten Welt gehörten.
Unter *Augustus* wurde aus der römischen Republik ein Kaiserreich. Der Kaiser hatte sich als politischer Erbe Caesars (*100 bis 44 v. Chr.*) durchgesetzt. Er ordnete, sicherte und verwaltete das Reich durch viele *Reformen*. In seiner Regierungszeit eroberten die Römer auch das Land nördlich der Alpen und gründeten hier die Provinzen *Rätien* und *Noricum*.
Als die Apostel die ersten *Christengemeinden* gründeten, kam es zum Konflikt mit dem römischen Kaiserreich. Etwa drei Jahrhunderte lang wurden die Christen als *Staatsfeinde* immer wieder grausam verfolgt. Erst Kaiser *Konstantin* erlaubte den Christen die freie Religionsausübung (*313*). Schließlich wurde das Christentum sogar *Staatsreligion* *(392).* Mit römischen Händlern, Beamten und Soldaten kam die neue Lehre auch nach *Süddeutschland*.
In der Zeit zwischen dem 3. und 6. Jahrhundert suchten viele *germanische* Stämme neue Wohnsitze. Hungersnöte, Überbevölkerung und der Einbruch der *Hunnen* waren Ursachen dafür. Wandernde Stämme drangen auch in das schwächer werdende Römerreich ein. Sie bildeten meist kurzlebige Reiche.
Lediglich das Reich der *Franken* hatte Bestand. Der westliche Teil des Römischen Reiches zerfiel. Ostrom mit der Hauptstadt *Konstantinopel* bestand noch fast 1000 Jahre lang weiter.

GESCHICHTE	NAME: ____________	KLASSE: ____	DATUM: ________	NR. ____

2. Die Teilung des Römischen Reiches erfolgte im Jahr 395. Ergänze!
   a) Zum Weströmischen Reich gehörten die heutigen Länder (oder Teile davon):

   ____

   ____

   ____

   b) Zum Oströmischen Reich gehörten die heutigen Länder:

   ____

   ____

3. Bilde aus den folgenden Silben Wörter mit den nachstehenden Bedeutungen!
   Die Ziffern in den Klammern stehen für die Buchstaben des Lösungsworts.

   au – co – de – en – fo – gi – go – gra – gus – kar – le – li – li – men – mes – ni – on – por – rä – ran – rum – rum – ta – ta – te – tha – ther – ti – ve – vin

   1. Römische Hauptstadt Rätiens (1)
   2. Römischer Grenzwall gegen die Germanen (3)
   3. Römisches Bauwerk in Trier (1)
   4. Afrikanische Stadt, die 146 v. Chr. von den Römern zerstört wurde (5)
   5. Eine Einheit römischer Soldaten (4)
   6. Römische Badeanlagen (1, 2)
   7. Ein altgedienter römischer Soldat (2, 6)
   8. Name der Provinz mit der Hauptstadt Augusta Vindelicorum (3, 5)
   9. Bekannter Platz in Rom (3)

   Lösung: ____________________

4. Wer das weiß, gewinnt!

   1. Wer hat der Sage nach Rom gegründet?
   2. An welchem Fluss liegt Rom?
   3. Nenne die bekannte Stadt, die bei Ausbruch des Vesuvs 79 n. Chr. zerstört wurde!
   4. Die Sprache der Römer war …
   5. Wie nannte man den „Rat der Alten"?
   6. Wie hieß der römische Kaiser, der zur Zeit der Geburt Jesu herrschte?
   7. Wo lebten die Familien der römischen Soldaten?
   8. Wer brachte das Christentum in unsere Heimat?
   9. Was bedeutet die Zahl MDCLXVII?
   10. Nach welchem römischen Herrscher ist die Stadt Konstantinopel benannt?
   11. Welchen Namen hatte diese Stadt vorher, welchen jetzt?
   12. Wie hieß der Kaiser, der die freie Religionsausübung der Christen erlaubte?

2. Die Teilung des Römischen Reiches erfolgte im Jahr 395. Ergänze!
   a) Zum Weströmischen Reich gehörten die heutigen Länder (oder Teile davon):
   Portugal, Spanien, Andorra, Frankreich, Belgien, Niederlande, Luxemburg, Großbritannien, Deutschland, Österreich, Ungarn, Slowenien, Kroatien, Jugoslawien, Italien, Libyen, Tunesien, Algerien, Marokko

   b) Zum Oströmischen Reich gehörten die heutigen Länder:
   Jugoslawien, Bulgarien, Albanien, Moldawien, Ukraine, Türkei, Griechenland, Zypern, Libanon, Syrien, Israel, Jordanien, Ägypten, Libyen

3. Bilde aus den folgenden Silben Wörter mit den nachstehenden Bedeutungen! Die Ziffern in den Klammern stehen für die Buchstaben des Lösungsworts.

   au – co – de – en – fo – gi – go – gra – gus – kar – le – li – li – men – mes – ni – on – por – rä – ran – rum – rum – ta – ta – te – tha – ther – ti – ve – vin

   1. *Augusta Vindelicorum*
   2. *Limes*
   3. *Porta Nigra*
   4. *Karthago*
   5. *Legion*
   6. *Thermen*
   7. *Veteran*
   8. *Rätien*
   9. *Forum*

   Lösung: *Amphitheater*

4. Wer das weiß, gewinnt!

   1. *Romulus und Remus*
   2. *Tiber*
   3. *Pompeji*
   4. *Latein*
   5. *Senat*
   6. *Augustus*
   7. *Lagervorstadt*
   8. *römische Legionäre, Händler*
   9. *1667*
   10. *Kaiser Konstantin*
   11. *Byzanz – Istanbul*
   12. *Konstantin*

Bildnachweis

S. 5, 7, 8, 10, 11, 13, 14, 15, 16, 17, 20, 21, 22, 23, 25, 26, 27, 28, 31, 32, 33, 35, 36, 37, 38, 41, 42, 46, 49, 50, 53, 54, 55, 56, 60, 61, 62, 63, 65, 71, 77, 78, 79, 80, 81, 82, 83, 84, 85, 88, 91, 94, 99, 105, 111, 115, 118, 119, 120, 121, 123, 124, 125, 126, 127, 129, 130, 131, 132, 135, 136, 137, 138, 139, 141, 143, 144, 147, 148, 149, 150, 152, 157, 165, 167, 168, 169, 170, 171, 173, 174, 177, 179, 180, 181, 182, 183, 185, 186, 187, 188, 189, 192, 195, 197, 198, 199, 200, 201, 203, 204, 205, 206, 207, 209, 210, 211, 212, 213, 215, 216, 217, 218: Auer Verlagsarchiv.

S. 43, 46, 93, 100, 131, 132, 137, 138: Norbert Hörberg u.a.: Zeiträume 5, Klett Verlag, Stuttgart 2001, S. 88, 102, 126, 130, 121.

S. 45, 95, 96, 109, 193, 194: fotolia (Olga Canals, Doreen T., Wumba, Wolfram Zummach).

S. 47, 57, 61, 62, 69, 84, 84: Eberhard Thiem, Kaufbeuren.

S. 48, 75, 103: Terra 5, Klett Verlag, Stuttgart 2004, S. 117, 129, 141.

S. 48, 51, 73, 74, 87, 89, 90, 106, 131, 132, 133, 151, 159, 163, 164: Alfred P. Zeller: Räume, Völker, Kontinente, Zweiburgen Verlag, Weinheim 1984, S. 110, 116, 123, 133, 295, 300, 301, 308, 383.

S. 66: The Brooklyn Museum of ArtM Brooklyn NY.

S. 72, 77: Manfred Reitz: Alltag im Alten Ägypten, Battenberg Verlag, Augsburg 1999, S. 86, 171.

S. 88: GEO SPECIAL GRIECHENLAND, Hamburg 1992, S. 23, 144, 145.

S. 101, 102: Informationen zur politischen Bildung 284 (Demokratie), Titelbild.

S. 112: mauritius.

S. 113. 114. 130: Heidi C. Ebertshäuser: Antiken I, Keysers Sammlerbibliothek, München 1981, S. 2, 105.

S. 117: wikipedia.

S. 145: dtv-Atlas: Weltgeschichte. Von den Anfängen bis zur Gegenwart. Grafische Gestaltung von Harald und Ruth Bukor, dtv, München 2000. S. 44.

S. 160, 161: Bildatlas Italien, Euro-Special, 1993, S. 34, 35, 77, 79.

S. 167: Blick in die Vergangenheit, R. Oldenbourg Verlag/Michael Prögel Verlag, 1979, S. 23.

S. 175/176: akg-images.